思想觀念的帶動者

文化現象的觀察者

本土經驗的整理者

生命故事的關懷者

# Psychotherapy

探訪幽微的心靈，如同潛越曲折逶迤的河流
面對無法預期的彎道或風景，時而煙波浩渺，時而萬壑爭流
留下無數廓清、洗滌或抉擇的痕跡
只為尋獲真實自我的洞天福地

# 短期團體心理治療

## 此時此地與人際互動的應用

Inpatient Group Psychotherapy

歐文・亞隆（Irvin D. Yalom）——著

陳登義——譯

# 目錄

# 來自各方的推薦

本書必然有助於一般精神醫療院所，平衡過度依賴藥物治療患者的偏差。從病房裡的人際關係小社會的團療活動中，我們可發現人文精神醫學的價值與療癒力量。

——文榮光（高雄文心診所院長、私立高雄仁愛之家附設慈惠醫院顧問醫師）

這是一本深入淺出，極具實用價值的入門書。亞隆醫師不僅是傑出的哲學家與小說家，更是一位實事求是、以患者為中心的醫者。亞隆有幸，此書得由團體治療權威陳登義醫師翻譯。讀者有幸，由是而瞭解精神醫療的實用療效。

——林克明（精神醫學者、美國加州大學洛杉磯分校榮譽教授）

精神科急性病房住院病患之診斷和病情異質性高，住院時間又短。要在如此緊迫情況下，對住院病患進行兼具此時此地與人際互動的團體心理治療並獲得實質效益，的確有其高難度。當代心理治療大師歐文亞隆以其豐富的實務經驗和學術基礎告訴讀者，此種團體心理治療不但可行，而且還能化危機為轉機。本書譯者陳登義醫師是在我們台灣對團體心理治療非常有經驗的資深

精神科專科醫師。相信此中文譯本對想認識精神科急性病房團體心理治療的讀者會有很大助益。

——林信男（國立台灣大學醫學院精神科兼任教授）

亞隆的團體治療模式是學習帶領病人團體極佳的入門模式，是理解團體動力、療效因子的基石。而此書的再度修訂出版，更是精神醫療界、心理治療界值得修習珍藏的重要經典。

——陳俊霖（亞東紀念醫院心理健康中心主任）

本書為亞隆的兩本主要團體心理治療著作之一，其雖是論述精神科住院病人團體心理治療的方法；但對於帶領者如何在團體中，能夠有效促進成員彼此互動，建立有意義的人際關係，以及運用此時此地或當下的治療技術，可謂敘述最為精確與易於上手。

——張達人（天主教仁慈醫院院長）

亞隆的三本心理治療經典著作為（1）《團體心理治療的理論與實務》（*Theory and Practice of Group Psychotherapy*），第一版 1970 年出版，第五版 2005 年出版（2）《存在心理治療》（*Existential Psychotherapy*），出版於 1980 年。除上述這兩本，接下來就是本書（3）《短期團體心理治療：此時此地與人際互動的應用》（*Inpatient Group Psychotherapy*），出版於 1983 年。本書中譯者陳登義醫師，是國內精神醫學界心理治療的資深前輩，中譯本初版於 2001 年，歷久彌新，值此再版之際，推薦新一代的治療者們溫故知新。

關於本書之論述，提一意見，亞隆筆下的精神科急性病房以美國的狀況為主，通常一、二週就出院。我們在台灣的情況，住院期間較長，可達數週至兩個月上下，所以團體流動性較慢，比亞隆筆下的單次治療的時間架構來得寬裕，可以參考本書，但高功能團體的議題的形成和延伸，可能可以有更大發揮的空間。

——張凱理（台北榮民總醫院桃園分院精神科主治醫師）

**【推薦序】**

# 歐文‧亞隆的短期團體心理治療

**鍾明勳**

明如身心診所院長

中華團體心理治療學會理事

　　在帶領團體心理治療的工作坊或經驗性團體時，我時常被學員問到如何面對沒有結構的團體，以及在沒有結構的團體中，團體帶領者如何不感到焦慮？如何面對這種情境？也因為這種焦慮使得許多人在帶領團體時，選擇了結構性的團體，來降低面對團體沒有人講話或沒有主題的焦慮感。結構性團體具有高度的穩定性，對於團體成員與領導者都具有穩定與提供安全的效果，適當的運用，對部分的族群將具有很好的效果，但是結構性團體在某個程度上也阻礙團體的進行與發展。令我自己好奇的是為何我自己在學習團體治療的過程中，對非結構性團體不會感到如此的焦慮？這個問題在我腦中盤旋數年之後，我漸漸的發現其實是受到歐文‧亞隆住院病人的《短期團體心理治療：此時此地與人際互動的應用》的影響。我自己在住院醫師訓練階段，第一個接觸的團體就是住院病人團體，歐文‧亞隆的《短期團體心理治療》提供了相當良好的時間框架，由團體會談、介紹並引導新病人，「輪流發言」（go-round），「逐項完成」（filling）到結束團體

會談，幫助新手治療師可以有所依據放心地進行。但是，在主題上，帶領者仍然必須由當次成員所挑選出的人際問題當中，與成員共同找出，最適合的主題。所以，整個團體具有結構但仍不失彈性，在這個團體中，我也慢慢的學會如何在過程中，找出最適合當天的主題，而不是預設好主題。

　　基於過去的學習經驗，我在日後帶領新進的醫療人員學習團體心理治療時，都會以歐文・亞隆的《短期團體心理治療》這本書做為教材，讓學習者透過閱讀這本書開始走進團體心理治療的大門，以這本書做為學習團體治療的入門書有相當多的好處，首先這本書相當平實好懂且簡短，所以在學習上不會有太大的負擔；如果有興趣的人還可以繼續深入銜接到歐文・亞隆的大書：《團體心理治療的理論與實務》一書。在實務上，本書所建議的模式，可以是一次的團體也可以是數十次的團體，所以無論在醫療界或諮商界都是可行的模式。此團體由人際模式介入個案的議題，可以幫助個案在團體中發現自己人際關係的重現，進而發現自我的人際模式；對於部分功能較差或尚未準備好的個案，領導者也可以考慮協助個案學習到人際困擾時的因應技巧；對於心智功能良好，自我覺察力高的個案，領導者也可以協助個案由人際問題去深入發現個人內在精神動力的議題。所以本書介紹的模式將幫助學習者有無限延伸的可能。

　　或許大家會誤認為本書所介紹的模式僅適用於初學者，但是本書所介紹最重要的概念「此時此地」，其實就是團體心理治療非常核心的重要概念，通常在觀察團體時，可以依團體整體、團體內的人際關係與團體內的個人三個角度來觀察與帶領。而「此時此地」便是團體內的人際關係強而有力的浮現，可以幫助個案

去映照自己在他人眼中的形象。然而，當團體整體處於不安全的狀態時，適當地運用「此時此地」的技巧，也是幫助團體加速克服不安全感，進入工作期的好幫手。此外，由團體內個人的角度來觀察時，其實「此時此地」所隱含的涵義便是精神動力取向治療中的移情關係，試著去思考如果有一人在團體中對某人有著多於他人的強烈情緒，而這強烈的情緒不就夾雜著移情在其中嗎！所以深入學習本書所介紹「此時此地」的概念，將會協助大家在學習上更加寬廣。

本書所介紹的住院病人團體，並不會因為是病人團體而降低了帶領團體的樂趣與困難度，相反地，這個團體反而是最困難的團體，通常團體會有幾次的過程，所以帶領者有機會可以延續性地完成某些事情，然而住院病人團體誠如歐文‧亞隆所言很可能僅是一次的團體，因為成員在參加過一次後就不知道是否會出院了，所以幾乎每次團體就需要完成治療的過程。而在短短的一次團體中，領導者需要協助團體形成凝聚力，再依據每個個案的成長背景、個人特質與現況，給予每個個案適合於當下的介入，其實對領導者而言是非常大的挑戰，需要有很充分的準備及深厚的經驗。所以住院病人團體看似簡單，但實際上並不簡單；這個在醫療體系中最常見的團體其實也是最具挑戰的團體。

陳登義醫師是台灣團體心理治療界非常資深的前輩，過去曾擔任中華團體心理治療學會的常務理事，也曾是台北市立療養院專責訓練住院醫師團體心理治療的導師，由深具理論與經驗的陳醫師來翻譯國際大師歐文‧亞隆的著作，是團體心理治療界的福氣，希望陳醫師的精神與經驗可以透過本書可以傳承給更多的學習者。

【譯序】

# 我和亞隆的首度近「心」接觸

## ——前十七年與後十七年——

　　這是我獨力翻譯出版的第一本書，和它初次接觸到現在已是三十四個年頭了，占了我大半的精神科執業生涯，而它在台灣首先出現中文版是十七年後的 2001 年（桂冠版），距今正好也是十七年後。在這麼漫長的時光中，原書不但未有更改新版，且仍繼續暢銷不止，似乎也不需重新修訂，在亞馬遜網路書店的評價中始終維持在 4.5 顆星的水準，而為什麼今天要來重譯與重新出版此新修訂的中譯本呢？後面容我慢慢細述，這裡首先要對出版者——心靈工坊的勇氣和眼光表達深深的欽佩之意！

　　1984 年六月間，我當時還是台北市立療養院（今北市聯醫松德院區）精神科總住院醫師，院方給了一個非常難得的出國短期進修機會，我選擇了位於加州洛杉磯地區的大學附設醫院（Harbor/UCLA）醫學中心的精神科，由當時的科主任米勒教授（Dr. Milton Miller，台灣精神醫學界的老朋友）及從台灣赴美的資深精神科前輩林克明醫師擔任我的督導。在短短三個月期間求知慾旺盛的我，大量吸收有關的新知，其中最讓我印象深刻至今

仍魂牽夢縈的就是團體心理治療。

　　當時，我參加了急性病房每週三次的住院病人團體治療及CRU（Crisis Resolution Unit，危機解除單位，類似國內的加護病房，從急診轉來有暴力、自殺、危險或精神相當混亂的病人）每天一次的團體治療，其對團體治療的重視，真是令我大大開了眼界，至今仍受用無窮。

　　有一天我留意到在住院醫師桌上，人人都放著一本橘黃色封面的書深深觸動了我的眼簾——那就是本書《短期團體心理治療：此時此地與人際互動的應用》，當時才出版沒多久（1983年初版）已是西海岸大為轟動的暢銷書。在這本書中，除了亞隆（Irvin D. Yalom）根據病房臨床設施特徵，如：多樣化精神病理、住院病人數目多寡、入出院替換率等等所必須在團體治療結構上做一些和傳統門診病人團體心理治療不同的修正諸如：治療目標、組成、集會的頻率與時間長短、團體容量、保密性、次團體以及治療者角色等等外，對治療師的基本策略及技巧也有著從根本上具創造及革命性的深遠影響。由於亞隆師承哈里·斯塔克·蘇利文（Harry Stack Sullivan）、傑羅姆·弗蘭克（Jeromy Frank）及羅洛·梅（Rollo May）的傳統，加上他本身的學養特質所發展出來的許多至今我們已耳熟能詳的概念，如：人際學習理論、人際互動、此時此地取徑、自我揭露（透明度）、團體為一社會縮影、存在課題、療效因子、凝聚力、示範……等等，在本書中都有栩栩如生、令人動容的案例解說及療癒過程的闡明，加上透過亞隆的生花妙筆完美地呈現整個真實治療的精髓。

　　進修完回國後，從 1985 年開始我就在北市療的六病房開始組成一個讀書會小組（成員包括住院醫師、心理師暨研究生及護

理師，而後者是最主要的長期參與者，因為她們是病房的第一線
和主力人手），以邊讀、邊做、邊調整方式來形成較為統一、一
致的進行模式，甚至寫了一些小論文發表在年報、一些海報在國
際團體心理治療學會年會中刊出。這之後將近十年，本書一直是
我在帶領住院醫師病房團體學習最主要的必修讀物，另一本當然
是亞隆最經典的大部頭教科書——《團體心理治療的理論與實
務》。此後國內一些有識之士及出版社陸陸續續推動及出版了亞
隆幾乎所有的著作，亞隆成了國內心理治療界幾乎眾所皆知的人
物。

　　我在 1995 年六月離開北市療轉到中部的台中靜和醫院，1997
年一月轉到中國附醫，這期間一直用此模式親自和病房工作人員
一起帶領住院病人的團體心理治療，十幾年下來，我的一個最大
心得和收穫卻是亞隆所未曾提及的——**它是病房團隊工作人員在
每天晨會、每週團隊會議上及和住院醫師在個別督導教學中，最
具貢獻的有關病人病情討論最主要的依據來源之一**。因為平常大
家都是根據自己接觸病人得來的訊息資料，只有這項團體治療活
動是大家共同看到、聽到、感受到和討論到其病情的唯一共同現
場。這項影響力非同小可！讓我在團隊會議中能充分達到有效溝
通、討論及處理病人的方式。那時剛好前面提到亞隆的那本大部
頭教科書要出版中譯本，我就勉力把本書翻譯出來，同時以子母
書模樣出版，這已是 2001 年的時候了。這是我和此書初次邂逅
後前十七年的過程。

　　那為什麼在經過另一個十七年之後的今天，我們要重譯及重
新出版本書呢？

　　首先，這本書中文版已經絕版多年，但它仍是新手住院醫師

初入急性病房要帶領住院病人團體心理治療的絕佳參考書，因為它涵蓋了病人身－心－靈全人醫療模式中心理與靈性的部分，即：從人際學習理論來探討心理（精神）病理學的成因與修復，而以存在取徑直面超個人的靈性議題；同時它也強調處理病人在橫斷面（住院中與其他病人及工作人員、生活環境的互動議題）與縱切面（作為住院前與出院後連貫接續起來的中間介入處遇角色）的個人與社會議題；把人以十字打開的方式照護其三度空間（即上下、左右、前後各面向）的整體完全（holistic）取徑。這是我對亞隆模式治療取徑經過多年的修習及深入體證後的進一步闡釋。惟「身」的部分──即體因性取徑（somatic approach）──包括精神藥物學及所有身體侵入性的方法在過去二、三十年來卻成為發展得最興盛的一門顯學（包括：神經精神藥理學與神經科學等），它席捲了一切，固然它有其科學實證面的堅實論據，但人文面的介入終究是人與動物最大差異與最不可或缺的一個面向。無論如何，這是歷史走向的一條軌跡，我們只能邊走邊調整。亞隆面對此一現象也只能在感嘆之餘提早從學院、學術界中退休〔見其 85 歲高齡時所寫的自傳──《成為我自己：歐文‧亞隆回憶錄》（心靈工坊，2018）〕。

　　而國內由於健保制度設計上的偏失，使得上述不利團體心理治療進一步發展的偏差情形更加明顯、更形惡化。就我的觀察與了解，今天國內的精神科急性病房住院病人團體心理治療幾乎已是名存實亡、乏人問津了！無論是醫學中心或專科教學醫院均缺乏可以帶領及訓練住院醫師有關團體治療的主治醫師級人手，有些病房甚至乾脆停掉團體治療這項活動。而實際上，就如亞隆在本書中所提到的，它會由團隊其它科室人員將團體治療的各項治

療元素以各種隱微的方式轉換、散播到病房的各個角落，而精神科醫師失去了所有這些治療元素所帶給病人豐富的治療性改變。這對精神科醫師而言是何等的失落啊！

其次，是國內精神科急性病房在近一、二十年來也有了一些不同的樣貌，同質性的單一疾病的病房開始出現了，例如：物質成癮病房、神經症病房、失智症病房、心身症（如：飲食疾患）病房、思覺失調症慢性病房……等等。該如何運用團體心理治療在這些類型各異的病房呢？我認為亞隆的「此時此地」、「人際互動」模式的取徑是一個根本的、核心的模型示範，從臨床設施各項特徵來考量，不難設計出各具特色的團體進行模式，所以熟悉本書這套基本模式正好可派上用場。茲舉兩例，菲力普·弗洛雷斯（Philip J. Flores）和物質成癮病人所從事的團體心理治療（見其所著 *Group Psychotherapy with Addicted Populations, third edition*，2007）、尼克·卡納斯（Nick Kanas）和思覺失調症病人所從事的團體心理治療（見其所著 *Group Therapy for Schizophrenic Patients*，1996）其中有關住院病人團體心理治療，都引用了亞隆的人際互動模式為其核心概念而發展出各具特色的治療模式。這也是我期待國內從事團體心理治療者所可借鏡之處。

其它有關重譯本書的緣由包括：原譯本未刊出英文索引及其中譯，本書除了增補外，另在邊頁上加註英文頁碼供方便查詢；另，全書原譯文所有錯漏之處除更正增補之外，並統一目前國內通用的有關專有名詞之譯名，以上期能獲得方家的指正。最後我還是要感謝曾經為本書出過任何力的所有朋友、所有並肩作戰過的伙伴們，沒有你們，這本書是不可能重新出版的；有了你們，使本書的出版更富意義，因為它始終讓我想起這麼多年來一起帶

領團體時，我們所共同走過的足跡以及種種關於生命與人的豐富體驗。

　　謝謝妻子淑靜在背後始終不斷的全力支持以及兩個女兒在耳邊不斷響起的笑聲帶來歡樂的力量。

**陳登義**

2018年11月於台中寓所

【作者序】

# 住院病人團體心理治療

　　美國在 1960 年代末期的精神醫療方式整個轉向住院病人照 ｉｘ
顧上──從地處偏遠又長期留院的大型州立醫院轉向社區型中小
型醫院急性病房的短期、重複入出院。

　　這種精神科住院政策上的轉變──加上精神藥理學的重大進
展、危機理論的發現、對身體療法不再那麼依賴，以及新興的精
神醫療專業化等等──導致急性病房的特質及功能有了戲劇性轉
變。大體而言，這樣的轉變並未伴隨著心理治療技巧上的相應改
變。特別是團體治療並未跟上腳步去適應新的臨床狀況。住院病
人團體治療師繼續使用依不同時間、不同情境所發展出來的各種
策略性探討取徑。

　　在本書中，我認為當前的精神科急性病房[1] 其臨床設施狀況
已全然不同於傳統精神科病房團體的設施狀況，而需要大幅修正 ｘ
傳統的團體治療技巧。我的目的是：提出一種團體治療的修正理
論以及一套適合急性住院病人臨床緊要問題的相關策略及技巧。
本書的讀者對象是身處第一線的臨床工作人員──即在精神科急
性病房常見的嘈雜混亂中帶領團體而深感苦惱的精神醫療專業人

---

1　譯註：指美國，但國內也大同小異。

員。

　　一般的急性病房差異性相當大，但當前一般病房的基本型態（以及作者在本書中所提到的病房型式）均具有下列特徵：大約有 15 到 30 位住院病人[2]，住院期間從一星期到三星期不等。其精神病理型態範圍相當廣泛，包括：明顯嚴重的精神病、邊緣型人格疾患〔帶有自傷行為或短暫性精神崩潰現象（psychotic decompensation）〕、重度憂鬱症、精神作用物質濫用、飲食疾患、老年精神症候群、急性危機以及平常功能相當良好的人突然發生精神崩潰（經常伴有自殺行為）等。病房可能是封閉式或開放式；如為封閉式，大部分病人也都能在開放的病房中運作。醫療人員涵蓋各專業領域（以及各科系的實習學生）如：護理、精神醫療、社會工作、職能治療、臨床心理、娛樂及活動治療、動作、舞蹈、音樂及藝術治療等。這些精神醫療專業人員提供各項治療：藥物、個別、團體及家庭治療、環境治療、職能及活動治療以及電療等。還有身處背後具雄厚影響力的第三方付費者對住院及出院的決定權有著絕大影響力的財政「大老闆」[3]。病房的步調經常是「抓狂式」的；替換率快（包括病人及工作人員）；工作人員的緊張度及意見分歧性高；至於心理治療，則支離破碎！

　　我希望本書能讓所有住院病人團體治療師在臨床上發揮立即效用。為達此目的，我收集了所有可能的資料來源，包括：本人的臨床經驗（過去三年來身為住院病房工作人員之一，且身為每

xi

---

2　譯註：在國內則大約是 25-50 位住院病人。

3　譯註：在國內因為全民健保制度的實施，主要為中央健保署。

日住院病人治療團體的帶領者)、本人的臨床研究和文獻上相關
的描述及研究。我也收集了多年來和病人工作人員間的討論會，
以及對二十五間住院病房的個人觀察等。這些病房是我撰寫本書
期間所訪問以及親身與工作人員晤談及觀察許多團體治療過程的
地方。這些病房坐落在私人醫院、社區型醫院以及大學醫院裡。
如有任何觀察上的偏離也是源自這些都已經是聲名遠播，具有絕
佳聲譽、絕佳訓練課程以及充裕病房人力配備的最具威望的醫
院。

　　雖然我在本書中所提及的急性精神科病房有其共通性，但絕
不意味這些病房都是千篇一律的。精神科病房型態範圍很廣泛，
有很多是我並不熟悉的。我希望在這些地方工作的人們，包括：
專門照顧兒童、青少年或老年人、藥物濫用、慢性長期照顧以及
照顧特別嚴重的精神病人或犯罪的精神病人等病房，都能發現到
某些我所描述的基本信念及技巧是立即可加以應用的，同時也能
採用其他措施以便適用於其本身特殊的臨床設施型態。

　　帶領**門診團體**治療的心理治療師可發揮其功能上的自主性：
他們的技巧及決策可決定團體的治療過程、步驟及結果。而住院
病人團體治療的帶領者卻大不相同。精神科病房所提供的是各種
不同的治療，常會為了病人、作息時間、人力配置、經費以及訓
練和督導資源等各方面因素而互相重疊且彼此競爭。因此對於住
院病人團體的集會頻率及時間長短、大小、組成、協同治療師的
安排、督導、病人是自由參加或強制參加等等問題[4]，真正握有
生殺大權者並不是團體治療師而是醫院或病房的行政主管人員。

---

4　譯註：在國內要包括背後的中央健康保險署的付費規定。

住院病人團體治療的命運，在相當程度上受實際團體治療進行之的各種情境及行政因素運作所左右，本書將循序逐章介紹。前兩章探討病房及小團體兩者間的交界處，而後四章則探討明確的治療策略及技巧。

本書第一章我討論當前病房的醫療實務，即：團體治療的角色、團體治療計畫的結構、其所訂的優先次序、集會的組成及頻率、領導權以及策略性的重點何在等。由於一些病房並不確知要在團體治療上投注多少工作人員的時間及精力，所以我提出經驗論（empirical）方面以及理性－人本論（rational-humanistic）方面的證據來證明團體治療的有效性。冗長的研究文獻調查及評論將會誤導本書作為實務者臨床指導的原始目標，但是舊有的學術習俗很難免除，因此我亦進行研究文獻方面的回顧。然而這項回顧可能會使閱讀變得沉悶，因此最後定稿時僅留下最相關的研究資料；而把最原本的、冗長乏味的部分留到附錄。

本書第二章我提出對住院病人臨床工作上必須有的許多結構上的修正。在簡短的介紹傳統團體治療原則之後，我會描述住院病人團體的臨床設施特徵，以及其必須具有的技巧和結構上的一些修正，包括：治療目標、組成、集會的頻率與時間長短、團體容量、大小、保密性、次團體以及治療者角色等等的修正。

病房設施特徵所需要的結構性改變，對治療師的基本策略及技巧有著深遠影響——這是本書第三章及第四章的主題。許多讀者誤認本書書名為**沒耐性的**（impatient）團體治療。第三章提到這樣的誤認是可預期的：在住院病人團體工作中，緩慢、耐性、反思式、間接式的治療取向是行不通的。住院病房團體治療師必須採取短時間架構、主動且講究效率，以及用種種強力有效的方

式提供團體建立有效的結構。支持、永遠支持：所有的住院病人團體工作都需要有支持做其根基，帶領者必須熟悉各種技巧以便促成一種具有安全感、信任感的團體氛圍架構。

第四章討論治療師在住院病人團體治療中使用「此時此地」（here-and-now）架構的情形。我提出「此時此地」理論架構，強調它在所有著重經驗團體治療的重要性，並討論因住院設施特徵所引發的特別考量。許多團體治療師因誤認「互動」為等同於「面質」或「衝突」的方式而不在住院團體中採用「此時此地」方式。第四章強調可就使用「此時此地」方式，來達到支持、凝聚以及自我確認（self-validation）等目的，即使是對重度干擾的病人亦然。

最後兩章探討團體治療集會的特定模式。第五章是由較高功能病人組成的團體，第六章則是由較低功能的精神病人組成的團體。雖然我非常詳細描述這兩種模式，但並不認為這是旁人追隨的標準藍圖；我希望把它們當做一個結構式團體會談的普遍策略，並希望大家能開創適合個人風格及其臨床設施特徵的類似施行步驟。

在本書中我獨獨把重點放在——日常的「談話式」治療團體上，以其為住院病人團體治療方案的中心及不可或缺的構成要素。我尋求的是寫一本簡短的、與臨床相關的指引，而不是百科全書式的教科書，因此有許多並未探討，包括各式各樣的特殊團體（見原書第 5 頁）；附帶的團體治療技巧（如播放錄影帶、心理劇、動作、舞蹈以及藝術治療）；某些特殊問題 —— 如邊緣人格、自殺、攻擊、缺乏動機、偏執等病人所需的取徑；或和團體治療有關的課題〔如治療技巧的訓練及督導、工作人員的訓練

團體（T-groups）、生活座談會等〕。我省略這些重要的課題不只是因為篇幅有限，也是因為當前的住院病人團體治療領域其不確定性及混淆性確實需要一種基本的而非特殊的理論與實務。

xiv

從倉促潦草的團體治療觀察所得，一直到長達數百頁的一本專業書籍，這是一條漫長且遙遠的路，這一路上有許多人幫助了我。再也沒有什麼比得上 Bea Mitchell 和她動人的文書處理機。即使在看到另一份最後的草稿被打入冷宮也從不會使我感到受驚。我感謝 David Spiegel，M. D. 和 Carol Payne，R. N. 能仔細閱讀全部手稿；感謝 Vivian Banish 對焦點治療團體（focus group）模式的貢獻；感謝我的家人給我全力支持，且在最後能諒解我於完成另一研究計畫之後很快接下這項工作；感謝史丹福大學醫學中心精神科病房（NOB病房）病人及工作人員不斷給予的合作與協助；感謝 Marjorie Crosby 所給予的慷慨贊助；感謝 Phoebe Hoss 編輯上的協助；感謝史丹福大學提供給我在進行此一工作時所需要的自由及學術上的設施配備；也感謝所有好意允許我去參觀並研究他們治療工作的許許多多住院病房的工作人員們。

歐文‧亞隆
IRVIN D. YALOM

【第一章】

# 團體心理治療
# 與當前精神科病房現況

　　如果本章是一篇探討門診病人團體心理治療的學術論文，則　　1
大可在一開始即直探臨床實務並立即討論有關的臨床策略及技
巧。但對於住院病人團體心理治療則不能如此！對於病房的團體
治療師而言，最重要的臨床事實是——住院病人團體不像門診治
療團體那樣「獨立自足」，它永遠是整個龐大治療體系中的一部
分。

　　首先讓我們來看看團體治療和整個治療體系間的關係。當前
的急性精神科病房除了提供團體治療外，尚有許多其他治療如：
精神藥物治療、個別治療、環境治療、活動治療、職能治療、家　　2
庭治療以及電療。這些治療彼此互相關聯，某一治療的決定會影
響到另一治療甚至所有其他治療。另外，不同性質的病房對各種
不同治療會採取不同的優先次序，而這會大大影響到團體心理治
療的進行。

　　本章首先探討團體治療在病房中扮演的角色，然後就其面臨
的主要問題及其解決之道做進一步說明，最後再討論其治療效
果。

# 目前實施現況

## ▋ 團體治療所扮演的角色

　　就我所知，每一個急性病房多少都有實施團體治療的經驗。事實上，充分的證據與專業的精神醫療觀點都足以支持下列說法——住院病房如缺乏小團體治療方案是很難擁有適當合理的運作。

　　然而許多病房並不重視團體治療而只提供例行活動。有時候，這些團體是在沒有病房主管正式核准下進行的。有一次，我訪問一所大學附設醫院精神科病房，主管是一位精神藥理學家，他告訴我他接管此病房已有一年之久。在前三個月他嘗試運用團體心理治療的方法，結果發現對急性病房並無幫助，最後決定放棄。但是工作人員在和我面談中私底下小聲告訴我，護理人員在晚間進行著以即興饒舌團體（rap group）名稱掩飾的治療團體（我下面會談到這些擁有非正式名稱的團體並不少見）。

　　文獻中偶有報告提到一些病房直到最近才採用團體治療。例如在 1974 年由兩位精神科醫師報告的一篇文章中提到他們嘗試在急性病房內帶領每週兩次的團體治療〔A〕[5]。該作者提到病房成員均感受到團體的相當妙用，不但不覺得負擔且一致參與該團體（雖然該團體是自由參加的）。研究者並（驚訝地）認為它比傳統的晨間查房有更多優點。

　　1975 年也有精神科護理師提出類似報告〔B〕。他們發現到每

---

5　原註：本章中所有以英文字母做的此種標註請參閱書後附錄的相關段落，那裡會列
　　出相關的研究文獻資料，必要時另加討論。

週一次的生活座談討論會（therapeutic community meeting）並沒有多大的團體心理治療效果，因此在缺乏醫師的支持或明顯反對下開始小心翼翼地進行小型團體治療方案。意外地，他們提到小型團體治療可提供病人重要的學習經驗、公開討論感受可促進病房發揮功能、病人對護理師的過度形式化（包括硬挺的白制服）有著強烈反感、團體治療可促使病人進一步接納其他治療。

值得注意的是：這些報告都是 1970 年代中期所新近發表的。病房工作人員對團體治療療效的獨立發現當然堅定了我的觀點。然而，這也反映出傳統精神醫學與護理訓練課程中，團體治療的方法學並未受到重視。

## ▋ 團體治療方案的多變性

當前住院治療方案的一大特色就是差異相當大。我在訪問美國境內各醫院的門診部時，一致發現門診團體治療的方式大同小異。然而當前的住院病房團體則是五花八門，不論團體型式、帶領者策略及技巧、組成型態以及開會時間、頻率等均自成一格。

這樣的繁複性讓人眼花撩亂，它要不就代表著全國各醫院同時迸發出來的豐富創造力，要不就是反映出此領域中雜亂無章的一面。雖然許多病房展現出可觀的想像力及創造力，這是繼續專業發展的必要條件，但我也對其中缺乏穩定樞紐的警訊不無懷疑。我們對住院病人團體心理治療並無一致的原則可循，也無一貫的策略及技巧可行。這對教導年輕的心理治療師非常不利，同時無形中鼓舞了「每個人都可以有自己一套」的不良取向，不僅沒有助益，終究損害到整個領域及病人的福祉。

其次考慮到住院病房中各種型態的治療團體。我訪問過的病

房一般都運用傳統的「談話式」心理治療團體，一週舉行一到三次。而另外一些特殊團體，通常一週舉行一到兩次，由專職工作人員帶領或由特定聘請來的兼職精神醫療專業人員帶領。這些團體的範圍相當廣泛（甚至類似的團體在不同的病房有不同的名稱），包括：互動團體、分析團體、多家庭團體、目標團體……等等[6]。

　　另一個足以說明團體治療多變性的方式，是舉出三個病房所提供內容極不相同的團體治療。這三個病房在結構上類似：都是二十到三十張床的急性病房，平均住院日期是兩週且均位於大學教學醫院內。三個病房均人力配備精良且擁有極佳的當地及國內聲望。

　　**A 病房**：採用傳統的醫療模式。每天的迴診都是非常正式：由病房主管和住院醫師共同討論病人病情，極少有護理或其他科室工作人員參與。內容偏向藥物或電療，或提到可能的器質性病因的深邃問題，或是有關出院後的計畫等等。病房的團體治療師即使獲得了許多有用的資料，對這樣的迴診卻毫無用武之地。

　　醫療主管坦白表示他對團體治療毫無興趣。住院醫師也從不帶領團體，因為他覺得沒能得到足夠的督導。雖然仍有許多對團體頗有心得的社工員及臨床心理師，主管卻認為不該讓醫學生或住院醫師由非醫師人員督導；甚至認為這樣會有不良的角色認同模式而影響年輕醫師踏入精神醫學的領域。

　　病房中有正式的心理治療團體，由社工員帶領，一週進行三

---

6　譯註：此處名目眾多，不勝枚舉，因無重要性，故略掉。

次，每次一小時，由七至八位病房中功能最佳的住院病人組成。團體進行前由帶領者挑選成員並邀請或說服他們參加。這位社工員擁有良好的個別及家庭治療訓練背景，但對團體治療卻興致缺缺，常常樂得取消團體集會。當社工員請長假時，團體治療即停頓。護理人員則因為醫療主管規定護理師不得做心理治療而無法帶領團體。職能治療師過去也曾帶領過團體治療，但卻已離職，護理長告訴我，那是因為「太多工作人員想要給太多病人做治療，卻沒有一個人願意幫病人好好安排他一整天的活動。」

　　另外有藝術治療師及舞蹈治療師每週一次帶領病人團體，但沒有任何工作人員能描述這些集會在做什麼。還有一種是在晚間進行的多家庭團體，但病人參與並不熱絡。治療性病房生活座談會，每週兩次，每次三十分鐘，主要討論的是病房中的問題，但是討論會中常是靜悄悄、草草率率的。娛樂治療師每週和病人開一次較短的病房會議，計畫當週的各項活動。

　　**B 病房**：提供每週舉辦兩次，每次進行四十五分鐘的團體心理治療，由兩位精神科醫師及一位護理師帶領，選擇病房中功能最佳的病人參加（大約二十二位病人中的八位）。此病房尚進行其他團體：

　　「病房生活座談會」：每週兩次，一次由總醫師主持；另一
　　　　　　　　　　　　次由護理長主持。
　　「多家庭」團體：每週進行一次，每次四十五分鐘，但成員
　　　　　　　　　　出席狀況很差。
　　「社交技巧」團體：每週一次，每次四十五分鐘，由兩位護
　　　　　　　　　　　理師主持，目標是為即將出院病人做預

備。（會談的內容、過程和每週兩次的
治療團體類似。）

「藝術治療」團體：每週三次，每次六十分鐘，由特別聘請
的帶領者主持。

「日常生活」團體：每週三次，由職能治療師及技術人員帶
領，目的在教導慢性病人諸如烹調及個
人衛生習慣等基本生活技巧。

「藥物衛教」團體：每週一次，每次六十分鐘，由護理師主
持，旨在提供藥物的功效和副作用等
知識，並幫助病人說出對服藥的恐懼心
理。

　　**C 病房**：隨機將二十四位病人分成兩組，每組由兩位住院醫
師及一位護理師帶領，進行每週兩次每次四十五分鐘的團體心理
治療。病房的醫療主管相當重視團體治療方案的實施。病房中有
五位對團體治療專精的專職精神醫療專業人員（即音樂、藝術、
舞蹈、娛樂及職能治療師）。他建立了病房中各科室平等的風
氣：每一位工作人員都被訓練當治療師，除了醫師及護理師可以
開處方及調配給藥外，所有角色都可互換。除了每週兩次團隊式
治療團體外，病房也提供其他許多團體：

「多家庭」團體：每週一次。

「目標」團體：每週兩次，每次六十分鐘；團隊中的每位病
人都參加且設定每個人當週的個別治療目
標。

「治療性生活座談會」團體：每週一次，每次四十五分鐘。

「社交技巧」團體：每週一次，重在儀容打扮、梳理及會話。

「舞蹈治療」團體：每週兩次。

「音樂治療」團體：每週兩次。

「園藝」團體：每週一次，由活動治療師帶領，重點放在學習如何培育生命。

「放鬆治療」團體：經選擇過的非精神病病人。

「藝術治療」團體：每週兩次。

「藥物衛教」團體：每週一次。

　　我選擇這些病房做比較是因為它們在某些團體變數上有著極大差異，包括：團體治療所擁有的威信、各專業角色的定義，特別是團體治療所提供的數目及型式。但無一病房具典範作用：我所訪問的每一病房均有其獨特性，工作人員的習性主宰著團體的整個帶領方式。

　　有了這麼廣泛範圍的病房團體治療方式，無可避免只能在各種方式中選擇較凸顯的團體治療課題予以系統檢視。我將提出所有病房中的團體治療必須抉擇的幾個考量重點：團體治療的威信、團體組成、集會頻率、帶領權以及團體治療焦點等。

## ▋ 住院病人治療團體的威信

9

　　每個病房對於團體威信在水平點上有著極大差異，有的主管本身即帶領團體治療、督導其他團體，甚至參與每週一次工作人員的體驗性團體；有的（如A病房）則漠視團體治療，使護理人員被迫在晚間私下進行。

　　假如病房主管認為團體治療不重要或者甚至「不利於治療」

時，團體將不可能成為有效的治療型式。如果其他的工作人員不重視團體治療，則沒有一位病房的團體治療師可以成功帶領一個團體。工作人員的懷疑心態將會導致病房團體成員有意無意間促成這樣的信念成真〔此即一般所謂的「自我應驗的預言」（self-fulfilling prophecy）〕。不管是有意或無意，他們會把觀感傳到病人群裡面而影響病人對團體治療的期待。不利的期待會使心理治療受阻：許多研究顯示病人最初愈是相信治療有效，最後的治療效果就會愈好〔C〕。由於傳染的效果，團體治療比個別治療的療效更強。只要有一些團體成員對治療持著懷疑及悲觀的看法，便會很快傳給其他成員；更甚者，他們會自視為「傳統風氣的背負者」（culture bearers）進而讓接下來的新成員士氣低落。

我們可以很容易辨識出這類病房，其特色是：團體不常舉行而且只開很短的時間；個別治療師常中斷會談把他們的病人「叫出來」；工作人員到處找理由取消團體；團體常由技巧差、沒受過訓練的人帶領且無督導；團體只是被拿來消磨時間；工作人員不清楚甚至看不起各種團體治療；團體也許有一大堆功能（例如：討論、技巧訓練或出院計畫），但絕不是「心理治療」團體。事實上，有時候團體的帶領者還被禁止做「心理治療」呢！

我曾就病房的團體治療方案向一位病房主管請教，他告訴我每天都有治療團體在進行，很快我就知道共有：每週兩次的小團體治療、每週兩次每次三十分鐘的病房生活座談會、每週一次由病人決定當週活動的活動計畫會議等（他認為這些都是治療性團體）。但接著他說：「我們尚有其他許多由護理師、職能治療師和舞蹈師所帶領的『雜燴式』團體，但誰能說他們是在從事治療呢？」

　　把病人從團體治療進行中「叫出來」是非常不重視團體治療的表徵。某些由私人治療師所經營的私立醫院病房中，由他們決定其病人是否參加團體治療，而當治療師來看他的病人時，即使病人正在團體治療中，治療師常不管是否干擾到團體的進行，立刻就要他的病人出來。病人在這種狀況下所得到的訊息是非常清楚的：團體治療是很好的事，只要它不干擾到個別治療。如此，病人對團體治療以及帶領者的信念──本來是治療成功很重要的條件──也就大打折扣了，很快就有團體治療無效這樣的想法。

　　其他如 C 病房，就很重視團體治療並訂有計畫。醫師了解他們的病人都將自動參加病房內的團體治療，因此就會把個別治療的時間錯開。

　　此外在某些私立醫院中尚有一種相當令人不滿意的治療方案設計，這些醫院的大量病人只由少數幾位私人開業精神醫師予收住院。而這些醫師──或者通常是聘請其他精神衛生專業人員（如社工員）──只帶領自己收住院的病人做團體治療。這類醫療安排把少數病人的利益放在整個病房的福利上，破壞了本來很穩定的病房活動安排。因為有許多團體可能是由不同的人所帶領，且均依帶領者的方便而訂下時間表，所以護理人員根本不可能組成一個能包括所有病房工作人員在內的整體治療活動方案。

## ▌住院病人團體的組成

　　基本上，精神科病房內的團體組成有兩種方法：一種是**功能模式**（level model，如前述病房 A、B），意即將功能較佳的病人組成「高功能」（higher-level）團體，功能較差、退化性的精神病人則參加「低功能」（lower-level）團體。

另一種是**團隊模式**（team-model，如病房 C），意即把病人分成二或三組，新住院病人亦輪流分配至各組；每一組各自成為一治療團體。因此這些團體是非常異質性且在任何時候均包括各種功能水平的病人，從慢性退化的精神病人到功能統合尚不錯只是遇到嚴重生活危機的病人等不一而足。

這兩種治療團體的組成模式——即功能式與團隊式——各有其優缺點。能吸收兩者的優點就能做出成功的團體，我將在下一章中詳論。

### ▍團體集會的次數

快速的病人替換率造成急性病房團體治療的一大問題。如果治療師想達到團體的穩定性，依我看法，唯一解決的方法是**儘可能密集地進行團體治療**。顯然，就一個二十床、平均住院一至兩週的病房，如果團體每週進行兩次，則每一次參加團體的成員會大大不同。當然如果團體每天進行，則成員的留置將足以使團體具備足夠的穩定性。（此點在下一章中將詳細討論）

然而，只有極少數的病房可以每天舉行「正式的」團體治療。標準的方式是每週兩到三次，而特殊團體（目前暫時指的是所有其他另類團體〔見原書第 5 頁〕）則是每週一到兩次。

為什麼「談話式心理治療」團體不能常常舉行呢？病房行政主管提出幾項理由，但沒有一項令人心服。例如：有的單位提出大小夜班的排班問題，如果一位護理師要作協同帶領者，則每週要進行兩次以上的團體是很困難的。但也有病房發現此非難事，解決之道是可以將協同帶領者的護理師於帶團體期間（例如二至三個月）全部排在早班。有的病房則是因為工作人員太少、護

12

理時間有限而無法提供較密集的團體集會[7]。雖然在一個忙碌、「旋轉門」似的病房，時間表是一個嚴重的問題，但似乎對團體治療所採取的態度才是決定團體進行次數的最大關鍵因素。如果帶領者重視團體治療的話，那麼什麼事都可以**迎刃而解**的！無法克服的時間表問題馬上可以解決；而所有個別治療的需求及病人、護理師、住院醫師的時間表也就容易跟團體治療的時間表配合了。雖然有協同帶領者最好，但有些病房也發現此非必不可缺。一位訓練精良的帶領者也可獨撐大局。我訪問過一間人力最缺乏的病房，其所提供的傳統團體治療每週只有一次，但是卻以中等價位聘請一位顧問專家來帶領每週四個晚上的團體。

　　偶爾，我們會發現團體治療的次數永遠不夠多，原因是有太多的工作人員爭相擔當帶領者。在這種情況下，各科室間常會為了治療「地盤」而較勁。為了讓各部門皆有機會參與，導致必須在為病人所擬定的治療計畫中包括各種性質特殊的團體治療。有的病房甚至一天內有三種團體；然而因為沒有一個團體每週超過一或兩次，造成病人很少有持續參加團體的一致經驗。這樣的方案設計事實上是在滿足工作人員而非病人的需求。即使其治療非常密集卻可能有反治療的效果：它可能造成片斷而不統整的治療效果，無法給混亂病人提供所需要的結構。

　　我相信另外一個造成團體集會次數不夠的原因是：帶領者本身對如何帶領團體治療感到迷惑。這導源於此領域缺乏具連貫性

---

7　原註：某些工作人員不足的病房會釀成不幸的惡性循環：病房中需要太多的文書工作以應付正式的要求俾被認定為有效作業，以致護理工作人員在現實上無法有足夠時間提供治療經驗讓該病房發揮功效。

且可被一致接受的住院病人團體治療架構。要不帶領者未接受足
夠訓練，結果所使用的是無效的模式，要不就是每一帶領者**各創**
**新招**，如此則大部分的治療都將是混亂且無效的。治療師皆因缺
乏合理的治療指引而感到不亞於病人的痛苦；他們想要帶領團體
卻同時因為對工作感到不舒服而士氣低落。通常面對這種矛盾狀
況，帶領者的反應是減少帶領次數——這使得小團體更難帶領。

## ▌團體的帶領

「誰來帶領小團體」是個複雜的問題。一方面，帶領權的問
題也反映出工作人員間的衝突。各類的專業人員都參與團體治療
帶領，包括：精神科護理師、技術人員、精神科醫師、心理師、
社工員、職能治療師、醫院牧師、娛樂治療師、活動治療師、動
作治療師、舞蹈治療師、藝術治療師，以及各科系的學生等。最
常帶領的是護理師；最少參與的人是——精神科醫師（雖然大約
有百分之五十的大學附設醫院急性病房是由精神科住院醫師所帶
領）。

對各種不同專業人員的角色，主管有著極大不同的態度。例
如 C 病房各科室間幾乎沒有什麼界限，所有工作人員都可以是心
理治療師。而 A 病房則是另一極端，它清楚規定只有醫師及部分
社工員可以從事治療（事實上如我提過的，A 病房的職能治療師
即因為私下的治療活動而離職）。

因此，團體帶領權的爭論常常也是權力、威信和專業領域的
競爭，而不是能力的比較。甚至因為很少有專業人員在其訓練中
接受過任何有關團體治療的直接指導，當然也就沒有人接受過任
何住院病人團體心理治療的指導，所以此一課題就更難解決了。

各科室間的競爭造成整個團體治療方案受到影響。一般而言，工作人員總希望帶領團體，享受被稱作「治療師」所擁有的威信以及病人快速復元的成就感，而不只是消磨時間或空撐著而已。關於團體的人數、型式及次數，常要考慮到不攪亂工作人員的各種狀況而非著眼於病人的療效。例如，我就曾看到一個團體有四、五位專業帶領者，並不是因為擁有較多帶領者就比較有效（事實上，反而常是無效的），而是為了討好各科室的代表。如同作者前面所說，這也是為何一天當中要進行這麼多特殊團體治療而不是每天進行同一個團體的主要原因。

這種專業間的競爭常有礙治療。擁有這麼多帶領者所帶領的各類團體，卻沒有機會讓帶領者公開討論，彼此交換在團體中所發生的重要事件以提供病房工作人員參考。而病房工作人員對其他科室帶領的團體型式興趣缺缺，甚至不太尊重。顯然，大部分的工作人員（如全職護理師及病房醫師）很少了解到病人在這麼多團體中所得到的治療經驗。這種忽視自然導致護理人員、醫療人員及精神科主治醫師間的溝通嚴重解體。

經常，團體的正式名稱讓人很難知道到底團體實際上在做些什麼。例如：某病房每週只有一次正式的團體心理治療，但另外卻有三次在晚間進行的舞蹈治療，由外面聘來的專業舞蹈治療師專門負責。在我參加該團體並和病人談及參加的經驗後，發現這個「舞蹈治療團體」的稱謂是個誤稱：其實它是個密集式（且具療效的）的團體心理治療，只偶爾使用一些身體動作（亦即一種短期、非口語式或是所謂完形的演練）。病房中絕大部分功能良好的病人都參加這一團體且給予高評價。帶領者本身並未接受過正規的心理治療訓練，但卻相當有技巧，而且已經主持這類團體

16

達十五年之久。由於缺少機會與舞蹈治療師（她只出席每週三次的晚間團體）、全職工作人員及每位病人的個別治療師之間建立良好的溝通管道，因此這類團體對病人即使很有價值也會失去許多可能有的治療效果。

　　無法了解或接受其他科室人員所帶領的團體，會導致極大的誤解與不信任。在我訪問某一病房並看了許多治療團體及開了一次討論會後，我跟一位職能治療系的學生談了些話，她傷心地提到某一位動作治療師，依她的看法是：病房中最重要的團體治療師卻沒有被病人及工作人員適度尊重，以致在我訪問期間並未被放在我所要面談的治療師名單上，也沒有被邀請到我的討論會上。之前，當我詢問到那個每週兩次的晚間動作治療團體內容時，護理人員嘲弄地描述該團體，稱它為「令人心動的、感人的」、「怪異的」團體，雖然滿足了病人的需求卻有些危險。這位觀察該團體的學生所記述的東西相當有內容。有時候，舞蹈治療的帶領者提議做「信任跌倒」或「團體擁抱」的活動；但除此而外很少強調身體接觸。然而，其他工作人員卻抓住這一小細節而把該團體予以貶低。當然這樣的批判型式是很隱微的；有意無意間，工作人員這種負向的態度會傳給病人而使團體治療的效果大打折扣！

　　在許多大學附設醫院中，包括國內一些具領導地位的住院醫師訓練課程的醫院在內，住院醫師是不帶領團體的，這真是大大的不幸！訂定訓練課程的主管提供許多理由來解釋這些缺失。其中一家醫院的住院醫師要負責七位住院病人以及其他病房的行政工作。住院醫師每天工作十二至十四小時，因此醫療主管說實在是因為沒有多餘時間來做了。A 病房的主管說沒有合適的訓練人

員來督導他們。另一大學醫院的醫療主管則說，過去住院醫師是有帶領團體，但因為住院病人的性質改變了且住院日數縮短、病人輪換率增加使得團體治療不容易做得令人滿意。督導者發現必須不斷教導提醒這些住院醫師，如果他們要帶領一個「正統的團體治療」，他們的策略應該如何。很明顯他們並未真正了解及接受臨床方面一些鐵的事實。雖然短期團體治療對學習團體動力學並不是那麼理想；但這是當前住院病房的時勢所趨，而且在未來一段時日內仍將持續下去。

不管什麼原因，精神科住院醫師訓練中若無住院病人團體治療的訓練將會有嚴重後果：因為病房的行政主管幾乎一成不變是精神科醫師，只要精神醫學教育沒有包括團體治療的訓練，則病房由對團體治療不了解且不支持的專業人員管理，只會使可悲情境更加惡化。

精神科護理師是帶領大部分團體的主要專業人員，她們對其扮演團體帶領者的角色常有複雜感受。首先，很多人並沒有正式、完整的團體治療訓練，因而對於扮演該角色常感力有未逮且備感威脅。雖然她們相當能接受帶領團體治療，並對被醫師「指派」深為感激，但她們也有點不快地了解到，是因為醫師們並不覺得團體治療特別重要才會委由她們來帶領。

由於護理師負責住院病人團體治療已有二十年的歷史，很自然她們會宣稱有擬定團體治療方案的所有權。近年來由於其他精神衛生專業人員（如娛樂治療師、活動治療師及動作治療師）角色的變遷，使得他們也想帶領團體而產生許多張力。這種競爭所造成的不良後果之一是：那些想要專家指導的帶領者不太會做此要求；由於非常害怕被其他科室人員所取代，也就不會公開討論

18

其需求及內心的不安。

許多精神科護理師多年來帶領病房的團體治療，已成為技巧純熟的治療師。這也會產生問題：某些護理師會感到不平，明明技巧有如治療師卻得不到心理治療專業人員所該有的威信及實質利益。但可以了解的是：那些每半年或一年輪調來病房的住院醫師們會對護理師深覺惱怒，因為怕她們已有的專長會威脅到他們，並剝奪他們從督導者身上學習的機會。確實，存在於第一年住院醫師及能力強的資深護理師之間的張力是每一家大學醫院（或訓練醫院）急性病房的常見特徵。

我在一些私人醫院更看到許多不正常的現象。這些醫院中大多數病人是由少數私人治療師予收住院（主要是接受身體或藥物治療）。主治醫師們不准護理師主持團體治療，卻另外指派一位不善於團體治療的專人（我看到有兩家是用醫院牧師，另一家是由婚姻、家庭輔導員）來帶領，他們雖然都很有心卻明顯未受過帶領訓練。這舉動馬上造成醫師與護理師間的緊張關係；護理師心理覺得憤怒、士氣受打擊且不受重視；他們公開指責私人治療師想佔有這些病人，擔心其他人來平分（甚至可能失去）他們的病人，因此派用一些沒有經驗但不會帶來威脅的人來做這份工作。

我可以滔滔不絕地繼續講述這些醫療上不盡令人滿意的故事，但我相信關鍵點很明顯：科室間的競爭大大阻礙了病人的照顧、小型團體治療的「所有權」問題是專業人員間張力所匯集成的。團體帶領者角色的指定是一項微妙的差事；如同我前面所強調的，小型住院病人團體治療並不是一座孤島，而是互相依賴、牽連複雜的群島中的一部分。

## ▍ 住院病人團體治療的焦點

在當前團體治療實務有關治療焦點的討論中，最重要的一句話是「什麼是沒做到的」。我所觀察到的團體沒有一個是以「互動」為其治療焦點：團體並未依循「此時此地」的原則進行。我相信以「互動」為焦點是團體治療有效的**必要條件**，此點將在第三章中詳加探討。在所有團體中，甚至包括嚴重精神病、思考行為紊亂的病人，幫助成員間彼此互動並從互動中彼此了解、加以類推（generalize from）是非常重要的。

團體治療師如果不懂如何（或不願）運用團體互動，則常常會弄得一團糟。我看到許多治療師無法找到對團體有效的治療焦點。他們沒有把治療焦點放在成員如何互相關聯的方向上，只好選擇其他的主要方向：即**彼時彼地**（then-and-there problem）取向以及**共同主題**取向。這兩者都有相當嚴重的缺點。

把焦點放在彼時彼地的治療師或許能夠檢視病人住院的原因，或是他們在外面所面臨的生活問題，或是對病房內所發生種種事件的抱怨或關注。這種探討方式最能得到好處的常是某位病人道出一些自己的重要事情，自覺被其他病人接受，而其他病人也可能因此相應地道出自己的事情。

團體治療師最常犯的錯誤是讓某位病人陳述一個彼時彼地的危機事件而由團體來幫忙解決，這幾乎是最最糟糕的一種選擇。團體很少經由勸告及建議而能對病人「外面」的問題提供適當的解決之道。首先，因為病人所提供的資料常是不正確的。第二、病人需要花相當多的時間來考慮他自己與他的個別治療師所提供的可能解決辦法。在短短不到一個小時的時間內，而且是在並不確實的資料下，團體對病人的幫助實在有限。這種探討方式幾乎

20

無例外地使其團體經驗感到失敗：造成士氣受挫，也使參加者對團體的信心大減。

　　以小團體方式來討論病房及行政管理上的問題是缺乏效率的，因為大多數與行政相關的人員並不在小團體內；通常總會有其他管道（如病房生活座談會）可以用來討論這些問題。但更重要的是浪費寶貴的治療時間：把治療團體轉成一個僅讓人發牢騷的會議或一個事務會議，將只會產生病人的抗拒並白白讓大好的治療時機演變成了無生氣的現狀。

　　許多團體治療師常選擇的第二個取向，是把團體治療焦點放在討論共同主題上。例如：當病人談及自殺、幻覺、失落、不信任或其他人際間或個人內在問題時，治療師可藉由督促其他人探討對該問題的個人經驗或態度看法，來增加成員的參與度。但這樣的取向卻有許多的缺點。

　　由於大多數病人對與切身無關的主題都缺乏動機去討論，使得這樣的主題討論常是漫無目標且過度理智化。這樣的團體特徵是以主題取向來討論而不是以相應的、切身有關的取向來討論。更甚者，主題為中心的討論常讓成員感覺到雖然他們有興趣參加討論，卻沒有人能獲得克服該問題的自我主宰能力。

　　有些病房的團體單從它們的名稱就知道缺少有效的互動探討取向。這些名稱和團體實際的治療焦點也毫無關聯。例如：有一個團體叫「生命抉擇」；另一個叫「家庭生活」；還有的叫「抉擇」。這些名稱被使用多年早已不再是目前團體真正所做的。例如我觀察到一個「家庭生活」團體，在八位成員中竟有七位是未婚且獨居的。

　　我一再看到許多訓練良好的醫師，因為不知道如何將團體注

意力轉到團體本身的過程上而無法成為一位成功的帶領者。舉一
例子：一個有九位成員的團體，由一位護理師和一位資深住院醫
師帶領。開始時有兩位新病人問帶領者這個團體該如何進行。該
帶領者扮演著一個完全非主導性的（non-directive）角色，把問題
拋回給團體。很快地，一位成員莫里斯提到：他不認為這個團體
有什麼用，因為他的問題是失業、沒錢。六十分鐘的會談就被他
的事業失敗故事佔去了四十五分鐘。有人對此毫無興趣、有人則
一點感覺都沒有。治療師在過程中唯一的處置只是鼓勵團體中有
財務困難的病人一起來分擔。

　　然而，完全被忽略的是：整個團體的主題看起來根本就是莫
里斯對其他成員所造成的衝擊。莫里斯就像一張破唱片：他在病
房中其他團體裡也是重複著他的財務困境。因此其他病人覺得和
他在一起是讓人很不愉快的事；他們都儘量避免跟他在一起，不
管是在團體中或是病房內都儘量迴避他。莫斯里的孤立是一個眼
見的事實，但卻從未能成為會談的一項主題。團體無法幫助他解
決其財務問題，而其實他們應可做很多事情，使莫里斯了解他是
如何地推開人群而使自己變成那麼孤立（事實上，他的妻子已經
離開他，他的孩子們、朋友們都避著他。他的問題並非如他想像
的是因經濟破產引起，而是他太過於強迫性、過於熱中金錢，以
及他是那麼地自我沉溺而無法去感受別人的需要）。

　　這位團體帶領者是受過良好訓練的個別治療師，且絕對不會
花相當大量的寶貴治療時間僅去處理某個症狀而已。但這也正是
他們在團體中所表現出來的。帶領者並沒有把握住任何可見的互
動：如探究因莫里斯重複且獨佔性的空想對其他成員所引發的感
覺、其他成員無法進入治療的狀況，以及他們對治療師因帶領無

22

23

方而引起的生氣和挫折。我經常看到因為治療師不能（或不願）把治療焦點放在「互動」上而浪費了大好的治療時機。

試舉另一例：在我所觀察的數十個住院病人團體治療中，絕少看到治療師將團體的重心放在該會談中對成員而言極為重大的一個事件上，即——我的存在。每一位成員毫無疑問當然都會對一位在觀察其開會的陌生人有一些感受。但成員對我在那兒的功能有什麼想法？我與治療師的關係到底如何？以及我將把我所觀察到的資料作何處理等等問題都從不加以檢視。

另外，其他許多發生在團體中的重大事件也未被注意。成員變得無趣或焦躁不安、沒有說明就離開會場、在會談中途起立換位子、互相打斷對方談話、睡著了、刻意地誘惑治療師、彼此間出現不適當的敵意或情緒化地高聲叫囂等等。讓這樣的情形一再發生而不去注意，將使團體變得不真實、不相干且徒勞無功。特別是這些事件如果用我往後將提到的方法，都可能轉變成治療上的有利之處。

許多治療師因為缺乏傳統團體的方法訓練而無法把焦點放在「互動」上。促進團員互動和幫助他們在觀察團體的過程當中得到學習，這種能力是後天學習來的治療技巧，這樣的技巧是需要團體訓練及督導，但在大多數的專業訓練課程中卻絕無僅有。

另外一項理由：許多治療師相當害怕採取互動探討取向。許多臨床醫師，尤其是治療方案的主事者，似乎很在意醫療法律上的問題以及如何維持合乎病房評鑑調查的問題（因此他們對病房在醫界的聲望是非常敏感的）——而把「此時此地」取向等同於面質、衝突、會心團體、「熱椅」式或深度密集的治療團體。依我看法，這是錯誤的假設；本書的主要目的之一即是要澄清「此

24

時此地」探討取向究竟如何引導出富支持性、鼓勵性且有助益性的團體氛圍，使能適合於甚至是最急性、最具干擾性的精神病人。

無論如何，避免使用「互動」取向的治療師將會感到浮躁不安、困惑，也因為缺乏一套完善的理論宗旨和一套相應的治療策略和技巧而變得信心蕩然。

所有這許多因素，諸如團體不受重視、缺乏一致性的且每日舉行的團體治療、對團體組成的困惑、專業間對帶領權的競爭，以及缺乏一個有效的治療焦點等等，都大大限制了住院病人團體治療的潛在療效。儘管現狀有這些缺陷，這種互動取向團體治療方式仍被證明有效，即是此治療團體本身所具備的不可忽視力量之一明證。

## 住院病人團體心理治療的療效

### ▌關於療效的爭論

儘管完整的團體治療理論與實務之建立已有四十年歷史，許多急性病房的醫療主管仍深深懷疑住院病人團體治療的功效而不願在病房中使用。在美國，任一時刻都有著和個別治療同樣多的病人在接受團體治療。很難發現有任何地方的臨床設施中——從各式各樣的門診到監獄、慢性精神病醫院的病房、一般精神病房、行為偏差的少年輔育院、肥胖特別門診、戒煙班等等——沒有團體方法被證明是有用的。那麼為何在急性精神科病房內會對有關團體治療的療效提出基本的爭論呢？

25

有的病房行政主管因特定的臨床取向而不支持團體治療。正統的精神科住院醫師訓練課程或護理學校的課程均很少提供團體心理治療的訓練，至於住院病人的團體治療更是絕無僅有。除非醫療主管或臨床護理人員本身接受過團體治療的研究所課程，否則很難有被訓練的機會。因此要他們去重視本身不熟悉的治療模式更是不可能。

某些病房對團體治療是否有效的爭論事實上完全導源於另一課題，即專業領域上的爭執。傳統上，住院病人團體治療是由護理專業所掌管。但如果醫療主管或主治醫師不覺得護理師、職能治療師或其他相關醫療人員有資格做心理治療怎麼辦呢？在這種情形下，團體治療也只有被認為無效而不予以支持或予以貶損了。

還有其他重要的課題也足以引起爭論。許多醫師質疑團體治療在當前急性病房中是否為可行的治療模式。他們特別指出兩項令人頭痛的急性病房特點：留院期間短及病人所呈現的精神病理範圍相當廣泛（從輕度的神經症到嚴重的精神崩潰）。在這種情形下團體治療會有效嗎？畢竟，成員的穩定性和同質性的心理自我強度（ego strength）永遠被認為是團體發展凝聚力以及治療氣氛以得到團體療效的先決條件。

這些主張也並非無的放矢。我將簡短地回顧有關「傳統式」團體心理治療——它是從其他臨床設施中發展出來的治療典範——當應用在住院病房中確實無效的一些證據。**當前的急性病房具有極為不同的臨床狀況，因此必須對傳統團體治療的探討取向做一番徹底修正。**這是件相當艱難但並非不可克服的工作。本書的任務即是針對這種新的臨床狀況所提出的一套治療新取向。

　　如果病房行政主管願花時間、精力在團體治療的方案設計上，必可說服他們相信團體治療是有效的。團體治療師也應信任此種取向的療效。稍早我曾提到研究上的證據顯示：如果病人一開始對治癒愈有信心，最終的治療效果就愈好。對治療師而言亦然：若治療師在一開始即強烈相信治療過程會幫助病人，就會更容易成功。反過來說，治療師如深深懷疑其療效，則將會使其療效大大降低〔D〕。

　　要建立有效的住院病人團體治療方案，最重要的開頭即是工作人員的信念。因此，作者將提出住院病人團體治療取向有效的證據。由於本書的目的在給「第一線」臨床醫師當臨床指引，而不是研究評論及分析，故僅提出其為有效的種種結論而把各研究方法的描述及評值置於附錄中。

27

## ▌研究上的證據

　　探討住院病人團體治療療效的研究人員採用兩種基本的方法學策略：一是檢視治療成效與治療方案間的關係；另一種則是取得病人對團體治療的回溯性看法。以下作者即分別回顧每一種方式的研究所見。

### 治療成效與住院病人團體心理治療

　　最佳的可能研究領域中，我們到底如何設計一項有關團體治療療效評量的可靠計畫呢？有人也許會想到將一大群急性病房病人隨機分配到各種不同型式的團體治療，以及一組沒有團體治療的對照組，而病人的所有其他治療則是相同的。這樣的治療成效可系統且客觀地加以訂定，而其治療成效與團體經驗的本質之間

的相關性可加以評量。

但從沒有人做過這樣的研究！將來也不可能有人做。由於方法上的艱難度〔E〕導致幾乎沒有什麼針對當前急性病房的團體治療有過嚴謹的研究產生。更甚者，由於近年來住院病房有了巨大的改變和修正，許多舊有的研究變得不大相干。因此，我們只好退而求其次選擇比較不是那麼完美的研究方式：即不是方法上有瑕疵，就是在不同但較相關的臨床環境中進行該研究。

一項特別重要的研究結果是在非常意外的情形下被發現的。一組研究人員〔F〕對一群隨機被收入短期及長期病房住院的病人加以研究。研究人員是想要看看治療成效與住院期間長短之間的關係。他們發現，短期住院比長期住院病人表現出更明顯的改善。

研究人員不知道這樣的研究結果是否幾乎可以全用住院時間長短來解釋，或者還有其他原因導致？非常意外的是，研究人員發現這其間的差異幾乎可以全然用「是否多量使用團體治療於短期病房中」這項因素來解釋。不論是短期或長期住院，接受團體治療的病人均比未接受團體治療的病人有明顯重大的進步（尤其在社交技巧上面）。

同一研究人員對其病人做了三年的追蹤，報告了下列另一有趣的發現：**接受過團體治療的住院病人以後在門診治療中更容易接受團體治療**。這是一項非常重要的發現，因為短期住院只有和「出院後治療」一起配合才能有效；而正如大量的研究資料所顯示：團體心理治療是其中特別有效的後續治療模式〔G〕。

另有研究指出：團體治療可顯著降低病人被轉到封閉式病房的必要性（雖然團體治療本身並不影響到出院率）〔H〕，同時也

降低那些基本上被診斷為焦慮反應的病人重複發病的機率（但對酒癮患者或慢性思覺失調症病人則否）〔I〕。

在尋求究竟住院病人團體治療是否有效這個問題的答案時所獲得的一些少數資料〔J〕顯示：一項並不是那麼原始的但卻與臨床更相關而需要回答的問題是：哪一種型式的團體治療對何種病人有效？

一項精心設計的研究問卷〔K〕比較了下列四種團體治療的療效：

1. **過程／病人為焦點的治療團體**（process／patient focused group）：一種支持性團體，帶領者著重在澄清及解析病人之間的互動。
2. **行為治療工作取向**（task）**團體**：帶領者為團體每位病人個別設計其行為取向的治療計畫。
3. **心理劇／完形團體**（psychodrama／gestalt group）：以誘發情感經驗為主的團體，輪流要求每位成員去認同及經驗強烈的情感流露。
4. **對照組團體**：其成員在病房內不接受任何團體治療方面的經驗。

研究者發現各種團體的療效有極大不同，「過程／病人為焦點的治療團體」明顯比其他兩種團體或對照組團體有成效。行為治療團體一般而言是無效的，而心理劇／完形團體則被證明是反效果的，也就是說參加該團體的病人反而**加重症狀**。

另有其他研究人員指出：在病房中運用傳統精神分析式的治療（即不主動、非指導性以及以病識感取向做治療的帶領者），

來進行住院病人團體治療的療效並不好〔L〕。這些報告指出：以某一臨床特性（長期門診治療方式）所發展出來的臨床取向，應用於另一具有不適宜臨床特性的機構是錯誤的。

團體治療方案的擬定對特定病人群的特定需求是很敏感的。強烈證據顯示：精神病人如由非指導性的帶領者依病識感及情感激發為著眼點所帶領將會更糟糕〔M〕。

30　摘要言之，研究顯示就整體而言，急性病房有團體治療方案比沒有方案更具療效；而某些團體取向比其他類別取向更具功效（非指導性、病識感取向、精神分析式的治療似乎在住院病房內療效較低）；精神病人依傳統團體治療方式進行將會更壞。

住院病人的心理治療就像所有其他心理治療一樣可以使病人變好或變壞：適當的團體治療可以帶來很大的治療效果，不被看好的方式則甚至可能對於病情有害。

### 病人的回溯性評值

許多研究曾報告過有關病人出院時詢問他們對團體治療的觀點，以及他們對住院當中所接受各種治療模式（如在他們的研究中最常見的個別心理治療、藥物治療、個別護理照顧、職能治療、活動治療以及生活座談會等）的比較評估〔N〕。

這些研究告訴我們什麼？首先，應注意到這中間有著極大的差異性。住院病房所提供的是各式各樣治療方式；且幾乎是像小吃店般，不同的病人會挑選他們認為最有用的治療模式。

整體而言，研究上的共識是病人最重視和醫師間的個別治療。然而，卻絕不意味著個別治療輕而易舉就是治療的首要選擇。即使在一個每週由相當資深的醫師給每位病人診療三至五小

時的病房中，也只有少於一半的病人選擇個別治療為其最重視的
治療型式〔O〕。如果病房提供至少三次以上的團體治療，那麼團
體治療就是病人的第二選擇了。

　　另外一項在許多報告中的重要發現是：病人認為最重要的治 31
療方式常是以關係為基礎。最前面的四個項目幾乎都是如下：和
醫師間的個別治療、團體治療、和護理師的個別談話，以及和其
他病人的交談。比較不是跟人有關的治療模式（如：手工藝、病
房活動、藥物或生活座談會等）幾乎從不被絕大多數的病人認為
具有治療上的重大意義。顯然住院病人在尋求一些有意義且富支
持性的人際溝通並藉此進行修復（可能的人際障礙）。

　　回溯性研究也指出不同型式的病人受益於不同型式的團體治
療取向〔P〕。邊緣性人格疾患病人和具有神經症情緒障礙的病人
特別看重團體治療，他們通常會把團體治療看得比個別治療更重
要。更甚者，他們會喜歡那些更富挑戰性、期許病人負起更多自
己治療上的責任，並把重點放在成員間互動上的團體治療。

　　思覺失調症病人比較不那麼重視團體治療。在一項研究中
〔Q〕，他們視團體治療為九項治療取向中的第三高位（在個別心
理治療及和其他病人談話這兩項之後）。一般而言，他們喜歡較
富支持性、對他們的要求較少、較不會讓自己覺得無能完成團體
任務的團體。其中又以妄想型病人最為討厭團體治療所帶來的經
驗。

　　一項大型研究結果非常清楚地顯示，不同診斷的病人對團體
治療有不同的喜好及評價〔R〕。研究中安排受測病人每天參加
兩個團體：一個是團隊式會談，由病房中一半成員組成，是一個
富支持性、低調的、低挑戰性的團體；另一個則由高功能病人組 32

成，是較富挑戰性且要求較高程度對自己治療負責任的功能式團體（在此研究期間，該病房並未有針對大多數是退化性精神病人所開的低功能團體）。一方是思覺失調症病人，另一方是邊緣性病人或有情緒障礙的病人，正好各自選擇一種治療團體。在十一項病房的治療活動中，參加兩種團體的思覺失調症病人把團隊式團體評為第三而把較富挑戰性的功能式團體評為第七。邊緣性病人把功能式團體評為第一，團隊式團體則為第五；情感障礙病人則評功能式團體為第二，團隊式團體為第五。在研究文獻中有相當的共識認為精神病人最適合以富支持性、現實為治療焦點、結構性團體治療以及較隱密而非公開的方式進行〔S〕。在較缺乏結構性的團體經驗中他們會變得較為焦慮，且如果做比較多的自我揭露時會更不能自處〔T〕。一項對所有臨床文獻所做的回顧顯示相同的結論：精神病人以現實或活動為取向的團體治療比以病識感為取向的遠為有效〔U〕。一項日間留院治療中心所做的團體治療回顧中亦得到相同的結論：對思覺失調症病人而言，目標放在病識感建立及去除壓抑的團體治療是不適用的。〔V〕

### 研究文獻總結

從研究文獻中我們可得到有關住院病人團體心理治療的下列結論：

1. 團體治療是病房中一項有效的治療模式。它確實改善了病人的病情；在出院後病人會給予高度評價；接受團體治療的病人較容易去尋求出院後的治療方案。

2. 團體治療的型式非常重要，傳統的治療取向是給長期門診神經症病人所設計的，對急性病房而言並無療效，甚至對

33

治療有害。因此，對急性住院病人勢必要做大幅修正。

3. 團體治療技巧必須配合病人疾病的類別：不同診斷的病人需要不同的團體治療模式。強烈證據顯示精神病人和非精神病人需要極為不同型式的團體治療。

## ▌團體治療值得做嗎？其他的主張

除了研究上的證據外，尚有其他見解支持急性病房中應有積極的團體治療存在。這些見解是以理性—人本學上的根據為基礎而不僅是證據而已。

首先，依病人住院的原因來看，雖然其呈現的症狀殊異，大部分住院病人精神崩潰是由於人際危機所致，常常是某重要人際關係的喪失或面臨喪失的威脅。更甚者，絕大部分的病人受長期的人際關係問題所困，如孤立與孤單寂寞、不良的社交技巧、性問題，圍繞著權威、憤怒、親密關係以及依賴性等問題的衝突。如果病房工作人員想要和病人發展出一個富同理共感的治療關係，他們必須重視這些人際問題。

團體治療即以下列兩項重點來關注此問題；第一、團體就是**最佳的**治療場所，病人可學習探索及矯正不當的人際關係型態。團體提供有效的人際指引使病人出院後得以適應。可以幫助病人了解他們的行為是如何妨礙他們發展其所想要的人際關係，也提供他們學習社交技巧的機會。

第二、住院病人團體治療使病人在住院期間加強與其他病友發展關係的能力。許多研究指出病人間的關係是治療結果的重要決定因素〔W〕。非正式的病人團聚及關係對住院的治療效果有強大的影響力。藉由強調病人間的關係，治療團體加強了病人從

34

他人處所得到的幫助而非聽天由命地發展其人際關係。團體治療如果運作得當可減少病人間的衝突，幫助那些孤立、退縮的病人進入團體，提升病人之間的凝聚力以及彼此間的尊重，並解除因害怕及刻板行為造成的人際間阻礙。

　　團體治療不僅指出病人所壓抑的人際需求其合理解決方法，也是臨床問題所需要的一種治療方式。在一般的病房中，病人是完全沉浸在一個複雜而影響力強大的社會體系中。把病人視作不與他人溝通的一個單獨個體，僅提供藥物治療和個別治療是治療上的有意忽略，而且剝奪他在該社會體系中所可能擁有的許多治療潛能。病人一天有十六小時是醒著而可利用的。除了消磨時間的病房活動外，許多訓練良好的專業人員可以藉著適當的支持及帶領而提供治療上重大的協助。

　　完全融入社會治療體系中，這從兩百年前的道德治療改革運動以來即為精神科住院治療有效的關鍵因素。最近以來，醫院治療在意識型態上是包含在治療性社群（therapeutic community）理論的原則中。雖然當前精神科病房以危機治療為導向及快速出院輪換率使得治療性社群的觀念（至少就結構上所包含的要素）成為陳腔濫調，但其意識形態上的要素如病人間的支持、責任感以及社交訓練等，在小團體治療中仍得以持續且表達出來。

　　沒有積極團體治療方案的病房不僅無法提供所有可用的治療模式，且工作人員也常無法提供病人心理重建所需的支持性治療環境。沒有團體治療的病房，工作人員通常是一群士氣低落的人。事實上，成員認為一對一的治療師（通常是醫師）才是主要的有效治療者，其他工作人員的角色只是保護及收容管理上的，是修整補充該治療性社群的架構，以及專門負責填補個別心理治

療以外時間的。

　　毫無疑問這種情形必導致不滿。怎麼可能不會呢？護理人員覺察到他們的技巧足以成為治療師，卻依規定毫無用武之地。每位病房主管都知道，憤怒、不滿且士氣低落的工作人員並非小事一樁。工作人員的不滿常導致科室間的衝突、對病人忽視、高缺席率以及工作人員的換來換去。更甚者，許多證據顯示〔x〕工作人員的不滿及衝突，特別是隱藏而不表達出來的（沒有團體治療的病房完全如同沒有辦法提供任何能予工作人員支持、發展及解決衝突的病房一樣），終將無可避免地破壞了病房療效。

## 結論

　　簡言之，住院病人團體心理治療方案顯然是有療效的。前瞻及回溯性的研究均指出病房團體治療可充分有效利用病人的時間及醫院與工作人員的資源。工作人員積極主動參與團體治療正可讓其經驗到本身是進入狀況的、有價值且富建設及挑戰性的；因此，他們就會在各層面提供病房各種有效的治療方案。 36

　　但有效的帶領是需要特殊技巧的。對住院病人團體治療師而言，個別治療或門診團體治療的訓練均不足以勝任其臨床工作。急性住院病房是一個非常不同的臨床單位，需要完全修正改造過的團體治療技巧。我希望在隨後的幾章中提出，即令是在臨床負荷相當繁重的住院病房內都能使用的一種策略及一整套技巧，使治療師能有效帶領團體。

【第二章】

# 住院病人團體治療的一般原則

　　本章中，我將先簡單回顧「傳統」團體治療的基本原則，然　　37
後談到急性病房的臨床特徵，並描述有效的住院病人團體治療在
技巧上所需要的修正。

　　在過去三十年，團體治療有著非常蓬勃的發展與成長，以致
必須有相當的洞察力及想像力才能在蔓草叢生中找到「傳統」團
體治療的主幹。但是如果有所謂的傳統團體心理治療，那也是為
了那些神經症病人所設計的門診長期治療。那些專業課程確實包
括了團體治療的訓練以及帶領團體治療的一些教科書❶，其重點
基本上是放在這種型式的治療上。

　　有很多原因造成這種型式的團體治療身居首要地位。第
一，這種長期型式的團體治療已被了解得很透徹，它是第一種被　　38
廣泛使用的團體治療。有關這方面的描述早在 1940 年代心理治
療的文獻上已經廣泛出現，不只有很多臨床學者觀察並發表這種
治療方式的研究，而且其型式本身也比較容易進行研究。因為這
種團體比較穩定，病人通常較有治療動機且願意跟研究者合作；
治療師和病人在一起的時間會久得足以拿來做研究。

　　而在住院病人團體治療這方面則沒有相對應的知識，其原因
有二：第一、資深的主治醫師並不實際帶領住院病人的團體治
療，而且他們在病房內停留的時間相當短；行政上及政策上的混

亂經常導致資深人員調動頻繁，或者因為調升資深人員至行政位置而使他們很少直接接觸病人。第二、如同附錄上所言，當前病房的臨床設施及其特徵往往阻礙嚴謹的研究進行。

然而，從各方面來看此一領域還算幸運，因為長期門診病人團體治療的原則比其他任一種取向更易於普遍化，這使得門診團體治療的知識能夠匯集在一起。想想團體治療的範圍多麼大：自我肯定訓練團體、追蹤照顧團體、團體精神分析（名目繁多，略掉）……等等。其治療取向數目之多根本無法在任何單一訓練課程中加以教導。因此教導者最多只能教導一種基本取向，讓該基本原則能應用到最大多數的情況，但有一例外，即**學生們必須將這些原則拿去對應他們自身特殊的臨床設施特徵**[8]。我將根據此一教導模式繼續下面的探討。

## 39　傳統團體治療的原則

開頭最重要的是探討**臨床設施特徵**（clinical setting），因為它一直是形成治療型式的重要因素。所有臨床醫師都知道某些臨床設施特徵的因素（例如：病人精神病理的嚴重程度及型式、治療動機、治療時間的長短、經濟來源等）會影響到治療目標。而治療目標則決定了團體中的**療效因子**，進而決定合適的**治療師策**

---

8　原註：進一步詳細的討論以及有關這些原則所根據的證據，請參閱我另一著作《團體心理治療的理論與實務》（*The Theory and Practice of Group Psychotherapy*）❷（本書中譯已由桂冠圖書於2001年9月出版）

**略與技術。**

## ▍臨床設施特徵

　　典型的門診團體治療是由六至八個病人所組成，每週開會一至兩次，每次約九十分鐘。持續時間大概要好幾個月到兩、三年。團體成員很少有替換，同樣的病人可能相聚在一起達好幾個月。這些病人一般而言在其生活環境中仍具功能，只是可能因他們潛在的神經症或人格特質等問題而深受其擾。治療師所欲組成的團體是由具不同性質問題（症狀型態、人格問題型態）但相同自我強度（ego strength）的病人所組成。例如一群具神經症或人格特質問題的病人，但通常不包括精神病（psychotic）或嚴重的邊緣性人格疾患者。

　　治療師（或協同治療師）會小心選擇病人，與他們做一至兩次的個別會談，並且為他們參加團體治療可能得到的經驗做必要的準備。治療師要待在團體裡至少一年，一般往往會與團體共始終。病人也有可能在個別治療時見到團體的帶領者，但通常他們只在團體治療的場合才有接觸。

## ▍治療目標

40

　　長期團體心理治療的目標是頗具野心的，完全和長期密集的個別心理治療一樣。團體治療師希望病人不但可以獲得症狀的緩解，而且能改變人格結構。幫助病人去認清及修正其長期適應不良的人際行為型態──其結果是不僅可解除當前危機，而且可改變病人的經驗與行為模式俾將來生活中不會出現危機。

## █ 療效因子（Therapeutic Factors）

我先提出一個簡單而天真的問題：即團體治療到底如何幫助病人？對我而言這總是可以幫助我們釐清對團體治療的看法。我認為由臨床研究及臨床醫師一致的共識，可以擬定出一套團體治療中固有的基本療效因子（therapeutic factors）。〔在我早期的書中曾稱之為「治癒因子」（curative factors）❸，但「療效因子」應更符合實際〕。這些療效因子為整個團體治療領域提供了一個有用的建構。這些因素代表了治療的核心；即使團體治療可能在外表型式上大大不同，但其改變的基本機轉卻是一樣的。然而，不同的團體（因為不同的臨床設施特徵及不同的治療目標）可能強調不同的療效因子組合。確實，我們可看到同一團體中不同的病人會使用非常不同的療效因子。而我所提出的療效因子包括：

1.灌注希望（Instillation of Hope）

2.普同性（Universality）

3.知識傳授（Imparting of Information）

4.利他思想（Altruism）

5.早期家庭經驗的矯正重整（ the Corrective Recapitulation of the Primary Family Group）

6.社交技巧的發展（Development of Socializing Techniques）

7.模仿行為（Imitative Behavior）

8.宣洩作用（Catharsis）

9.存在因子（Existential Factors）

10.凝聚力（Cohesiveness）

11.人際學習（Interpersonal Learning）❹

### 灌注希望

團體治療可以有效地灌注希望給那些意志消沉且對治療悲觀的病人。因為團體成員在崩潰／因應過程中的各不同點上，可以藉著觀察其他從治療中獲益的成員而獲得希望，特別是具有類似問題的成員。

### 普同性

接受治療的病人通常會有一種不安的感覺，認為只有他自己才有這種不幸的遭遇，只有他經歷過這種驚嚇的經驗或無法承受的衝動及幻想。在團體裡，病人會聽到別人也有頗似的顧慮、幻想及生活經驗。此種不再認為這些症狀是他個人所獨有的感覺，會使病人得到相當程度的緩解以及一種「同舟共濟」（welcome to the human race）的經驗。

### 知識傳授

團體治療可有形或無形地提供知識給成員。某些團體治療（如匿名戒酒團體、康復團體、出院計畫團體或壓力處理團體……等等）就專門安排一套講授課程。其他較少結構性的團體則提供大量的解說及澄清給其成員，使他們在治療結束時可以學到很多有關症狀的意義、人際及團體動力學以及心理治療的基本過程等等知識。

### 利他思想

42

當我們要參加過團體治療的病人回顧其治療時，他們都會承

認其他成員對他自己症狀的改善扮演著很重要的地位。通常病人在接受治療時都是意志非常消沉且認為自己不但不能幫助自己且對別人也毫無價值。當他們學到自己對別人可以是有用的時候，那是一種非常新鮮的經驗：它鼓舞人們更看重自己，同時也使自己從病態的自我陷溺、自閉自限領域中走出來。

### 早期家庭經驗的矯正重整

團體治療的情境在許多方面很類似早期家庭，病人很容易重新經驗到舊有的家庭衝突。然而，治療師會不斷去挑戰病人過去適應不良的行為型態而不讓它掉入僵化、頑固不變的體系中，後者是許多家庭結構的特徵。因此，這不僅是早期家庭經驗的「重整」，而且是具有**矯正意義**（corrective）的重整。

### 社交技巧的發展

所有團體治療都會幫助病人發展社交技巧。有些團體使用像角色扮演的方式，要成員設身處地預演某種較困難的社交情境（如求職面談或要求約會等）來直接訓練病人，而其他成員則提出建設性的批評。另外有些團體則無形中藉由人際回饋來提醒成員許多有關適應不良的、「拒人於門外的」社交行為以達到訓練社交技巧。長期團體治療的成員則學到如何去聽、如何對別人做反應、如何少批評並能多體驗和表達同理共感等，這些在他們將來的社交互動生活中都是非常具有價值的技巧。

### 模仿行爲

團體治療的成員常常會仿效其他成員以及治療師。即使這種

仿效是短暫的，其嘗試新行為模式的過程本身就是一種價值無比的**解凍**（unfreezing）催化劑——亦即解除掉頑固不知變通的行為型態。許多較不具主動性的團體治療病人，則藉由**假想治療**（vicarious therapy）來得到幫助——亦即經由觀察與他們有雷同問題的其他成員治療情形來得到幫助。

### 宣洩作用

開放性的表達和紓解情感是團體治療經驗中很重要的一部分，但這只是部分過程而以；全然的吐露及釋放本身很少會有持續效果。重要的是要學到**如何**（how）表達感受，並且這種表達是社會一般所能接受而不至於太令人覺得悲慘的。

### 存在因素

在心裡治療中，「存在」這個參考架構在相當程度上主張：焦慮以及大部分精神病理課題乃人類在面對存在本身某些基本向度或所謂「終極關懷」（ultimate concerns）：如死亡、自由（責任與意願）、孤立及無意義等時，所產生的❺。團體成員可以公開討論及分享他們對這些問題的深度關切，也可以私下藉由團體進行過程中出現的存在、關懷等課題而得到討論。例如：一個團體可以藉由強調「人終究要負起責任」這項假設而要成員負責，使團體發揮功能並在團體中創造其角色，如此便可學習使用許多治療上的手段。再舉一例：對孤立的終極關懷，可由團體病人所捕捉到的孤獨與關係中看出。如同我隨後會討論的，他們不但學到了「與人建立關係」有什麼好處，更可以了解到什麼是「與人建立關係」所面臨的限度。在團體中與別人建立親密關係是可以

44

減輕孤立感，但卻無法完全消除掉它；團體中的每一位個體終究必須學到這種人際關係的有限性而勇敢地去面對「存在」本身所必然有的孤立感。

### 凝聚力

「凝聚力」——是指一種團圓感（sense of groupness），被團體所接受、自覺是團體中一位有價值成員的感受——在團體中凝聚力就等同於個別治療中的「關係」（relationship）。但是凝聚力的概念較廣，它不只涵蓋病人與治療師的關係，還包括了與團體中其他成員甚至是整個團體間的關係。凝聚力是所有團體療效因子中最普遍的一項；幾乎所有團體治療都可以提供一種歸屬感的經驗給所有團體成員。大部分的精神科病人，由於人際態度及技巧不良，很少有親密關係，很少有機會去分享及接納彼此間的情感，且一般而言都很缺乏團體經驗。對這些病人而言，這種分享、被接納的經驗，以及成功地協調出團體經驗等具有高度治療作用。

### 人際學習

在改變的機轉上，人際學習並不像凝聚力那般普遍存在。有很多種型式的團體（如：癌症病人支持團體、行為治療團體或匿名戒酒團體等）就沒有動用到這項療效因子。但是，對於那些目的在修正其人際行為的團體而言，**這項因素特別有效。這項因素同時也是較複雜的，是住院病人團體治療中所有療效因子裡最常被誤解且最少利用到的。**因此我將特別詳細討論這項療效因子。

團體治療中的人際學習療效因子相當於個別治療中的自我了

45

解、病識感、修通、移情作用及矯正性情緒經驗等。人際學習所涉及的主要包括找出、明瞭及矯正那些適應不良的人際關係。

要說明這項療效因子的原理及運作，首先我必須要提出它所根據的三項基本假設：

1. 人際理論（Interpersonal Theory）
2. 團體即社會縮影（the Group as a Social Microcosm）
3. 此時此地（the Here-and-Now）

**人際理論**　首先，讓我先設定團體治療的基礎就是人際理論。基本上，這個學說認為人的人格結構是經由以前的人際關係所形成，而病人現在的症狀是以前病態人際關係的呈現。每位個案來求助時帶著各式各樣的抱怨，但其共通點是在建立並維持滿意且持久的人際關係上有重大困境。

團體治療的語言就是人際的（interpersonal）語言。每位病人的問題終究需要轉化成人際用語（interpersonal term）而後再據以治療。例如：憂鬱症的人際心理治療並不在治療憂鬱症本身；在這裡治療師是毫無用武之地。治療師要檢視的是憂鬱症底下的人際困擾。就憂鬱症言，這些病人通常有被動、依賴、對失落的過度反應等人際障礙，然後根據這些障礙加以治療。

治療師在團體治療中的主要工作是盡可能幫助病人學習認識他們那扭曲的、出了問題的人際關係並加以改變。但是團體如何來促成這樣的一個改變過程呢？一個由七、八位成員所組成的團體如何有系統地去探究，並改變每一位成員過去和現在人際關係所形成的錯綜複雜網路呢？當然沒有任何團體有時間和耐性來從事這項工作。要了解人際治療方面如何進行，就需要有另一概

46

念。

　　**團體即為一個社會縮影**　一個治療性的團體就如同一個社會縮影。此項概念認為，只要給予足夠時間，一個人在治療性的團體中的表現就會非常近似於他在社會環境中所表現的樣子。那些干擾病人適應社會的不當人際行為模式，就會在團體治療情境中與別人接觸時再度顯現。例如：一個人如果渴望親密關係但卻企圖以不停需索及誘入陷阱的方式來達到目的，以致發現自己在生活中反被排斥及孤立，那麼他一定也會在團體中出現同樣型態。病人如果在實際生活裡是謙虛為懷，或好與人摩擦，或害怕親密關係，或競爭心理強烈不惜破壞等等，那他在團體中也會是那個樣子。

　　換句話說，我們可以由局部反映出整體。在所有治療型式中，包括團體、個人、家庭，治療師假設他們在治療過程中所眼見的小部分行為均可反映出較大的行為型態。雖然這項原則是所有型式治療的關鍵所在，團體治療卻是其中最能加以印證的。由於包容這麼豐富的人性在裡頭（男女、老少、同儕者、競爭者、權威角色、受教育與未受教育者、富人與窮人、各階層的人），團體對每一個人乃成為一個社會縮影。

　　摘要言之，人際學習這項療效因子是建基於人際理論，它認定精神病理雖有其外在的症狀模樣，卻在其與他人扭曲的人際關係中得其根源。病人受苦於扭曲的人際關係，而治療則幫助個體發展出具適應性的、令人滿足的人際關係型態。更甚者，團體治療師假設病人適應不良的人際型態終會在團體治療的情境中重現。藉由幫助病人了解他們在團體治療中的行為模式，治療師也幫助病人了解到他們在外界社會環境下更廣泛的人際行為型態。

47

「**此時此地**」　上面兩個假設可以得到以下結論：明瞭病人
生活的困頓型態所需要的資料，就呈現在治療室中「**此時此地**」
的團體互動裡。因此，病人不太需要在團體中詳述或長談他們過
去所出現的一些差錯；反而從觀察病人在此時此地團體中出現的
人際行為，所獲得的資料更精確且**活生生**。更甚者，治療策略上
的關鍵點是病人在「此時此地」與人交流中所學到並改正的行為
模式，最後將可運用到他們的外界生活中。

因此，團體治療的重點應放在「此時此地」，亦即那些在團
體治療的情境下所發生的事。團體治療的首要工作是將非現實問
題——亦即一些「團體外」問題的解決——轉為「團體內」的工
作，亦即幫助每位成員盡可能學習與其他成員建立關係的方式。

「此時此地」的焦點對團體治療而言實在是太重要了，因此
在第四章將有詳細討論，但在這裡要強調「此時此地」的焦點不
僅對人際學習療效因子有促成作用，且能催化其他的療效因子。

例如：以凝聚力而言，一個團體要有凝聚力必須要它的成員
認為它是有效的，亦即成員相信團體能夠幫助他們完成個人的治
療目標，而且在團體活動中必須讓他們感到有趣。一個強調「此
時此地」的團體透過團體的互動，通常必然是活潑有趣又有凝聚
力的團體。如果一個團體治療從頭到尾幾乎都是一直愛理不理地
在聽一位成員敘述他過去或現在冗長的生活情形，則再也沒有比
這更無聊的事了。通常這樣的一個故事陳述方式會讓人困惑，會
是不正確的，更會是對大多數病人不具太多意義的，尤其是那些
沒有機會和述說者建立較親密關係的人。充其量，每位成員會希
望是「輪流發言」的方式：亦即當他們可以把生活問題呈現出來
尋求團體的支持或解決時，能及時輪到他們（很不幸，在住院病

48

人團體治療中，由於病人替換速度快，這種希望永遠達不到）。

　　如果團體治療強調的是「此時此地」，而且治療師已經很明確地告訴成員為什麼改變人際行為型態是如此重要，那麼成員通常會感受到團體治療的切題與療效。一個團體裡面，如果成員可以隨時表達他們彼此間的觀察或感覺，那麼這樣的團體沒有人會感覺到被忽視。每個人都有可能隨時成為團體的討論中心；因此這樣的互動團體，病人必呈現出更多的興趣、更多的士氣、更高的出席率，以及遠遠更強的凝聚力。

　　一個重視「此時此地」的團體也可以促進成員社交技巧的發展。成員間彼此得到回饋並學習如別人般地看待自己。例如：他們發現到其行為是如何影響別人來接近他或避開他。他們會學習到潛意識中自己是如何地在阻礙自己；亦即雖然他們是如此地想要和別人親近，其行為卻常帶來不想要的孤立。

### 療效因子：一項回顧

49

　　我把團體治療過程分開來依這十一項因子加以討論。實際上，它們當然不是各自獨立的；它們是彼此相關又互相影響的。不僅這些因子彼此影響，在相同的團體中，不同成員可能受惠於不同的療效因子。事實上，同一位成員在治療的不同階段可能受惠於不同的療效因子。

　　在傳統的長期團體治療中，針對療效因子的比較性效用給予一些普遍性的說法是可能的。大部分被病人視為成功的團體治療，其最重要因子包括：人際學習，配合上宣洩作用及病識感❻。當病人獲知他們該如何向他人表達自己時，也就開始了解其固定的人際型態在其現實生活情境中是不符合的，並開始發現

到以前不為自己所知的部分，然後慢慢試著出現一些新行為。這些步驟無一是單靠理智的，而是綜合情感表達以及一種被團體接納的感覺所形成。更甚者，病人發現到他們自身終究是要對如何重新自處負起最終的責任。因此，人際學習、宣洩作用、凝聚力及存在因子等這幾項，在長期團體治療的中、晚期扮演著最主要的角色；而其他較不被病人挑選的因子——諸如普同性、灌注希望、利他思想等——則在團體的形成階段中扮演較重要的角色。

　　也要注意的是，這些因子的形成往往需要一段漫長的時間。常常人際行為型態只能在極為緩慢的過程中逐漸明確形成。例如：某位成員在關係的早期是迷人且大方的，到很後面才發現他常常利用及剝削別人。可能需要好幾個月的時間才能看到這一型態，讓成員體認到並出現回應，讓主角自己能聽到並接受回饋。讓他了解該行為迄今仍未自知的可能原因，而逐漸去嘗試新的行為。團體的整體步伐須妥善衡量；各項重要課題也須徹底且精心加以修通。當病人愈來愈了解彼此時，也就可以詳細檢視行為的每一個細節。當然，結束是一項大事情，別離總是困難且耗費漫長時間的。通常為了要結束治療所引發的許多團體動力學上的課題，可能要花上好幾次會談才能真正結束。

　　有關傳統團體治療的基本原則還有許多可說。但我的出發點並非詳加探討它，只是提供一個簡單回顧，作為考慮急性病房設施下所必須採用的策略性修正之用。

## 住院病人團體的臨床設施特徵

傳統的團體治療不管對門診團體多有效，對住院病人都是無效的：**當前的急性精神科病房其臨床設施特徵極為不同，因而需要團體治療技巧上的大幅修正。**容我檢視住院病人團體治療師所必得面對的一些明顯臨床事實來開始我們的討論：

1. 病人進出團體快，平均留在團體內的時間約一至三週，幾乎每次團體治療都會有一位新病人加入。

2. 許多病人只參加團體一至二次，沒有時間為這些病人做結束的工作。幾乎每次集會都會有人要結束，如要處理該結束問題就會花掉團體所有的時間。

3. 精神病理的異質性非常大。包括：精神病、神經症、人格疾患、精神作用物質濫用、青少年問題、情感性精神病、神經性厭食症等各類病人都會出現在同一團體中。

4. 所有病人都在急性不穩定期：他們努力要解決的是他們的精神症狀或急性期的絕望症狀，而不是個人成長或自我了解。只要他度過危機，就會出院。

5. 團體中有很多病人缺乏治療動機：他們可能是缺乏心理學常識、不想待在那裡、不認為他們需要治療、常常並不需要為治療付費，也可能對自身根本不想多加探討。

6. 治療師通常沒有充裕時間去準備或篩選病人。

7. 治療師通常無法控制團體的組成。

8. 治療師的穩定度低。很多治療師因為需要輪調而無法參加團體的所有集會。

9. 病人在病房中整天看到治療師扮演著其他不同角色。

10. 團體治療只是病人參加多項治療中的一個；在其他的治療中病人可能會遇到團體中同樣的一些病友及治療師。

11. 團體的凝聚力低，沒有足夠時間讓成員學到互相照顧或彼此信任。

12. 沒有足夠的時間去慢慢體認微妙的人際型態、或去做「修通」的工作，也沒有機會針對所學應用到家中情境。

## 住院病人團體的目標

52

　　住院病人團體治療師的一個最重要作為就是訂定治療目標。治療師必須把此目標配合上我前面所提示的那些臨床狀況。目標的訂定有兩個各自獨立而又平行的過程。第一、是所謂的不出聲過程（silent process），治療師先只在心裡構思並對每位成員及整個團體提供一套計畫所需的參考架構。同時，治療師精心思考以幫助每位成員明確訂下團體中個人的目標。在本節中我會談到治療師的內在、不出聲的治療目標訂定過程。在第五章中，將討論治療師如何明確幫助病人形成具體的治療目標。

　　我一再強調目標訂定的重要性。沒有適當的目標，治療師與病人會像無頭蒼蠅般從頭到尾不知所措。目標如訂的太不切實際也將註定一開始即徒勞無功。早先我曾提到治療師在長期團體治療中治療神經症病人的目標：亦即去除症狀**同時**產生人格結構的重大改變。但對住院病人團體而言，這樣的目標是不切實際的，如果治療師會有這麼大的野心，很快地會空忙一場而使其本身或

團體治療毫無希望且毫無效果。

　　野心過大的治療目標不僅無效且常會有害於治療。例如：一項臨床報告❼提到一位二十六歲的母親，她因為被害妄想而認定家人處於被監視及陷入極度危險中而被送入院。其急性精神病行為經精神藥物治療後控制極為穩定，但她的精神病行為卻轉化為對家事要求十分完美的強迫性關注行為。當團體試圖探入潛在的動力學病因時（諸如：對先生的憤怒、兒童早期的被剝奪、把對母親的憤怒轉移至先生身上等等），她變得困惑不解甚至使精神病症狀惡化。當團體改變策略並藉著強化其強迫性的心理機制給予支持，結果變得非常有幫助。

　　真正需要的是一套符合實際的治療目標——即急性住院病人在一個極短時間內所能達到的目標。但重要的是要記住：急性住院病人團體的目標和急性住院病人住院的目標並不相同。團體治療師經常犯錯而採取長期治療的目標。當前病房的短期住院目標是「緩解病人的問題行為，以便他能在院外再度恢復原有功能」❽。病房有許多處理急性干擾病人的有效方式，例如：精神藥物、避開惡劣的環境壓力、改變自我破壞行為、身體療法、環境治療、行為修正、放鬆治療、約束行為等限制與界限等。每一種治療方式在病人的整體治療中都佔有一個重要的角色，但並不是全部角色。例如：團體治療在快速減少高度焦慮這方面，均遠不如精神藥物或生理回饋訓練或放鬆治療等的功效。小型治療團體要把緩解精神病行為訂定為其目標是不切實際，且幾乎會失敗而被認為無效。

　　至目前為止，我已論及不恰當的目標。那麼到底我們對住院病人治療團體應有**什麼**合理的期許呢？

　　首先，病房中的工作人員必須相信心理治療確實能提供某些
助益。有時候我們會認為既然精神病有其特殊的遺傳生物基礎，
而且抗精神病藥物已經如此廣泛有效，心理治療只不過是治療過
程中用來增加趣味、殺殺時間而已。但是如我在第一章所述，這
樣的結論是完全無根據的。

　　試著考慮這樣一個雖然簡單，但可能在提供心理治療應有角
色上不無助益的一個模式。讓我們假設一個人需要一百分才能
達到精神病，而其構成因素有二：即遺傳生物本質及生活中經驗
到的壓力大小。有些人的精神病遺傳生物本質不幸地重到只要小
小的單純日常生活壓力就會促使他發病。而大部分其他人雖也有
明顯的精神病遺傳生物本質，但只有在生活面臨非常大的壓力下
（相當程度是從困頓且不滿足的人際關係中產生），才會促使他
發病（即達到一百分）。心理治療的功用就是幫助一個人避開及
處理這些壓力，它在降低病人發展成精神病的傾向上扮演著相當
重要的角色。

## ▌讓病人進入兩層面的治療過程中

　　住院病人團體治療的基本目標以及其他許多目標之一，是要
讓病人進入治療過程中。治療師要記住住院病人團體經驗是兩層
面（twofold）治療過程的一部分：其一是**橫斷面**（Horizontal），
指病房中多方面的治療方案。另一是**縱切面**（Longitudinal），指
出院後心理治療的過程。

### 橫斷面過程

在第一章中已經提到病人互動的重要性，小團體治療是促進

55 病人與病人間關係特別有用的工具，特別是同一團體中病人的關係。團體可允許某些病人去處理重大的意見分歧。例如：室友因為每天生活在一起常導致彼此間緊張度升高，其他病友所處理的可能不是外顯衝突的解決，而是彼此間想親近在一起時所產生的困境。

舉例來說：病人瓊安在病房內大部分時間都在病室內看書，只在吃飯或參加必要的病房活動時才出來。她將其行為合理化，認為她的工作是高級行政人員，非常忙碌，整整兩年來她第一次因住院而有時間獨處及看書。瓊安住院的主要理由是對其瀕臨破裂的婚姻產生恐慌及憤怒。然而，在治療過程中很快發現到，她婚姻困境的根本核心是對親密關係的害怕及畏避。因此把她和其他病人間相處的困境作為其所訂定的治療目標是有雙重意義的：一方面處理其生命中的重大問題，另一方面幫助她利用病房好好接受治療。

另一位病人在聽幻覺的指使下曾試圖自殺。他因為相信別人不會容忍其「瘋狂」的想法，而把自己和其他病人孤立開來。因此，在這一小團體治療中的任務並不是中止幻聽，而是幫助他有效處理該症狀所帶來的後果❾。透過和團體分享該經驗，他很快放掉對放逐的恐懼，從而覺得不需要被那些不必要的、自己形成的孤立感所壓迫。

### 縱切面過程

在第一章及附錄中，我列舉了諸證據支持我的結論，即（1）短期住院必須配合出院後的後續治療才會有效；（2）門診
56 團體治療是特別有效的出院後後續治療；以及（3）一個成功的

住院團體治療方案，可促使病人參加出院後的後續團體治療。

　　因此，住院病人團體治療的一個重要目標，是介紹給病人一個相當切身、舒服而又有效的治療經驗，使他出院後願意繼續接受治療。

## ▍開口得助

　　住院病人團體治療的一項基本且重要的目標就是——病人只要單純地學習「開口得助」。他們只要學會吐露問題並加以討論，就可使自己立即鬆弛並產生改變。經由「普同性」這項療效因素，他們會知道其他人和自己有非常相似的問題，每個人不管是感覺或想法或者個人所面對的生活事件等問題，都不是獨一無二的。他們經常是生平第一次學習到，原來每個人的經驗畢竟都是人性的一部分，是與許多他人所共有的，這對我們是一個相當的保證，也是面對終極孤立狀態最強的解毒特效藥。

## ▍點出問題（problem spotting）

　　住院團體病人治療的一個主要目標，是幫助病人在與人的關係模式中找出問題的癥結所在。雖然團體治療並非降低焦慮、解除重度憂鬱，或緩解精神病妄想及行為障礙的最有效方式；然而**無可比擬的**，幫助個人學習有關適應不良的人際行為型態，最主要的還是治療設施。

　　須注意住院病人團體的治療師一定要能「點出問題」。他們要幫助每個人弄清楚自己的主要問題，並且鼓勵每個人在未來出院後的心理治療中好好解決這些問題。和門診治療師不同的是：病房治療師並不奢求或滿足於標認出重大的人際問題，和病人一

57　起修通這些人際上的症狀，然後監控整個改變過程。

看看以下的臨床情境：某團體已經針對會談要準時開始及成員若遲到不得進入，有了非常清楚建立起來的團體規則。一位二十六歲的病人瑪莉，在會談開始幾分鐘後向治療師提出希望能先出去喝一杯咖啡的要求，治療師對此一要求不予理會並嘴巴唸著太晚了。幾分鐘後，有人提到某人現正在前來開會途中，瑪莉乃趁此機會再度提出要求，認為既然團體還在等，是否她可以先出去喝一杯咖啡？

治療師此時把焦點放在剛剛發生的過程上，也就是說，治療師注意到瑪莉的行為是否代表她人際關係問題的本質。現有的資料是，治療師對她這個要求感到很煩，他對瑪莉說，他對她的要求感到進退兩難，一方面他希望她能去喝咖啡而不願扮演成年人那種嚴詞拒絕的角色；另一方面他也強調守時對團體的重要性。瑪莉是否知道她這樣的要求造成治療師的困擾呢？她是否知道自己這樣做等於是要別人把她當小孩子，而不是一位二十六歲的成熟女人看待呢？治療師說道：「或許妳對別人也都是這樣吧！如果是這樣的話，那麼這不就是妳將來繼續治療的一項重要課題嗎？」

此時團體中的其他病人提到，瑪莉經常也會把他們和她的關係弄得好像她是個小孩般。瑪莉承認這確實是個重要的關鍵；事實上，瑪莉的先生最近離開她，也是由於瑪莉要他扮演父親角色的緣故。瑪莉的處境是如此無助：她認為她根本無法控制自己，因而需要一位父親來照顧她。治療師卻指出相反的論點：「需要

58　一位父親」才是她最根本的問題。「本身無法自控」或變得「無法自控」，都只是要去抓住並吸引一位父親的一種模式罷了（從

治療師在團體中對她的反應加以判斷，就知道這是一種無效的模式）。

在該團體會談中，這四、五分鐘的互動即構成瑪莉的整個治療，而這是一項重要的治療工作。問題被一語道破；而且指向團體中其他病人也幫忙瑪莉了解這問題是多麼影響深遠且重要；她認清了這問題和她目前生活上的危機多麼相關；她在一種充分支持且引發好奇心的方式下接受到這項訊息，以致她充滿動機想要在將來出院後的心理治療上繼續處理這個主題。

另一個強調「點出問題」的例子是約翰，二十歲，有幻覺、妄想等症狀的思覺失調症病人。他參加住院病人團體治療的目標不是解決思考障礙或根除幻覺，這些基本上是抗精神病藥物的事。團體治療可以幫助的是：讓他認識到真正讓他不舒服並使其精神病症狀一直惡化的，其實是他的人際問題。約翰是一個帶有強迫性愛說話以及過度自戀的人。他常打斷別人的話，拒絕聽別人的話，以致激怒別人使別人都不願和他接近。當然，其所導致的孤立更加重了約翰的焦慮，進而強化其精神病症狀。

約翰參加團體的主要目標，是幫助他了解其適應不良的人際行為。團體治療師並非透過解析（約翰病情太重以致無法使用該方法），而是要他在團體中扮演各種角色，教導他一些替代性的、比較不自私的行為模式。例如：他們要約翰負責向團體介紹新成員，要他們講講自己，猜猜團體中某些人在被打斷話時或無足夠時間說出話來時的感覺。

幾個星期後，約翰的精神病症狀消失了，這時候可以幫助約翰去看他當初的行為是多麼傷害到自己，而他目前在團體中的行為又如何為他得到真正需要的尊敬和重視。這整個過程既清楚又

59

切身，約翰認清楚了那個傷害自己的行為型態，這就是重要的點出問題，也為他確立了參加團體治療的真正目標。

## ▌減輕人為因素所產生的焦慮

小型團體治療的另一目標是減輕與住院有關的焦慮。除了住院前已存在的不快外，另加上因住院所產生的不舒服。一些不舒服可能來自住院的**過程**，也有的是病房特殊的壓力所造成。

首先，就住院過程本身所產生的壓力來看，許多病人會經驗到很大的羞恥感，即住院成了他無法面對人生的一個象徵。有些人則深深擔心住院對工作所帶來的影響。他們也擔心別人對他的異樣看法，別人指的是家人、朋友、工作同事及室友們會對他們如何回應呢？許多病人會因住院而加重財務上的困難。

一旦住進病房內，病人會經驗到進一步的不舒服。他們可能會害怕其他病友所出現的精神病怪異行為，可能會對工作人員有不切實際的期待而引起挫折感，可能會為了競相爭得工作人員的注意而心裡不安，可能會對急性干擾病人因為佔去工作人員大部分時間而心生不滿，也可能會被病人不斷的住院或出院過程所困擾。

另一個焦慮的主要來源是工作人員之間的張力。工作人員的焦慮或未解決的衝突，一定會影響到病人的病房生活環境。證據顯示工作人員間的衝突和病人精神病的病情有正相關❿。當前精神科病房工作人員間的張力是非常高的。誠如我先前所述，在這種「旋轉門式」的病房工作總有許多挫折感。常常病房工作人員會力不從心，無法像在較無壓力環境下那般感覺自如；他們看到許多病人一再地住院；病人經常是不帶感激的，而且由於財務上

的困境使其必須提早出院等等。在各專業領域之間，為了威信、權力及認可等各方面而競爭時，常會有衝突產生。當然還有到處可見的反移情現象。工作人員常常覺得無助；他們似乎成為被投射的對象並受到許多不公平的對待；他們也發現很難處理病房中許多邊緣性人格違常病人，所具有的操弄及分裂性人格特質及其作為。

不幸的是，這些工作人員間的張力長期令人苦惱：當前的病房是如此忙碌以致無法注意到照顧工作人員的重要性。我見到許多病房的工作人員間有極大衝突，但卻沒有處理該張力的適當管道。更不幸的是，工作人員的訓練團體（T-group）或支持團體都早已消失殆盡了。

理想上，治療性社群的生活座談會才是處理這些與住院引發的焦慮緊張息息相關的最佳地方，而不是小團體治療。但實務上，這種會議卻很少能有效發揮達到目的。原因是病人進出過快導致團體穩定度差，對帶領更大的病房會議更加困難。病人對生活座談會中有那麼多人參加感受到威脅，並因為住院時間太短無法互相認識或信任，而難以在大團體中彼此分享自身的看法。在第一章中所引用的研究報告，即病人對病房內各種活動的比較評估中顯示出：一般而言，病人將大型生活座談會視為當前病房所有治療活動中最沒有幫助的活動之一[11]。

顯而易見的，非常有必要對大型生活座談會的型態加以重新整理，但這將超出本書範圍。然而，比較有關的是：因為大型生活座談會無法處理這些張力，導致小團體治療成為唯一處理病房緊張焦慮的場所。這是項重要目標，因為病房的張力經常大得足以左右、甚至偏離了整個治療過程。

　　在小團體治療會談中，病人並非都察覺到或清楚他們的焦慮乃源自醫院方面的問題；通常帶領者須幫他整理出緊張壓力的來源。治療師必須假定任何病房中未解決的問題都會引起病人的不快，而團體治療是提供討論及紓解該不快的處所。病房中某病人的自殺企圖、某暴力行為、某病人因難以處理的問題而轉到其他病房等等，所有這些問題都會引起病人很強烈但又不一定會表達出來的情緒。幫助病人把這些情緒表達出來，是團體治療的重要目標，因為這是幫助病人了解「開口得助」的整個治療目標的一部分。

　　舉一臨床突發事件為例：哈羅是一位思覺失調症病人，被病房中另一位病人攻擊，那個人立刻被轉送到關閉式病房去。團體治療師注意到哈羅一直穿著（而且連續三天）在攻擊中被撕裂的同一件襯衫，而且他把椅子稍稍往團體圈外移動，似乎像是要爭取別人的邀請進入團體內的樣子。在團體中，哈羅否認因該事件而不快，且提到其他人那麼不快讓他覺得很奇怪。治療師仍認定該事件讓他深深不快；終於在隔天，大家勸哈羅把該攻擊事件中他對身體打鬥的巨大害怕，及他對大家太同情攻擊者卻對他這位受害者很少同情而有的深刻感受等講出來。治療的效果非常好：哈羅得到他要的支持，而其他人也夠具體地談論他們對身體攻擊的害怕。

　　總之，擬定適當目標對發揮小團體治療的功能非常重要。野心過大的目標會使團體療效變差而降低了治療師的士氣。另外，小團體的目標並不等同於短期住院的目標。一些小團體治療較為重要且切合實際的目標包括：讓病人進到治療過程中（包括橫斷面及縱切面）、幫助病人學會「開口得助」、「點出問題」，以

62

及減輕病人因住院所引起的焦慮等。

## 住院病人小團體的組成

　　精神科病房針對團體治療的組成有兩種基本策略。第一種是**團隊取向**，即所有病人依其住院次序及病房大小分成二至三組。每一組的所有病人都參加同一小團體。另一種為**功能取向**，即依病人功能高低分成症狀較嚴重的、精神病的「低功能組」，以及症狀較輕的「高功能組」，這兩種組成方式各有利弊。

### ▋ 團隊式團體

　　這種團隊式小團體特別難帶領。它包括各式各樣精神病理型態，從最嚴重的精神病、退化性病人到功能良好的邊緣性人格疾患及憂鬱性神經症的病人都有。大多數治療師相信即使是這種團隊式治療團體，如果病人無法從中得到好處、無法藉此安定下來，或會干擾到團體功能，就不應讓他參加。通常剛住院頭幾天病人較嚴重而無法參加，但在接受藥物治療後應可參加。因躁症干擾厲害的病人以及身體不適的、嚴重語無倫次的或腦傷厲害的病人等也應排除掉。不講話的病人對團體治療過程雖然沒有什麼幫助，但研究一再顯示：他們可以從團體中得到許多其他人得不到的助益。至於病人住院時間的長短並不是考慮因素。後面我將會討論到治療師應將每個團體治療視為只一會次（session）的團體；很多病人可以從只參加一次的團體治療中得到幫助。

63

### 團隊式團體的優點

團隊式團體的一個重要優點是幾乎所有病人都會參加，藉此可提供病房工作人員關於每一位病人精神狀態的大量資料作為參考，而這些資料在病房迴診或護理報告中應該和其他工作人員互相溝通（我往後將會討論到，功能式團體治療會略掉許多病人。當前許多精神科病房只為功能較好的病人開高功能團體治療，因之較急性的干擾型病人常不為工作人員所熟知，以致沒有接受團體治療）。

雖然急性病人有可能會干擾破壞團體的進行，但是他們的存在本身對團體也會有所助益。這些病人不僅會在團體內製造紛亂，在病房內也是如此。這種小型治療團體是唯一可能提供社交環境以減少破壞行為的場所，尤其是在病房生活座談會功能已經式微的情形下。在治療團體中，工作人員可以適度地為這類病人及其行為所造成的影響提供建設性回饋。治療師的職責是製造回饋的機會與時間，創造充滿支持性的氣氛，使該回饋被認為是支持或教育性的，而不是攻擊或懲罰的。

這種小團體也提供治療師一個環境，幫助其他病人了解一位急性精神病人的經驗世界。例如：每次會談中，一位精神病的婦人不斷地站起來並咆哮一些不當言語（如「你懷孕了！」或「他們會殺了我們！」）。每一次，團體帶領者會幫助其他人去了解這位病人只是因焦慮而反應，是對團體中所談到的事件感到害怕而反應的。當天團體的話題之一是：病人一直擔心護理人員罷工的可能性，該討論對所有成員而言一直沒有解決，特別是那位精神病人更是未能解決。因此，團體可以了解到某些以前因不能理

解而害怕的行為。大家愈是了解那位病人，也就愈不會害怕。

　　該次會談中另一位精神病人突然對其他兩位病人咆哮：「為何你們兩位不結婚呢？」治療師再次把該一語無倫次的溝通轉成有意義的話語，即該病人其實是多麼希望幫助他們兩位。經由治療師對該病人的接納、了解及溫和對待，提供了絕佳的學習榜樣。

　　在較嚴重及較輕微的病人之間，帶領者也可以利用後者對該團體提供較有價值的意見，從而促進兩者之間的關係。例如：即使是最急性的精神病人，通常也能提供有關團體中其他成員相當正確而重要的觀察（他們也許無法**接受**這樣的回饋，但對提供觀察卻較為容易而不須冒多少危險）。因此，帶領者可請求這類病人對其他病友提出他的觀察。

　　精神病人由於容易接受原發性思考程序，因而常能表達出他們的感覺、想法及幻想，而這些是其他比較防衛性的病人認為較令人安心、較有啟發性或自由解放的。精神病人突然出口的話只是某程度上不同於其他人典型的思考程序。在某些程度上，所有病人都會有令人害怕的、剛開始而未成型的感覺及幻想，而精神病症狀較明顯的病人，在認清及表達這些經驗的能力可能會比較令人安心而非叫人害怕。

　　例如：在某次會談的前十分鐘裡，有多位精神病人表達出許多相當怪異的事情。一位病人說他並不真正在團體裡，甚至不真正在自己的身體裡頭。另一位病人則說，當他在團體裡甚至只是和別人講話時，都會覺得自己很討厭，因為他是這麼的令人討厭到不該有別人在旁作伴。一位女病人向另一位男病人說她喜歡他那很自然又真實的樣子，此時他突然迸出眼淚來並告訴她他愛

她。又一位病人說他的皮膚下面有股蠕動的感覺，令他非常恐慌不安而想要割傷自己讓那股感覺流出來。另外一位女病人談到她是如何自認為自己有一個巨大的傷口從喉嚨一直綿延到陰道，而她是如何嚮往死亡以作為其休息的終點站。

雖然這些事件本質令人相當害怕，但是這些病人在這次討論裡卻能以非精神病方式來討論這些怪異的事件，最後在認為每一成員都很重要的情形下結束了該團體。例如：有位女病人說她對團體裡那位哭泣的男病友，一直都感到非常害怕；但是當看到他在哭泣時卻使她覺得和他更親近而了解到他是個多麼敏感的人。團體中其他人則談到他們有自我感消失（depersonalization）的感覺。許多人談到自我傷害的感受並分享渴望死亡的情境。這個團體在親密、凝聚力強的感受下結束──不管所談內容為何──均因人類共繫的經驗而得到撫慰及安心。

### 團隊式團體的缺點

這種團隊組成方式的團體缺點，通常遠比優點明顯而容易看到。

不管治療師如何努力帶領，這種團體幾乎都會有很多的干擾及破壞。常常可以看到精神病人突然發作，有的病人因焦躁不安而在整個會談中無法安坐，有的病人不得不離開會場。成員的來來往往以及常有的怪異、語無倫次的發言導致團體極不穩定。有的病人因缺乏內在穩定的心理結構，很容易陷入無法自我控制的狀況。治療師很難在團體內塑造緊密的結構，且同時對這些不管是高功能或低功能的病人提供實質的幫助。

常常沒辦法找到某種水平的治療去適合所有病人：帶領者不

管加諸多少架構，要不對高功能病人顯得太初級或太基礎性，要不就是只治療這些病人而不管那些較亂病人的需求。很少治療師不採用後者；大部分治療師比較喜歡與功能統合較好的病人一起進行治療，解決一些較複雜而深入的問題——通常是較接近該治療師生命中所關注的課題。因此治療師會集中主要焦點在團體內統合較好的少數病人，而忽略掉大部分急性干擾病人的需求。如果治療師太過集中在那些功能差的病人身上，慢慢地，其他病人會去責怪病情較嚴重的病人，並因為其需要不被滿足而貶抑團體價值，然後很快地不再投入治療過程中，只在團體裡偶爾露露臉現現身罷了。

　　有沒有辦法能使治療師抓住團隊式團體治療的好處而避免它的壞處呢？我認為的確有，只要病人能體會到團隊式團體治療並不是他們**唯一**的團體治療型式，就可以避免掉幾乎所有的缺點。病人將可接受從團隊式團體中所能取得的，而不會後悔無法得到的，只要有可以從其他治療管道來滿足其未獲滿足的需求即可。換言之，我贊成**合併使用**兩種型式的團體治療。但這還言之過早，現在讓我回到探討有關「功能取向」團體治療的特徵及其優缺點。

## ▌功能式團體

　　許多精神科病房提供兩種不同型式的功能式團體，即高功能和低功能組。

　　所謂**低功能團體**（lowerlevel group），也常被稱為「支持性」或「焦點」團體，是用在急性精神病人身上。這種團體提供支持結構來幫助病人適應其時空環境、提高注意力、促進與工作

人員間或其他病人間的社交互動，並使他們更能參與病房活動。

68　　　功能較好的病人則分配到所謂的**高功能團體**（higher-level group），它基本上是一種「談話式」（talking）心理治療團體。這種團體可提供機會做許多非常重要的治療工作。病人通常覺得比在團隊式團體中安全，可以學習信任別人，最後可以進入到相當程度的自我揭露（self-disclosure），比起其他治療活動來得深入。他們將把自己出院後要處理的問題找出來，然後和其他病人做重要的、治療上的連結。在第五章及第六章中我會再分別仔細討論上面這兩種團體的臨床模式。

　　　病房工作人員通常在病人住院後不久就將病人分配到這兩組之一，這種分配是根據病人在病房內幾個小時的觀察，以及如果有的話，還包括他在團隊式團體中的表現而定。這種分配並非光依病人是精神病或非精神病來做根據。一些有明顯精神病症狀、幻聽的病人也能在高功能團體中表現良好。主要的篩選分類還是根據病人所需要的治療型式：較退化的、缺乏能力的、思考片斷的病人，需要的是工作人員的支持、整合及「認定」的則分配到焦點團體；而能以言語去探討其問題的病人則分配到高功能團體去。

　　　有的病房會有接案團體（intake group）來評估新成員，先由病人參加幾次後再分配到高或低功能團體⑫。但是，大部分病房因為病人輪換速度太快而不適用。有些醫師則建議根據病人功能好壞分成好幾個不同「等級」的團體，但大部分醫師發現並不切實際，因為病房太小而步伐太快了，「功能等級」的定義太不精確且帶領團體的技巧還太粗略無法撐得起兩個以上的功能團體。

69　　　另外一項缺點是：使病人覺得有被工作人員分級及評值的不

舒服感覺。若只有兩種功能團體則一般不會產生這種問題。病人是以一種自知之明的方式來分類他們本身。嚴重的精神病人都是明顯有病而需大力支持，因此是整個病房的病人中很容易分辨的。更甚者，嚴重精神病人很少會要求要有團體治療的經驗。

在大部分精神科病房中，工作人員常會覺得尷尬而把這種團體分配放在私底下進行。有一次，在我訪問的病房，工作人員認為病人會以為團體是以年齡依據加以分類：也就是說，低功能團體都是年紀輕的病人。顯然情形不是如此，反而年齡的分布在兩種團體中經常和前面所說的幾乎是完全相反。

當我把專供嚴重精神病患使用的低功能團體第一次介紹給某一病房時，甚至有工作人員會擔心這種團體是專為病房中差勁的「呆瓜」（dummies）而做，實際上這種預測並未應驗。雖然某些人在頭一星期中稱它為沙箱（sandbox，兒童玩耍用的器具）團體，但很快團體就被病人所接受了。在大約六星期後，這個低功能團體被認為是病房中一個整合良好又高度有效的團體。其實大部分情形下，病人都可認識到他們之中哪些人是比較紊亂的；而對工作人員而言，去如否認這項事實就等於傷害到病人的現實感。

團體的名稱和其描述會使病房更容易接受，工作人員通常稱「高功能團體」為「心理治療團體」，而將「低功能團體」稱為「焦點」、「結構式」或「溝通」治療團體；後者據工作人員的描述是為了要加強溝通，是專為混亂的、注意力相當短的、比較能從一般結構性的短期團體會談，而非自由探索及分析感受的團體受益的病人所設計的團體。

有時會有一些病人正好夾在兩種團體間而無法從中受益。這

70

些病人大都不是精神病但卻無法在高功能團體中發揮功能，例如：過度抗拒的、無法建立病識感的，或是反社會人格疾患的病人。

### 功能式團體的優缺點

功能式團體的優點與缺點正好和團隊式團體相反。主要的好處是：它能提供一個比較針對特點的治療型式，治療師可以決定一個對大部分或所有病人都合適的功能水平。

低功能團體可以提供比較嚴重的精神病人一個安全、支持性、高度結構性的環境，更可以提供他們成功的經驗。在團隊會談中，精神病人通常無法參與團體所該做的工作，他們常常會干擾而使其他成員變得激躁不安且不耐煩。低功能團體特別能配合精神病人的功能水平以及其心理防衛結構。這種團體較不具挑戰性，它比較結構化，使病人可經驗到參與團體工作的成功經驗。

高功能團體會談遠比團隊式會談穩定得多，因為沒有嚴重的精神病人，團體較不被干擾，較少怪異的爆發性舉動以及來來往往的病人。每位病人的注意力持續較久，所以團體治療可以進行得較久（團隊式團體一般約四十五至六十分鐘；高功能團體約七十五分鐘，而低功能團體則不要超過四十五分鐘）。

一般認為功能式團體比團隊式團體較舒適、親切、具支持性，因此常常在鼓勵病人參加出院後治療的目標設定上扮演較重要角色。

如果病房裡只有功能式團體，其主要**缺點**就是增加病房的割裂性。所有的病人，包括功能較好的以及精神病較嚴重的，都必須在病房內一起生活，因此必須要有一個公開討論的場合來處理

病房的緊張氣氛。急性干擾病人總會產生許多敵對異議或憂心的感覺。如果沒有一個這樣的團體來學習設定限制、來了解並學習和嚴重干擾病人溝通的機會，則病房的氣氛往往會變得緊張、不具支持性以致許多治療工作變得無效。

## ■ 團隊式與功能式團體的對照

在史丹福大學精神科病房中進行的兩項研究提供了一些有趣證據，結論是：兩項治療都各有不同但很重要的功能❸。第一個研究中❹，共有五十一位連續住院病人被要求評估十一項病房治療活動的重要性，包括每天的團隊團體及功能團體（研究當時只有給高功能病人的團體而無為精神病人開的低功能團體）。全部五十一位病人均參加團隊式團體，其中三十位另外參加高功能團體。

三十位參加兩種團體的病人其總評值顯示：功能式團體在十一項病房活動中佔第二重要（緊接在與醫師個別治療之後），而團隊式團體則佔第四位。摘要言之，這項結果顯示**兩者皆重要，而不同病人認為不同團體具有不同的價值**。較嚴重的病人比較喜歡團隊式團體，而功能較好的病人則較喜歡功能式團體，但也看重團隊式團體。（詳見附錄〔N〕）[9]

72

在這項研究之後不久，病房開始成立低功能團體，十八個月後，另外一項研究有十二位陸續住院病人同時參加團隊式及功

---

9　原註：某次團體，思覺失調病人評團隊式團體比功能式團體更有效，而有重大情感疾患（Major Affective Disorder）的病人則認為兩者差不多。至於那些比較會用口語表達、心理成熟度高的病人（特別是邊緣型病人），就會把高功能團體評值得遠比團隊式團體來得有效。

能式團體，這些病人也對病房活動做同樣的評值❺。其結果與第一項研究極為相近，病人對兩項團體均予以高度評價；功能式團體排名第二（緊接個別治療之後），而團隊式團體則排名第三（詳見附錄〔s〕）。另一群研究人員針對病人同質性思覺失調症團體的反應做研究，發現病人相當滿意，在客觀評量（用Hill International Matrix）上都有相當好的療效❻。

　　史丹福大學的研究中，要求病人指出這兩種治療團體是「如何」幫助了他們，也就是比較各種療效因子的相對重要性❼。結果顯示病人在高功能及團隊式團體中分別經驗了不同的療效因子。例如：高功能團體成員認為「人際學習」是最重要的，而「自我了解」這項因子也很重要。而同樣這些病人在團隊式團體中卻認為上述兩項因子較不重要，而把「普同性」及「宣洩作用」列為較重要。另外一項研究指出，在低功能、同質性思覺失調症團體中的病人療效因子具有類似的結果：即認為「宣洩作用」、「普同性」、「利他思想」及「凝聚力」等較重要，而對「病識感」或「給建議」則覺得沒什麼幫助❽。

73　　在一項簡報式的面談中❾，病人比較了兩種團體而認為團隊式團體較常手忙腳亂、言不及意且太缺乏結構性而容易被高度干擾病人所破壞。同時這些病人也看重團隊式團體，因為它很溫暖、舒適，給成員有機會坐在一起學習並互相認識。病人對高功能團體的結構及持續一致以人際問題取向為治療焦點的評值也很高；他們認為這樣的團體動作快速、做起來辛苦但頗有收穫，雖然有時不免太密集且要求太多。

# 團體的出席：指定或自由選擇？

在病房裡常常要強制病人參加團體治療，尤其是在異質性團隊式團體以及同質性低功能團體中特別重要。事實上，如果不強制參加團體，則相當大部分的病人不會去參加。對於那些退縮、受驚、憂鬱、無望或者是因藥物影響而特別嗜睡的病人，如果可以選擇的話，大部分都寧可留在自己病室內而不願意參加治療，這樣一來就會影響到在病房中進行有效的治療計畫。

病房都有各種不同的方式來招募病人參加團體治療。大部分的病房，工作人員會在生活座談會上提醒病人有關如何分配到團體去的事，需要的話會在團體開會之前把這些被指定的病人聚集一起。有些病房則把團體分配的名單寫在黑板上；有些大病房則用廣播系統提醒病人開會的時間並清楚說明誰該去哪一個團體等。

根據我的看法，對於功能較好的病人所進行的功能式團體，應採用自由參加而不是強制參加的方式（在第五章中我將詳細探討自由選擇參加的好處）。如果團體的進行有效，則幾乎所有可以從功能式團體得到好處的病人都會規律地參加。如果病房對團體活動有高度評價，則每位真正關心其心理健康的病人事實上會慢慢消化吸收病房的價值而很快覺得不參加是對不起自己的。

依我之見，每個病房都應提供高功能及低功能團體。然而實務上，某些病房只能提供高功能團體；且如果團體是自由參加的，則有時候會有一些很干擾的病人出現在團體裡。治療師必須對所有成員都很了解（因此協同治療師之一或兩者都必須是全職人員），且可以馬上決定某位成員究竟是否適合參加。這項判斷

74

基本上是根據病人是否會嚴重影響到團體治療的進行。高度干擾
但在外表上卻不具破壞性的病人，可以從團體中純粹的模仿治療
得到幫助。但精神狀況嚴重不適的、明顯無法從團體中受益的、
會干擾到治療的病人（如服用大量藥物無法保持神智清醒的病
人、躁症病人、器質性精神疾患病人等）均不宜參加。

# 病人的高替換率：對治療團體具有的意涵及影響

## ▋開會的頻率

　　住院病人團體治療必須面對一項無可改變的事實，即成員的
高替換率。大部分急性病房病人住院期間平均約一至二週，也
就是說一個二十床的病房，每天約有一至二床住院或出院。在住
院病人團體治療的成員組成上其改變也就非常快，而這根本上是
無可改變的事實。在我所主持的數百次團體治療中，幾乎很少有
連續兩次會談（三次則幾乎是從未有過）其團體成員是完全一樣
的。幾乎沒有例外地，總是會有一位新成員加入或有一位舊成員
離開。同時由於平均住院期間差異很大，因此根本無法預期完全
一樣的替換率。許多病人可能只參加一次治療，當然也有一些病
人可能待上好幾週而有較多次的治療。

　　如同第一章所述，面對成員高替換率的問題，唯一的答案
是：「盡可能多舉行團體治療。」例如：一個團體如果一週才舉
行二到三次，則成員的快速替換會使團體顯得支離破碎而缺乏連
續性。如果團體可以一周舉行五次，雖仍無法避免破壞連續性，

75

但至少可以將其減低至最低程度。確實，如果工作人員的時間表允許的話，相當需要每週舉行七次團體治療（通常病房在例假日或周末是沒有任何治療活動的）。

在我已主持三年的一個團體裡，每週舉行四次，週一到周四。可預見的次序是：週一只是暫時試驗性的，週二及周三則逐漸增加團體的治療強度，至週四時團體工作更形賣力、內容堅實且具有凝聚力。接下來是三天的休息，到下週一又回到另一個暫時性、試驗性的所謂「在這裡我們能彼此信任嗎？」的氣氛裡頭。我們可預期這樣的次序而根據觀察團體會談的情形來猜測今天是星期幾。

第一章中我提及許多當前的病房之所以未舉行足夠頻率的團體治療其理由之一是：許多專業科室競相帶領各種治療團體，妥協的結果是提出一大堆特殊團體，每個團體每週開一至兩次。特殊團體（如性教育、舞蹈、藝術或動作團體等）對許多病人有相當大的幫助並豐富了治療計劃的內容。但如果它們取代了每天的治療團體，那麼團體治療將會造成很不幸的「零零落落」的感覺，而無法提供安全一致的環境來進行治療。

我對完整團體治療方案的建議是每位病人每天有兩個團體治療，一個是團隊式團體（四十五至六十分鐘）；另一個是功能式團體（低功能團體四十五分鐘，高功能團體六十至七十五分鐘）。如果工作人員不夠，無法兩種都舉行，則**我主張至少每天要舉行高功能及低功能團體**。此外，特殊團體可根據工作人員的訓練及興趣來決定，可以每天舉行，尤其是在晚上及週末。

## ▌高替換率對團體治療過程的影響

團體成員的快速替換對治療師的基本策略和技巧有重大影響，我將在第三章中詳細討論，在此只提出幾項基本看法。

首先，帶領者可藉由增加會談頻率來確保因故有成員的存在而有助提供一致、安全及讓人信任的團體氣氛。但因為成員的高替換率使得治療師無法保證每位病人在一次會談中解決其特定問題。因此，治療師必須發展一種嶄新的，有時限性的心理治療：他們再也不能以幾年、幾月、甚至幾週的治療時間來看待團體治療。取而代之的是：**團體心理治療的全部時限是單一會次**。當然這樣的一種時限架構對治療師的技巧有著重大影響：治療師必得發展出對治療的迫切感、要積極主動、重效率；在每會次治療中盡可能讓所有的病人都得到幫助。

其次，我認為這種快速替換現象對治療師而言是相當令人不安的，尤其是因為治療師以前所受的正式訓練是來自穩定的團體：通常是長期的團體（固定成員長期治療）要不就是有穩定成員的短期「封閉式」團體形式（設定好成員及治療的數目和次數）。但是，有關**病人**對高替換率所抱持態度的研究結果卻頗讓人深思：「旋轉門式」的團體治療型式對病人而言遠比對治療師來得容易接受。在史丹福研究計畫中的一項詢問式面談裡，五十一位病人被問及其對團員的高替換率及為時甚短的團體治療感想如何（見附錄〔N〕）❷。整體結果顯示病人比研究人員較不受這些因素影響。住院病人團體治療對許多病人而言是首次團體治療經驗，而從未有過長期穩定的團體治療經驗可供對照比較。

少數病人則提到快速成員替換率所具有的缺點。團體似乎較不穩定；病人多半不太信任把重要的個人資料講給陌生人聽，並

且不覺得在團體中和其他人可以有連結。他們無法把以前所學習到的新行為試著表現出來，因為他們無法確定可以信賴新成員的反應。同時，每天要介紹新成員總要浪費許多寶貴的時間，也使團體一直留在基礎階段而減緩團體進展的速度。

　　但這些只是少數病人的抱怨，有許多病人則提及這種治療型式的好處！他們認為由於時間有限反而更加緊迫、努力、更專心、更有效率地從團體中獲取益處。甚至有些病人認為，看到別的成員一直在離開團體會給自己造成壓力，而加速為自己達成目的。（大家都知道在長期的團體治療中，某位成員的結束治療常會使其他成員覺得落後而迫使他們更加努力。在短期團體治療中當然也會出現相同的動力過程。）

　　有些病人覺得不斷有新病人加入會有一種新鮮感，可以聽到許多新的、更寬廣有趣的想法及經驗交換，因此團體絕不會受困而動彈不得。新成員也可以提供原有成員協助別人的經驗及與陌生人進行重要社交技巧的學習經驗。有的病人則認為這種短期治療模式可讓他們看到許多病人在極短時間內出現顯著改變，更使他們希望大增而對治療效果抱持更大的信心。

　　少數病人提到在團體治療中因未好好利用或像別人般努力，而在結束後對治療時間過短產生遺憾的感覺，這種遺憾的感覺會使他們在接下來的治療裡更有效地去利用。很多病人提到，和已經建立起相當親密關係的病友在短短幾天內就要分開來是相當不舒服的。然而，這種一再出現的失落感卻可幫助他們將來去面對及處理現實生活中的失落感。這個問題並非不足重視，因為到醫院住院的多數病人就是要學習如何因應生命中可能蒙受或真正碰到的失落感。

　　某些也參加過長期門診團體治療的住院病人，在被問及對病房短期團體治療的看法時，出現相當令人重視的反應。他們指出其實所謂的**短期**是相對名詞。住院病人因二十四小時生活在一起，即使只有幾週治療時間，整個治療的療程及經驗的強度卻可能相當於每週一次而持續好幾個月的門診團體治療。很多團體治療都是在團體治療室外發生的，如果病人能利用團體療效打破他們和其他病人之間的藩籬，則他們在團體治療中所得到的療效可以一直延續到團體以外的地方。

　　即使病人替換快，也可能會有「團體內」小團體或核心人物產生。治療師不能讓這些核心人物排擠新成員，必須注意到新成員的消化吸收問題。有時團體成員會注意到這點，但通常這是治療師的職責。團體常會藉著把話題扯到以前會談內容而來排擠新成員。例如病人提到昨天團體給她的回饋對她跟他先生的會面很有幫助，在這種情況下，治療師必須注意把新成員帶到團體內，例如只要簡單地問他們是否了解正在談論的事情，並要原有成員把他們帶進討論裡面來。這個方法可能會令人覺得冗長乏味，但讓新成員同化到團體內是非常緊要的事，如予以忽略將導致團體被破壞及瓦解。

　　試舉臨床一例：在週四的集會中，唐恩在參加幾天的團體治療後終於講出他個人的悲慘事件。他交往非常密切且長達十八年的同性戀人在一個月前突然死於心臟病，深沉的失落感以及對警方侵入其隱私所帶來的羞辱及憤怒感（警方曾一度懷疑其戀人有自殺或他殺情形），這使他相當痛苦難受而導致情緒非常低落。他在過去生命中從未跟人談起過同性戀或其戀情的事，因此向團體透露這件事是個非常重要的時刻——是生命中的首度揭露；而

80

團體的反應讓他非常放心而安全。其他成員不僅接納、支持他，而且同理他告訴他：「你一定是深愛著他」，唐恩深受感動，充滿感激而急切地想在團體中好好努力。

　　團體在週五及周末中均未召開會談，當週一再度召開時，有兩位新成員加入──其中一位非常窮困需要他人幫助，另一位則充滿批判且會刺傷人的。唐恩試了一下團體氣氛想要有上次會談中所經驗到的美好感覺而不得，反而團體的氣氛充滿防衛，有時甚至是尖酸刻薄，尤其是在和兩位新成員互動時。

　　帶領者在這樣的集會中其任務是很複雜的，他必須幫助新成員和團體同化同時又要給唐恩大力支持，因為他在上次會談中是那麼的信任投入。較適當的策略是先把團體當天的氣氛講出來，且和上次的會談做個對比（然後向新成員簡單地描述一下）。治療師提到團體中有許多憤怒指向新成員，並非因為他們是誰或做了什麼，而是**因為他們就在團體裡**，因為團體不再一樣了，因為唐恩跟團體再也不能捕捉住上次會談中的精華之處。當會談繼續下去時，兩件事情發生了：團體不再莫名其妙地氣憤起新成員而將他們邀入團體；有關失落的念頭再也不存在，前次會談的寶貴經驗促進唐恩及其他人對有關失落這個主題的重要治療工作。

　　當然，不斷變換參加的成員對長期治療病人要解決其重大問題是很困難的，通常需要有個「後援」（backing up）策略，包括對新成員的介紹及有關團體治療的簡介，不斷地教導其基本社交技巧、如何做出回饋及接受回饋，與人有關的及無關乎人的行為之間或思考與感覺之間的差異等等。因此，偶爾在急性病房內的少數長期治療病人或會發現其回到團體來的次數越來越少。

　　治療師必須促使病人由團體中所提供的幫助獲得益處，而不

81

是任由他們要將團體塑造成不可能達到的情況導致因而受挫。雖然在住院病人團體治療中「修通」過程是不太可能，但一個較長期參加治療的病人卻可以因為一再向新成員談論他自己的問題而得到好處。因為一再談論其問題是具有「減敏感作用」而終使病人覺得其生活情境不再那麼痛苦，甚至可以更自在地與別人共享。在某位病人第五或第六次談及其內在深處的個人處境時（如性侵犯、分居、親人的死亡等），病人會對該情境逐漸調適而能和其真實生活中的重要關係人去相互討論。

## 團體的大小

大部分臨床醫師都比較贊成六到十位成員的團體，這樣的團體剛好大到有足夠互動而使團體生動起來又不至於大到沒時間讓每位成員暢所欲言。然而，每隔一陣子團體成員常會有大的變動，有時整個團體會減少到只有三位成員而已，但這麼小的團體如果定期開的話還是可以進行得很成功。即使在某天有個非常小的團體在進行，按照排定的時間進行仍是很好的做法。記住，在這種情況下感到較沮喪的往往是治療師而非病人，病人通常較喜歡小的團體，因為他們能得到較多的注意。

## 病房與門診團體間的其他差異

到目前為止我已強調了病房中所遇到的兩個主要問題——一

為治療期間較短，另一為精神病理型態範圍廣──而且討論到這
些因素是如何地需要我們將傳統團體治療技巧做重大修正。除了
上述因素外，尚有一些較不顯著但卻重要的臨床特徵促使我們去
修正治療技巧。我先把這些因素大致上列出來，後面再逐一詳細
討論：

1. 門診團體一般而言是獨立的治療方式，病房則不然，它是
   整個較大治療體系中的一部分；在這體系中任何一處所發
   生的事件都足以影響團體治療的過程。
2. 病房團體，傳統有關保密性的規定應做修正。
3. 門診團體病人在會後一般極少接觸，而病房團體的成員在
   會與會的間隔裡係生活在一起、共享其他形式的治療經驗
   且彼此間不斷地會有互動來往。
4. 病房團體的治療師可從病人團體外的其他管道，獲得比病
   人所提供更多的資訊。.
5. 在日常病房生活中可看到治療師在其他時間裡所扮演的其
   他種種角色。
6. 病情的嚴重性會使團體經驗變得多采多姿：住院病人一般 83
   較嚴重、絕望、士氣低落且較虛無灰暗，經常缺乏一般應
   有的環境支持資源。

## ▍病房團體治療和病房內其他治療間的關係

　　門診團體治療的功能通常是獨立的，團體成員通常是互相不
認識僅每周參加一至二次的團體集會。偶爾他們同時是其他團
體的成員；例如他們可能看同一門診、過去可能參加同一治療團
體、過去擁有同一個別治療師，或現在都接受同一個別治療師的

治療。在大一點的團體中經常會有**次團體**（subgroup）的形成：兩人或兩人以上團體會在集會的特定時間之外聚在一起。但是，一項粗略而重要的規則是：次團體越少，越容易帶領。

另一方面，病房團體是永遠無法獨立運作的，它與包含它的較大病房單位之間有一種濃密、複雜的網絡連結。病房的工作人員也會形成一個複雜系統，系統中所有工作人員可能分屬多個不同團體：如醫療與護理人員、專業與非專業人員、男性與女性、高薪與低薪人員、黑人與白人、住院醫師與臨床專任醫師、科室與醫院行政人員、護理與社工部門等等。這些重疊的團體有時可以在一起好好工作；但經常不是如此，反而是讓病房發生許多的摩擦。

病房中的壓力經常會呈現在小型治療團體中。事實上，某位臨床醫師就將小型治療團體稱為「環境活體切片」（milieu biopsy），並以下列臨床實例加以說明❹：一位三十五歲的氣喘病人一直是團體的一分子，卻坐在團體圈圈外靠近門口處，理由是怕病人抽菸會誘發她的氣喘，但即使在病人停止抽煙後，她仍坐在圈外而帶領者也無意要她成為團體一分子。由於出席團體是強制性的，她仍繼續來參加，但工作人員就是沒有辦法有效幫助她在團體中得到治療。

經檢查病房體系後發現，此一事件具有一些含意。在數月前，病房醫療主管離職，尚未有繼任者來。在此同時精神科部門主任——一向被工作人員視為對病房不友善的人，宣布要開始以「身心症」病房來經營運作。病房工作人員對此宣布顯得極為不安，並認為他們無力處理這類有身體問題的病人。

結果這位氣喘病人成了工作人員這種兩難處境的化身。一方

面，工作人員對病人的身體狀況不太放心而害怕誘發其氣喘發作。另一方面，他們有意無意間把這種恐懼感及對主管的負向感受轉移到該氣喘病人的身上，而在團體治療活動上將針對主任產生的阻抗現象表現出來。

另一臨床實例：某團體中有許多病人共同對另一位在個性上對人過於索求的病人顯示敵意並予攻擊，這時候如果想把團體視為獨立體系而去尋求了解其動力學的意義是徒勞無功的。但經檢查病房體系後發現，該事件事實上可清楚了解。由於人員短缺，週末時病房人員較少，且最近新住院病人較多，需要較多的護理照顧，也使得工作人員較少有時間照顧原有病人。小型治療團體乃承擔大部分的張力，使團體成員不公平地將此種對多位新病人及某位被認為不照顧病人需要的工作人員的恨意與挫折感，發洩在此一病人身上，使其成為代罪羔羊㉒。

每一病房單位都會經歷各階段各時期的士氣低落現象。這種現象的原因經常很難予以釐清；通常是由多種因素造成，某些與病房的病人組成有關、某些則與工作人員的士氣有關。偶爾會有一些缺乏動機、較被動的病人，在住院後經常消耗工作人員的精力並降低工作成就感。除此之外，工作人員之間也可能經驗到耗竭現象（burnout）或高度緊張。在這期間，小型治療團體經常會反映出對團體工作的阻抗。因此，團體治療師在大幅度更改治療技巧或懷疑其治療效果之前，很重要的一點是要去了解病房當時的狀態。

有時，病人群體與工作人員間存有相當大的衝突，意圖去「分裂」治療師們，並且彼此互相對抗。在這種情況下，小團體有時候（特別是該帶領者並非全時工作人員時）就會以極度讚美

治療師的方式，反過來去批評其他病房工作人員，此時治療師就會聽到一些論點，認為該小型治療團體才是唯一對整個病房有功效者，或治療師本來就應該要去扮演更積極參與病房中其他活動的角色。

病人對病房中所發生的事件均極為敏感，病房中所發生的任何事件都可能引發對病房治療活動計畫的大規模阻抗。這些事件包括：工作人員需花費大量時間的急性干擾病人、具破壞性的躁症病人、許多「複診病人」的一再住院（他們的出現常降低病人對工作人員的信心）、工作人員無法滿足病人不切實際的期望而導致心生不安、具「分裂傾向」的邊緣性病人會煽動其他病人對工作人員的憤怒、對某些病人治療上的明顯失敗──導致病人在病房中自殺或病人被轉到另一慢性醫療機構去……等等。

雖然小型團體可以反映出病房的壓力，但處理此種壓力並非小型團體的職責。病房應提供其他形式的治療（如：生活座談會、工作人員討論會、「訓練」團體、病人治療計畫團體或「耗竭」處理工作坊等）來處理這類問題。若病房體系修復良好且團體能盡力做好其該做的，亦即本章前面所明示的目標，則此小型團體就更能發揮其功效。

團體帶領者的動機具有相當的影響力。帶領者是輪調時被強迫而心生不平的住院醫師嗎？他們是否基本上是為了賺錢而帶領的？他帶領團體的目的可能是為了訓練學生或為了研究？在第一章中曾提到某一病房的團體由一位具敏感度但未受雇訓練的神職人員所帶領，他是由病人的轉診醫師所指定來帶領團體的。病房中所有護理師均認為該位帶領者之所以被選中，是因為他不致對該轉診醫師造成威脅；他幾乎不可能「誘使」病人離開這些轉診

醫師。如果護理師對此點反應強烈，她們當然很可能在無意間將一些影響名譽的不良訊息傳遞給病人。

團體治療與個別治療間的關係是相當重要的。在理想的狀況下，個別及團體治療應該每天進行，且盡可能在忙碌的病房活動中互相強化彼此的功能。在個別治療中應花部分時間來修通病人對參加團體的阻抗，並協助病人探討其與其他團體成員間的關係。在互惠的情況下，團體應點明病人的問題，打開該領域，使病人能在個別治療中做深入處理。

某些病房中病人的種種活動是由個別治療師所指定，其中包括團體集會的參加與否。我的經驗認為，這樣勢必會成為有問題的模式：因為此種情況會干擾破壞病房的團體治療方案。病房的治療方案有其優先性；雖然仍應尋求個別治療師的意見，但團體治療方案應由病房的治療團隊來決定某位病人是否不適於某些治療方案。

應盡量避免使人覺得團體和個別治療是互別苗頭的。舉例而言，假如個別治療未顧慮到團體治療的時間，就有可能在團體治療中把病人叫離，很明顯，此種狀況除了會打斷團體的進行並使團體士氣低落外，還會讓病人覺得團體不重要。一個具備有良好治療體系的病房，應該讓個別治療師知道何時適合做個別治療，並告知某一時段，尤其是團體集會的時間絕不可挪用。

除了病房對團體治療的評價外，還有病房氣氛也可能影響團體集會中事件的發生及團體動力，反之亦然，團體中所發生的事件也會影響病房的氣氛。有時團體會引發參加成員產生強烈的感受，這些感受需要在當天的其他時間裡加以整合。假使團體帶領者並非病房內的全時工作者，應將團體中所產生的主要問題告知

87

88

病房工作人員，看是要用手寫的或最好是用口頭報告。

在擁有多個治療團體的病房中，武斷地指定某些病人參加某一團體而另一些病人參加另一團體，這常會破壞病人原來在病房中所自然形成的次團體凝聚力❷。此種破壞可能會在病人當天的社交互動過程中顯現出來，此時團體成員常因此對工作人員施加壓力，迫使工作人員重新分配病人使他們能置於同一團體中。一般而言，應對此種壓力予以抗拒，因為在大團體中若有緊密結合的次團體或是結黨情形時，常會妨礙團體的進行。

總之，病房中的小型團體並非獨立運作的；它的運作是與整個精神科病房糾結在一起，兩者之間是互為依賴的：一方的動力變化會影響到另一方的動力變化。此外，我們可透過對某一體系所發生事件及其動力學的探討，進一步去了解另一體系。

## ▌保密性

病房與門診團體有關保密性的規則有所不同。在門診團體中，須建立嚴格的保密性。進入團體前，治療師與病人的面談通常會清楚地如下所述加以說明：「如同個別治療師與病人間維持嚴謹保密性一般，這一點對治療團體整體而言也同樣重要。」假如團體成員認為他們在團體中所談的會被不認識的人們知道，那麼永遠也無法產生必要的信任感和自由自在的揭露。在我帶領門診團體的二十年經驗中，此保密性的問題很少被提出來；我也很少看到病人破壞此一協定。

89 　某些門診團體將保密性規則修正為：病人可將團體中所發生的事件和配偶或非常親密的朋友討論。但在此種情況下，團體也要相當小心地堅持病人只能談論他在團體內**本身**的經驗，而不

能談及他人的經驗，而且不論任何情況下絕對不能透露他人的名字。

在病房團體中，則不太可能保有與門診團體相同的保密性規則，因此必須建立另一套完全不同的約定。團體中發生的事件通常會告知其他的病房工作人員，以及病人的個別治療師。團體的成員每天會有更換，某一討論會中某位成員透露了相當多的事情，沒有參加該會的病人將在隔天的會上被告知。此外，舉行團體時也常有其他病房團隊的成員在旁當觀察者。

為了產生有效治療所必須具備的信任感，首先仍須讓病人能夠仰賴專業上的保密性。因此，病房團體仍須具備保密性，但其**界限（boundary）**當有所不同。小團體中所呈現出來的隱私性資料仍須保密，但不是只對小團體而是**對整個病房單位**，所有團體所揭露的資料是整個病房的資產。事實上，常會有某些小團體的成員，利用團體作為和病房中其他工作人員溝通的管道。例如：在某一討論會中，病人提到其同性戀情形，並強調她害怕會把其他人嚇走。特別是她強調在被工作人員或其他病人擁抱時，她會感到非常舒服，因而害怕她同性戀的事實會使人們遠離她。她在小團體所透露的事情，即是要告訴那些沒有參加團體的其他病人及工作人員，因為她十分確信別人會把這些她所關心的事情告訴那些人。

## ▌團體治療以外成員間的接觸

團體外的社交活動與「次團體」一直被認為是團體治療的致命傷（就像阿基里斯的腳跟）。在門診團體中，次團體的形成經常會干擾原先團體的目標——即每一位成員以及與治療師之間人

90

際關係的公開與深度分析，因而破壞了團體的工作。假如有兩人
黨或小型結黨在團體外建立了友誼，那他們會很容易因為更看重
友誼而忽略了團體的工作。在正式的團體治療集會中，成員們不
太會去「背叛」他們在次團體中所建立起來的信任感及信心，這
樣的擱置將會相當明顯以致阻礙了團體的有效進行。

在門診團體中幾乎都會形成次團體，大多數精神病人的生命
中都缺乏親密關係，因此會很重視與團體成員所形成的親密關
係。團體中的病人常不願為一些不切實際的個人成長而自陷於險
境中，這是一項很珍貴而有用的事物。

要記住，門診團體中次團體的形成有不少好處也有危險性。
常常在團體以外的聚會中，成員會彼此觀察，然後將這些經驗與
團體共享而使團體的工作更，有利於進行。因此，並不是次團體
本身會破壞團體治療的進行而是暗中祕密進行的事情才會破壞。
門診團體在不開會期間，如果成員間很少或根本沒有社交活動的
話，其運作可以最有效；而如果真有接觸，則成員的責任就是在
團體中把它公開談論出來。

91　　　關於次團體的問題，病房團體面臨的是一種完全不同的情
境。病房團體的成員整天都在互動，甚至連睡覺都在同一房間。
因此防止病人在會後互動，或期待在有限的集會時間裡能把所有
彼此間私下互動的各種層面都拿出來分享，這是沒有什麼意義
的。唯一較合理的方法是：面臨現存的臨床情境，並找出辦法把
它轉成對團體及病人均有利的方向。

病房團體的帶領者並不阻止病人會後的社交活動，反而鼓勵
病人多多交往。舉例而言，帶領者可能指定某些病人在會後詳細
討論某一團體內所出現的課題。例如：某位病人無法將內心的事

告訴他人，帶領者可要求其選定某一成員在會後向他傾訴以激發
他的自我揭露。假如病人拒絕會後的社交活動，治療師可檢視此
一阻抗現象，並提出為何病人總是不跟人來往的問題。治療師可
能會要病人選擇某些他想要更親近的人，然後幫他分析阻礙那種
親密感形成的種種因素。

　　如此處理的理論架構係基於我前面所說，認為大部分精神病
人在其生命中都有相當孤立的人際關係，透過鼓勵病人在院內從
事社交活動，既可幫忙病人促進其處理在院外孤立的問題，也幫
助病人更能好好運用病房內的治療資源。稍早時我即據實建議相
當比例的病人可從其在病房內與人的互動獲得益處。治療師愈能
好好利用上述處理的過程，病人就愈能從中獲取助益。

　　病人經常是絕望孤獨而視醫院為其交友的來源，並期待在離
開醫院後仍能繼續維持與其他病友的關係。一般而言，這種期待 92
並未真正實現；而即使有例外，院內形成的友誼很少能發展成院
外持久的關係。重要的是：讓病人有個架構而了解到不要把醫院
關係的無法永久維持視為一種失敗。應幫助病人了解治療團體是
一場生命的服裝預演會：它是一個學習**如何建立友誼**的地方，而
不是一個尋找友誼的地方。

　　在病房中和其他病友建立親密關係不僅可增強每位病人
的社交技巧，同時亦提供非常寶貴的內在**自我參考點**（internal
reference point）。一旦形成親密關係，即令只是一種治療團體中
或病房中很短暫的經驗，他也能從中獲得自信去發展親密關係；
他也能發展出一種對友誼力量的深入謳歌來豐富其人生。

　　我曾說過，門診團體治療師很討厭團體治療中有緊密結黨的
情形，因為他們會製造祕密跟約定而干擾到整個團體互動的分

析。病房的團體治療師則有一套不同的關照。首先，由於住院時間很短，結黨情形會非常短。另外，治療師常視結黨情形為福而非禍。因為某些病人可能在他們的一生中，第一次經驗到真正成為**小圈圈**（in-group）中一分子的感覺。鼓勵病人說出那種感覺，或去討論他們如何與人在這樣子的小圈圈中彼此親近，這對他們會是很有幫助的。但是只要有這一小圈圈，就會有相對應的**圈圈外**（out-group）；治療師應注意到那些被排除在外的人的感覺——一方面要幫助小圈圈中的人學習如何進入大團體，另一方面則要幫助小圈圈外的人學習如何明白表達其感受及失望。

住院病人經常發現自己陷入下列困境中：即其他病友私下會告知某些重要事情，然而在團體中他們卻又不願把這些事情拿出來談，以此設計來影響治療的進行。在前面提的一項簡報式研究中❷，病人被問及其在團體中有什麼重要事情**沒有講出來**，最常見的答案是：住院期間喝酒或其他藥物，以及病友之間的性吸引力和性關係這兩項。對於自殺的意圖，一般而言較不避諱。有位病人知道另一位病人在收集許多藥丸或計畫如何自殺時，一般而言他會透露給工作人員——但通常是私下個別的而不是在團體中。

病房中出現浪漫的配對並不少見，雖然比起以前長期住院的時代或許較少見。偶爾，特別是當兩者都強烈依附團體治療工作時，可能可以對這種關係所產生的力量及問題給予協助及處理。然而，一般而言很難期待兩人能夠出現夠多的揭露，團體治療師最好要接受這是團體所不能處理的問題，最好把時間花在其他可達到的治療目標上。

如果有一對病人彼此間並非互相有意時——也就是說其中之

一太鍾情而另一方並不領情時——有時可以在治療團體的脈絡中
檢視這種情境。治療師可以幫助其中之一學習到對方可能會對其
接近覺得忐忑不安，或甚至對他進一步的要求感受到威脅的種種
理由。例如：一位女性病人談到她被一位非常照顧她的男性病人
所吸引，但她對對方一再提到兩人關係是其不再自殺的唯一理由
深感害怕，那讓她覺得承受太大的負擔；因而即使她被他吸引，
她也不願自己深陷其中。另一位病人則學習到他因為太快愛上
別人而把別人嚇跑，因為別人會正確無誤地認定這樣子的吸引本
質上一大部分是屬於移情現象（亦即其愛戀發展得太快但卻不是
真正懂得它）。另外一位病人則學習到其過度依賴她的治療師而
嚇退了一位準求婚者，因為她完全靠治療師的指示來和他建立關
係；這使他覺得當他們單獨在一起時，在場的不是兩個人而是三
個人。

　　在簡報式面談的研究中，五十一位病人被問及整天生活在
一起是否使團體治療變得困難㉕。七成五的病人覺得沒有問題，
而確實有許多病人反而覺得有極大優點。治療團體構築了孤立感
覺、把人們的距離拉近了，並幫助人們覺得如同生活在一大家庭
中。團體打破了表淺的、壓抑的社交障礙，而讓病人能更深入地
互相交往。

　　剩下的二成五病人認為生活在一起對團體治療更不利，他們
說他們不願一天二十四小時都在治療，一方面在團體中要有「治
療上的」的交往；另一方面在生活上則要有「社交上」的互動，
這對他們是很困難的。而且如果某人私下告訴他們一些事情，卻
又在團體中講不同的情形，會讓他們深感衝突。例如：一位病人
向另一位病人私下透露某一祕密且正想要在團體中講出來，但之

94

後又拒絕講，而使團體花了十五分鐘東拼西湊。原先知道這一祕密的病人，則為必須在團體中緊閉嘴巴感到極端挫敗，且生氣該病人浪費了團體許多寶貴的時間。

## ▌住院病房團體治療師的其他有關病人資訊的來源

95　　門診團體治療師治療病人的時間長得多，因此比起典型病房團體治療師更能深入了解病人，但後者常能獲得許多病人不願（或尚未）向某位特定治療師揭露的資訊。資訊的來源包括：精神科醫師在病人住院時的病史及檢查、病人個別治療師的病程紀錄、護理紀錄以及病人和病房工作人員一對一討論所得到的資訊。

　　如同我在本書中所一貫強調的，病房的團體治療最好是以互動式團體來進行，其基本重點是放在團體中所呈現「此時此地」互動行為的分析。因此，團體外的資訊或過去史，一般而言對團體的進行是不必要的；且通常由團體治療師所得到的附帶資訊並非主要問題。的確，對治療師而言，尤其是非全時的工作人員，通常很困難消化病人病歷上的所有資料。一般而言，建議至少有一位協同治療師是全時工作人員，且能隨時獲取每天在討論會上、護理報告以及病房迴診中所得到的資訊。

　　然而有時候團體外的資訊對團體的進行，以及對某一特定病人的治療工作也會是非常重要的。請看下面在同一團體中所發生的三種臨床情境：

　　芭芭拉，五十歲，已參加大約五次的團體討論會卻未獲得任何治療效果。她向團體提出的各式各樣需求總是模模糊糊的，以致成員們永遠無法捉摸到有用的方法來幫助她。她說她需要找到

某些消磨時光的好方法、某些能使靈性重生的方式、某種價值位
階的重整等等。她是一位讓人印象深刻的女人，顯然是上流階級
且受過高等教育的人。這種舉止威脅到別人而使人們不願和她親
近互動。然而，治療師卻擁有某些重要且相當有關的資訊（從護
理紀錄及其個別治療師的報告中得來）。芭芭拉在生命中曾親身
遭遇過非常重創的處境：其先生曾把家中所有財產奪走且遺棄了
她，讓她一文不名。她的兩個孩子完全與家庭疏離且多年來音訊
全無。她剛失去了家庭；身無分文，沒有工作；她的東西放在倉
庫中，她不知道離開醫院後要到哪裡去過活。

　　賴斯特，四十歲人，已參加每天舉行的團體大約兩個星期，
他希望解決兩大問題：他和兩個兒子間的疏離感，以及他對病
房中其他病人悲慘生涯的無動於衷。他在團體中沒起什麼作用，
一直重複一些東西且老在逃避什麼似的。他也威脅到其他許多病
人，因為他講話總是條理分明，儼然一副受過高等教育的樣子。
他曾是一位醫師的助理，但病房中的病人以為他是醫師而如是稱
呼他；賴斯特並不花功夫去糾正他們的錯誤看法。

　　治療師知道一些有關賴斯特的其他資訊而團體並不知情。首
先，雖然他跟兒子間確有一些不快的摩擦，但那已是陳年舊事，
和目前他必須住院的危機問題並不相關。他目前正面臨的壓力是
一項輕度犯罪的起訴（他把租來的車子久置不還而被告偷竊）；
他是在宣判當天因為處於憂鬱狀態而住進醫院來。

　　麗莎是一位二十四歲的神經性厭食症病人，曾因治療而有過
相當長期的住院，且參加過每天舉行的團體達四週以上。她曾
試圖在團體中探討其自我厭惡（self-loathing）、其對自身外表的
負向感受，以及其生怕被別人所評斷等問題。團體對她從未有過

96

97

幫助，治療師也深覺受困及挫敗而常避免和她探討其問題。麗莎在團體中從未提及的是：她已看過許多個別治療師而對他們是如此抗拒及反感，以致每一次的治療都很短就中斷了。在參加團體時，她一直對其個別治療師每次在他們治療的時候安排一位護理師在場感到生氣而攻擊他。

現在，在這三種情境下，不只是病人的治療卡住了，團體也被卡住而無法發揮功能。這種無效的感覺使其他團體成員在治療過程中失去了信心。更糟的是，會中的一些人是他們的心腹、他們不會「背叛」地透露出這些人所不願探討的事情。這些團體成員對團體的感受是深陷其中、怒惱不安且深深受挫。而確實有些人因而選擇「蹺掉」集會。

在這種情況下治療師該做些什麼呢？首先，重要的是，你應竭盡所能地依你意思去幫助病人把未出現的資料提供出來給團體。最後一招是，你可以常常向病人們提到似乎他們被卡住了，團體似乎無法幫助他們。你可以提出問題問他們，是否有重要的資訊可能對他們的治療有幫助卻沒有在團體中拿出來分享。

如果所有都失敗了，那麼我認為治療師應找出一種有支持效果且建設性的方式，把這項訊息透露給團體。顯然，你必須應用你的臨床判斷。例如：如果他是位妄想型思覺失調症病人，那麼一般而言，治療師這方面是不需要有此一揭露。病人幾乎都會對你的揭露有負向反應，因而無法產生甚至是一丁點的治療聯盟關係㉖。但若是根據治療師的判斷，該項保密性的訊息對治療是否成功很重要的話，那麼就必須把它講出來。開始時會有尷尬或生氣的感覺，但這是暫時的，可藉著接下來的治療進展而獲得補償。

98

　　重要的是，治療師在揭露事情時的方式不要讓病人覺得是一種背叛或羞辱。試以第一位病人芭芭拉為例，治療師促使她去討論自尊（pride）的問題——自尊對她的意義為何、自尊的好處何在，以及自尊從她身上吸取的代價如何。芭芭拉和團體一起討論其儀態舉止和其自尊是如何地造成跟他人之間的鴻溝。然後治療師指出其所有的資訊均顯示，她雖身處一絕望的現實生活困境，但令人驚訝的是芭芭拉竟不願讓別人知道這些或協助去關照她。

　　團體治療師採取類似的方式去處理賴斯特的情況，他們強調他一生都在照顧別人，卻把自己的需求祕密隱藏從不接受別人給他的關照。治療師們覺得，若是他把有關住院的真實事件揭露出來，會是怎樣的情形？他想在病房中扮演的角色到底對他有什麼意義呢？他的自尊體系意謂著什麼？對他而言，每天來參加團體，同時知道事實上他都把資訊隱藏起來，以致根本不可能達到自身治療上的需求，這又是如何？

　　麗莎的團體治療師藉著從其個別治療師所得知的問題所在，來提出分享打破治療上的阻礙。團體治療師一直以容許麗莎去探究團體是否對其有益的方式，來維持其治療上的姿態。治療師們心想，這是否和她對權威人物的感覺有關，或特別是對那些位居權威角色的男性。為何她在團體治療中似乎顯得那麼膽怯、退卻，但同時又那麼明顯大膽地對其個別治療師怒目相向？是否可能她對團體治療師也是如此，是那些沉悶的怒氣阻礙了她在團體中的治療進行？

　　以上每一種例子中，治療師在透露事件時要溫和、帶有支持性且能有助於進一步的治療進行。同時在每一種狀況下，治療師也發現這種策略是可以使人們自由開放，而使他們能更有效地進

99

行治療，這不只是針對某一特定病人，對團體的其他病人亦然。如坐視不顧對治療進展很重要的資訊，通常會造成治療上的極度脫節，而使治療師和不坦承的病人陷入隱隱中對治療有害的共謀。

## ▌扮演其他角色的病房團體治療師

門診團體治療師通常每週在團體中只看到病人一至兩次，偶爾可能會因為病人身處危機情境而和其個別會談。有些團體治療師也對團體中的病人進行長期的個別治療。團體治療師也可能做調劑藥物的工作，或在婚姻或家庭治療中同時看該病人。然而，一般而言，門診的團體治療師最希望只擔任純粹的團體治療師角色；在沒有其他附加角色使治療過程複雜化的情況下，治療可更為有效且順利進行。

病房團體治療師則無法有此奢侈來限定其扮演的角色。一般而言，他是病房工作人員的一分子，因為如此而必須在多種情況下和每位病人產生互動。病房工作人員很重要的是：提供一個很強固的結構並加以設限。通常這種設限會導致許多不受歡迎的規章，而引起病人群中相當明顯的怒氣。每一個病房會週期性地產生病人及工作人員間兩極化的現象，而一種對立的關係可能會持續數天或甚至數週。團體治療師無法逃避掉這些感受。且必須有所準備地在治療團體中加以處理。

試以一臨床例子說明之：克莉絲汀是一位二十五歲的邊緣型人格違常病人，近兩週來一直是團體中的固定成員且連續參加了十次的討論會。她是位相當富吸引力的女人，能用一種很尖銳的方式來陳述其生活情境而得到其他病人相當程度的支持與同情。

克莉絲汀很容易出現動作化現象，在她住院期間因聽到有關工作上的壞消息，竟以塑膠袋套住頭部的方式做出欲自殺的動作。

她的動作在工作人員當中產生巨大的爭議。有些人認為她在住院期間一直做得很好，且當時有其他人在場她卻幾乎沒有發出要別人注意她的一絲聲響，因而認為她的行為很清楚是一種姿態。另一方面，病房是開放的，有一個清楚的規則寫著：病房中任何一位企圖自殺的病人，都必須轉到一個密閉的單位去。更甚者，克利絲汀的個別治療師相當關切她的自殺危險性而催著要轉病房，因此她立即被轉到另一密閉式的病房單位去。

當天的團體討論會特別喧鬧不休，團體成員對病房工作人員及代表他們的治療師們覺得非常憤怒。病人指控帶領者太殘忍、太武斷、太依法行事、不懂得關愛及沒有人性。另外，病人認為帶領者不願對老舊的規則網開一面未免太頑固了。團體成員的感受全體一致；所有當天團體中的十位成員都同情克莉絲汀而施壓於治療師上，要他改變轉病房的決定。

團體治療師的救援是什麼？首先，他們無法拒絕掉身為工作人員一分子的角色。即令他們不同意克莉絲汀轉病房的事，把這種感覺講出來也是不智的。這種工作人員間的異議以及易於分裂的特性，終究會對大多數病人造成不安的，因為他們需要一個強固、一致性的外在結構來促使他們早日從內在紊亂的狀態中回復正常。在這樣的狀況下，病房治療師的策略是大大不同於從事長期門診治療的許多治療師所採取的那種較個人化、透明化的治療取向。然而我並非意指治療師不能表達個人對所發生的事故的頹喪及後悔。一般而論，若治療師有衝突的感受，幾乎都要建議其把兩種感受表達出來給大家分享。這樣團體治療師就能探討他們

對病人的關愛、他們對必須在這種情況下中斷其治療過程所感受到的頹喪，以及希望她能在新的病房情境下接受立即且有效的治療。但是，在此同時，治療師們也必須要探討他們認為克莉絲汀可能出現的自傷危險性，以及他們認為其個別治療師是最懂得她的人，也是在該情況下最需要對忠告特別留意的人。他們也可共同分擔其「系統」的關懷：亦即認定「在一開放性病房中不能有企圖自殺的行為」這一規則的重要性，因為它畢竟是對大多數病人有利的。

但一位特別為大家所喜歡的病人，被病房逐出或轉走時，病人群中會引起高度焦慮。這種逐出會引發深處的焦慮——來自害怕被最原始團體（譯按：指家庭）所排斥的焦慮。治療師必須幫助團體成員重視這兩種情境之間的分野：（1）病房工作人員不喜歡某一病人、把他丟掉不管或因為他壞或不可愛而把他遺棄了；（2）病房工作人員承擔著病人治療上及精神醫療上的責任。若某一治療環境被認定不足或對病人不夠安全，那麼將他轉到另一更適當的地方去是最基本的一種醫療責任——就像把證明不安全或無效的藥物或其他治療方式改變一樣，這是很恰當的。

通常，若焦慮太高，病人無法聽進去這中間的分野，則治療師必須在各種場合中不斷重複其立場及感受。一位新手治療師要學習的一件最困難的事是：縱使有所限制是困難且不受歡迎的，但它終究是對病人有益且能給予非常大保障的。

另一個團體護理治療師常出現的問題是：由於和病人日常不斷接觸，特別是一對一的個別談話中——他們很容易將身為一位團體帶領者角色所不應透露出來的個人私下意見給透露出來。因此，護理師經常感覺到她們必須扮演兩種不同的自我呈現方式。

如果她是和不屬於病房一員的治療師共同帶領團體時，團體成員將以迥然不同的方式來看待這兩位治療師。如果這種情形對某些病人會造成困難時，對帶領者而言最好的解決方式是公開加以討論。如此，正好給病人一良好模範以強調自我揭露及自由討論是毫無危險的。

## ▌住院病人：一群陷入困境、無鬥志、更缺乏一般環境支持資源的病人

很明顯地，病房團體治療師所治療的病人，幾乎毫無例外地比一般門診團體治療師更為嚴重，但同樣重要的是，病人之所以住進醫院的行為，進一步決定了病人在治療中所反應出的人格特質。如我提過的，對於許多病人而言，住院意味著失敗及受挫——這種影響合併著他們在生活情境中所經驗到的壓力、紊亂及無鬥志等等。

住院同時也合併著許多和家人、親友隔離開來時的種種孤立及疏遠感。雖然和不良環境隔離開來一般而言是有好處的，但也有許多壞處。例如：團體治療師不能如同他在門診團體中對病人所期待般，把他在團體中所學轉而用到團體外的情境，實地去試探看看，向團體報告試探的結果，然後再將所學於適當時機做些修正。

對許多病人而言，醫院的情境會加重同時更證明其依賴感的浮現及對該依賴感的臣服。病人被置於一依賴處境上，他接受餵食、被細心照顧身體方面的需求，以及很少被要求做些現實上的家事義務以為回報。因此，在住院病人團體治療中「依賴」是非常明顯的，治療師必須用許多方法來對付這種對依賴的渴求。

103

　　住院病人通常會面對相當大的環境壓力，有相當多的人缺乏安全的家庭、職業、社會支持系統、財務保障等；許多人不知道幾天後從醫院出院將往何處。基本上治療師明白這些問題的重要性，但是如同我在有關治療目標該節所討論到的（見原書 52-62 頁），治療師很重要的是，不要犯下要求團體去處理團體所無法有效解決問題的錯誤。

　　所承受的巨大壓力經常會對治療工作的完成方式有所限制。常常治療師能察覺到病人防衛結構中的許多重要洞見。確實，常存在著這麼多的初級思考過程內容，使得受過分析訓練的、以病識感為取向（insight-oriented）的治療師常感覺到他們在該情況下似乎是深入寶山，琳瑯滿目。然而，必須銘記在心的是：治療師發現病人的精神動力主題及其與病人如何運用該病識能力之間，存在著一個相當大的鴻溝。好的心理治療中，基本的樑柱之一是時機（timing）：有些時候病人能適當使用其病識能力，而有時候他或她甚至無法聆聽或是整合所給予的詮釋。過早的詮釋不僅無效且常造成困擾，使得團體中本來可能的治療工作被導向別的方向而阻礙了治療。

　　病房團體中絕大多數的病人是處於危機中，他們的情緒非常低落，他們尋求的是撫慰及生存下去，而非成長。匯聚在每位治療師價值位階最高點之上的是諸如個人成長、自我了解以及自我實現等特質。當然我們治療師也希望我們的病人能有這些，且我們很難抑制掉想幫助病人得到這些的欲望，但醫院的工作常須控制這個刻意想達到的願望。病房治療師應幫忙打下安全且安定的基礎，而將上層結構的建築及工程留給病人出院後將加以追縱的門診治療師們。

【第三章】

# 帶領團體的策略與技巧

　　在前一章中我探討了住院病人團體心理治療師所面對的一些　105
臨床事實，病房的臨床要務——諸如：治療時間短、精神病理
嚴重度及其所包括的範圍廣大，以及小團體與大病房間的關係
等——均要求團體治療師應修正其結構上的課題，諸如：團體組
成、會談頻率、會談時間長短及團體大小、治療目標、團體外的
社交接觸以及保密性等。

　　在本章裡我將探討這些臨床事實對病房團體治療師基本策略
上的意涵何在。我在此要描述適用於所有型式病房團體治療的種
種策略與技巧。在第五及第六章中，則將分別討論兩種型式的病　106
房團體：即高功能與低功能治療團體的詳細模式。

## 單會次（single-session）的時間框架

　　門診病人的團體治療師具有縱切面時間框架：他們可在多次
治療中建立起凝聚力；他們可以在數週的時光中觀察其人際型
態的發展；他們可在漫長的一系列集會中耐心地一再修通（work
through）其問題；他們也可以在連續的數週中不斷地處理同一問
題（事實上，一般而言一次接一次集會的連續性感覺愈強，團體

所能產生的力量愈大）。

但在住院病人團體中，由於團體成員替換速度快、住院期間短、病人組成變化大，這些都促使治療師改變其基本治療時間框架。在連續兩會次中很少有完全相同的團體成員，而事實上許多成員只參加一會次。

住院病人的團體治療師是無法在長時間框架下進行治療的，**他們勢必將團體生命看成只有一會次而已**。這意味著治療師必須在每一次團體集會中，盡可能為最大多數的病人謀取最多的治療效果。單次治療的時間框架促使治療師努力爭取效率，他們沒有時間去建構團體、沒有時間讓問題發展出來、沒有時間去逐步達成修通的工作。不管他們要做些什麼，他們都必須在單次會談中去做且要快速達到。

上述的考慮需要的是**高度主動性**（a high level of activity），遠比長期門診團體治療常見或認為較適當的程度要高得多。住院病人團體治療師必須結構化並提高其團體的主動性；他們必須叫得動成員；他們必須主動支持成員；他們必須親身與病人互動。在住院病人的團體治療中，被動、不積極主動的治療師是無立足之地的。

## 結構

在住院病人團體心理治療中，**不具直接導向性的**（non-directive）帶領者是無立足之地的！許多門診團體治療師較贊成提供團體治療較低結構性的步驟；甚至有的允許團體成員尋求自己

的導向，有的則專門研究團體成員對治療情境的歧異性所產生的各種不同反應。但是如我們所見，住院病人團體治療師所採取的時間框架並不允許如此奢侈。

　　門診團體治療師也可經由穩定的團體成員來提供一長久可靠的團體規範。但是誠如先前所言，住院病人團體治療師是無法倚賴這種結構所帶來的好處；而必須由治療師親身來提供其規範。

　　更甚者，住院病人團體治療師所面臨病人精神病理型態的本質，使得他們需要有結構。病房內絕大多數病人都是相當混亂、受驚且行為錯亂，需某些外在力量加諸團體結構性。一位精神混亂的病人最不需要的是被丟入一個讓其難以理解的、引發焦慮的情境。許多臨床觀察家都注意到，精神混亂的病人被置於他們認為混亂的病房內是相當受到威脅的。

　　我們必須牢記一位精神混亂病人首次入院所經驗的種種：他被一群相當干擾且行為非理性的病人所包圍；新病人的智力敏銳度可能因使用藥物而變得遲鈍；他可能要認識一大群角色功能劃分不清的工作人員；由於許多工作人員穿的是一般便服，使得新病人分不清誰是病人誰是工作人員；更甚者，由於工作人員經常會有複雜的輪調制度使病人缺乏對外界環境的定向感。

　　要讓病人感受到內在結構的第一步是：建立一個外在附加結構。當病人接受到清楚的外在結構且對其行為有一清楚、確定的預期時，便可去除其焦慮。在病人出院時的一項簡報式會談上，將焦點放在詢問其對治療團體情境的反應上❶。絕大多數病人重複出現的主題是：希望帶領者能對團體提供一個清楚有力的結構。病人會希望帶領者在會談一開始，即能掌握且提供團體進行時的一個清楚方向。他們希望帶領者能平均分配時間、能積極地

108

要參加成員多參與、能主動要成員認真專注地進行團體治療、能防止不穩定病人干擾團體的進行、能提供團體清楚的基本團體任務及方向。除極少數例子外，病人都希望有一強有力的、有組織的、積極主動且具結構化的團體帶領者。

這些會談的結果均經過研究上的有力確證，顯示團體成員和治療師一樣均認為結構化的團體會談遠比非結構化會談來得有治療效果❷。

## ▌團體結構的模式

團體帶領者應為團體提供清楚的空間及時間界限；採用明確、果斷且富彈性的個人風格；提供病人明確的導向與準備工作；發展出連貫且一致的團體進行步驟。

### 109　空間與時間界限

一致、明確的空間界限可蘊育一種內在穩定感。團體最好能在一大小適當的房間內進行——提供舒適但不空洞的房間。我較贊成在一個能大半被團體圓圈所佔滿的房間內進行。特別重要的是，團體能在一個可清楚劃分界限的空間內會談，**最好該房間有一個可關閉的房門**。由於空間有限，許多團體必須在一個很大的活動室內進行，或在一無清楚界限的走廊中進行。我的經驗是，這樣的設置使得團體陷於極度不利，最好是在病房外另找一個房間，而不要在這樣一個界限不確定或不清楚的地方進行會談。

團體理想的座位安排是一個圓圈。治療師應避免使成員無法看到所有其他成員的座位安排（例如三或四位病人並排坐在一長椅上）。這樣的安排無可避免地會妨礙對團體治療而言非常重要

的成員互動，且等於是鼓勵病人與治療師交談而非彼此間交談。

　　治療師應盡力避免打斷團體的進行。會談中所有遲到或早退的成員均應加以告誡。當然理想的情境下，所有成員在團體一開始均能準時出席一直到做成結論前均無任何中斷。在和病人的簡報式會談中很清楚呈現病人都很討厭遲到者所引起的中斷。治療師本身必須是準時出席的好榜樣，且每次會談都要準時。較混亂的病人通常需要提醒並由工作人員協助帶入會談室。如果病人正在小睡，工作人員應在會談前至少十至十五分鐘內予以喚醒。

　　工作人員對團隊式團體及低功能團體應強調其準時出席。另 110 一完全不同而應用在高功能團體的策略則是自由選擇參加，其理由我將在第五章中提及。多年來，對高功能團體而言，我贊成不讓遲到者（不論其藉口為何）進入集會場所的原則。一旦房門關閉，團體即不容許受到侵犯。當然一些遲到三、四分鐘而不能進入會場的成員會相當憤怒，但其好處遠比壞處來得多。治療師其實是在向成員宣示他重視團體的時間及希望充分利用它的用意。大多數團體成員會贊成不讓遲到者進場的措施；被拒進場的病人會有短暫不快，但通常在下次很快會變得準時出席。

　　大部分帶領者會對這種嚴格門禁感到不安，覺得這種做法似乎違反臨床有關拒絕來尋求治療病人住院機會的訓練。這種感覺和治療師相信這種設限終究有利於治療同時並存，不僅對團體有利且對遲到者有用。假如治療師有這兩種同時存在且相互衝突的感覺，最好的方法永遠是在團體中把它提出並與成員共同分擔。更甚者，最好在會後找來被拒絕的病人，以便告知團體並無排斥他之意，再次向他解釋團體規則，並邀請他下次參加。

　　「不允許遲到者進場」的原則有另一項好處。許多社會心理

學方面的研究顯示：如果對進入團體會有某些限制，且必須經由努力或做些犧牲才能進入團體，則幾乎每個人都會更想參加團體。此種狀況會使病人對團體具有較高期望；如我在第一章所說，許多證據顯示病人的期望愈高，治療效果愈大。換言之，如

111 病人愈看重團體相信它會有效，那麼團體就愈能發揮它的效果。

在會談中成員不應早退也是很重要的。處理「早退者」比處理遲到者要來的複雜，因為高焦慮的病人（特別是那些「有密室畏懼症」傾向的人）如果覺得他們不會被允許離開房間，常會變得更焦慮。因此，治療師最好只單純表示希望成員們能從頭到尾參加完全程。在開始會談前，治療師若看到任何活動量高及激躁不安的病人時，應詢問是否覺得能夠坐著開完整個會談，若答案是否定時，治療師可建議他們不要出席當天的團體，而在他們覺得較穩定時再來參加。在低功能團體中（將在第六章裡討論），病人可能經常會要早退，但應在他們能留在團體的時間內多予以支持。病人與治療師間也可藉訂立合約要病人同意，至少每天可在團體內多留幾分鐘。

若有病人在會次中因為某些事件影響而欲離席時，治療師當然不能阻止其離去，然而，視某些特殊狀況治療師還是可以有所選擇。有時治療師可以重新設定一些情境，以符合某些病人在其個人治療上的目標。例如：若病人長期以來習於逃避衝突情境，且已表明想改變該適應不良的行為型態，那麼治療師可以使出一些力量來提醒病人其解決方法。治療師可如下說明以達效果：「約翰！我看得出你相當不舒服，在這種情況下要你留下來是很

112 困難的。但另一方面，如果你堅持一點，在今天多留一會兒，我認為會是非常重要的。記得你說想改變自己的一點，是當你在很

不舒服或憤怒時與人相處的慣用方式。此時是一個非常好的試練及改變時機。如果你離開了，那你只不過是在重複以前常用的方式罷了！」

假如病人看來更為焦慮或不安時，治療師可藉由單純地保證或建議他在剩下的時間裡留在團體中僅當個聆聽者來鼓勵他。假如病人顯得非常害怕，治療師可建議他換個位置坐到協同治療師的旁邊來。有時候也可請病人在剩餘的會談時間內坐在團體外圍或在觀察室中觀察團體，那也是相當有幫助的。如果不可能讓一位混亂的病人留下來時，其中一位協同治療師應陪同病人離開團體，並告知另一工作人員病人的不適。

準時結束團體一般是很少造成困難，因為大部分病房對空間的需求是很大的，其他許多活動經常需要用到房間。整體而言，此一限制是有好處的。偶爾在會次結束時可能會發現團體正處於重要時刻中，絕對需要延長個幾分鐘。然而，一般而言，為了能給病人一種前後連貫、結構一致的感覺，準時結束與準時開始是同樣重要的。

### 各種型式的個人風格

治療師本身的溝通風格相當影響團體提供給病人結構化的程度。一位態度堅定、意向明確、果決行事且同時對其舉止行為能合理說明的治療師，可對在急性期的困擾中受驚、混亂不安的病人具有安定作用。

住院病人團體中出現突發而具破壞性的事件並不少見。在許多情形下病人會變得言不及意、精神混亂、好事爭鬥、撒野破壞。理想上，應該是由團體成員本身去處理這些危機，以

113

加強其掌控能力（sense of mastery）以及個人和團體的自主性（autonomy）。一般而言，在門診病人團體中，團體治療師會讓該危機持續存在多時，並細查團體是如何去拯救自身；最後，帶領者將會幫助團體成員分析他們對該事件所產生的種種內在深處的反應。

然而，在住院病人團體中，治療師如果面對一些重大破壞事件卻保持被動或非指導性的態度，則幾乎不可避免是一大過錯。病人多半過於受驚害怕、過於陷入危機或過度承受壓力，以致無法對該事件有效應變。如果治療師在這種情形下能夠沉著堅定且果決明斷行事，病人必能安定下來並經驗到團體是個多麼安全的環境。舉例來說：一位躁症病人正處於完全無法自控行為時，允許病人繼續下去毫無益處；他或她對此脫軌行為覺得不舒服，而團體其他成員也會對該病人產生憤怒，認為他騙走了他們的治療時間。此時的治療師必須態度堅定、沉著果斷。你可以告訴該位躁症病人，此時應稍安勿躁並學習如何聆聽別人的話；或者如果該病人仍無法自我控制時，那麼你可以要求他離開會場。

其他病人對治療師如此堅定的處置作風會感到相當安心。偶爾某些病人會對治療師的果斷行為相當在意或備覺威脅，但這樣的反應通常可藉由對該偶發事件，以及治療師的反應做一系列的過程探討而得到紓解。對治療師本身自相矛盾的感受加以評論，通常是一項很好的示範作用。例如：你可以提到要某位病人閉嘴，同時又顧慮到是否可能傷害到該病人那種心裡不舒服的感覺；但同時也提到你強烈感覺到這樣做對病人和整個團體是最好的解決辦法。此時最好也能要求從團體中得到一些回饋。可詢問團體成員是否覺得治療師過於嚴厲或苛刻？是否覺得治療師在拒

114

絕病人？是否在你做了處置後他們鬆了一口氣？

　　有時候團體會陷入漫長的、過於理智化的空談，及不關乎個人事務的談話，使得治療師覺得一無是處。在門診病人團體中，治療師常可以耐心地評論團體到底在做些什麼，但在住院病人團體中，最好是更具直接指導性而不是使用過於微妙精巧的處置方式。團體會喜歡較直接的處理方式且覺得有助益，例如：「顯然目前我們所談的對我們團體中某些人是非常重要的課題。但我也有種強烈感受，這似乎不是團體最好的進行方式。團體如果能集中在某些我們和別人間如何關聯及如何溝通等問題上，將會更有幫助，因此我認為，如果我們能回到……將會更有幫助。」（此時帶領者可提供一些清楚可行的方式給他們討論。）

　　治療師應確信團體的目標和程序有一個連貫性、認知性的架構——是他們傳達給病人的一種架構及保證。要對團體架構的所有好處都能清晰可辨是不可能的，在臨床上也沒有什麼好處；某些療效機轉如果要把它弄得絕對清楚反而變得較沒效果（如經由團體接納可提高自我價值感）。更甚者，某些療效因子（諸如利他思想及普同性）需要某種程度的自發性，如果表達得過分清楚反而較沒療效。然而，確實有許多團體的好處可予以清楚說明。帶領者如能用可被了解的方式把其行動背後的理論架構拿出來分享，則不僅可提供病人有用的結構，同時可幫助他們使其納入治療的工作中。

　　病人如能發展出清楚的團體治療目標，以及要達到該目標所必須努力做的工作，則他們似乎可以更投入治療的工作中。各項研究證實，如果病人覺得會談是在處理一些重大的、相關的課題，且向愈來愈清楚形成的一些治療目標邁進時，病人對該團體

115

的滿意度會提高❸。

動力學派取向的治療師並未被教導要對團體的目標及治療程序，採取直接指導的態度及清晰可辨的進行方式。他們被訓練要去觀察病人在治療期間對缺乏形式結構所出現的反應，去研究病人自由聯想的意義，以及在治療時間內如何促進流暢而不致目標分歧的治療過程之轉移變遷。但住院病人團體治療師則一定要學習如何採取直接指導性及清晰明瞭的方式來進行。他們必須在每次團體的最初幾分鐘內清楚地給予團體有關的說明，並且在整個會次中能持續維持清晰可辨。

### 說明及會前準備

團體開始的頭幾分鐘可提供治療師機會去製造該會次大部分的結構性。治療師可先向團體宣布正式開始，然後直接展開該次會談。這時候可做自我介紹、導向說明，並為新成員準備使其進入團體治療中。即使並無新成員，這也是重新簡短陳述團體目標及進行程序的時間。如同我所強調的，外在結構的提供可提升內在結構的取得；而團體一開始即是建立該結構之所在。若有觀察者在看團體，則治療師應在會談的一開始即告知病人。

在高功能團體中（見第五章），針對有新成員在場時，典型的說明可以下列方式開始介紹給新成員：

「約翰，我是○○[10]。這是每天下午兩點準時舉行的，為時一小時又十五分鐘的治療團體。我的協同治療師是○○，在接下來的四個星期裡，每星期的五天中她會出席四天，而在第五天時由另一位精神科護理師代替她。這個團體的目的是要幫助成員們更了解自己的問題，且學習更多有關和別人溝通、建立關係的種種方法。進到本院來的人都有著許多不同的重要問題要解決，不過大多數人所共有的一個問題是：在他們的許多重要人際關係當中，有些是相當令其不舒服的。當然，大家也會有許多其他重要的問題，但那些最好是在你們的許多其他治療方式中去加以解決。至於本團體最重要的是幫助人們更了解他們跟其他人之間的關係。如何建立關係，方式之一是在我們這一團體中好好針對它加以探討，特別是針對我們這個團體內的人們之間所產生的種種關係。在這裡你和其他每個人之間的溝通愈好，在外面的生活中你和其他人之間的溝通也將會更好。」

---

10　原註：國內（指美國）有關病人和治療師之間如何稱呼彼此，方式多所不同。以加州正式的風氣下，大部分團體的病人和治療師都是以名字相稱呼。在此較正式的情境下，病人都以名字稱呼；有些治療師（一般指心理師和精神科醫師）會以「某某醫師（Doctor）」稱呼，而其他治療師（即護理師、社工員、活動治療師、職能治療師）則仍以名字稱呼。在某些很少有的更正式場合，病人是以「先生」或「小姐」稱呼，而所有其他工作人員則是以「先生」、「小姐」或其職稱頭銜加以稱呼。我在加州居住多年，覺得以名字稱呼病人最為自在。會有一些病人比較喜歡稱呼我「亞隆醫師」或甚至覺得不這樣稱呼我不行——這種困難頗值得玩味。無論團體治療師如何稱呼，我都主張治療師與病人間必須有一致性及平等性。如果工作人員堅持要把姓氏也冠上去，那麼病人也應以同樣方式。如果某些工作人員是以名字稱呼，那麼所有工作人員也應如此。過去在「醫師」與其他治療師之間的層級區分，在團體治療中是沒有意義的，且事實上也違反了團體中彼此以均等方式關聯的原則。甚至，協同治療師（指護理師、社工員、職能治療師、活動治療師）比醫師更有經驗，技巧更好的情形也並不少見。

　　「大家應知道幾乎每天都會有觀察者經由單面鏡來觀察團體（我指著鏡子跟麥克風，讓大家儘量清楚地了解到週遭的空間及環境）。觀察者是醫學生或病房的其他工作人員。在團體開始之前沒有任何人能不經由我跟大家說明，就取得允許來觀察本團體。」

　　「團體開始時，我們會逐一請每位成員就其生活中覺得想要在這團體裡提出來加以探討的問題發表一些看法。在提完問題後，我們會盡可能逐一加以討論。團體的最後十分鐘，我們會停止討論，問問看這裡的所有成員他們對會談的感受如何，以及團體結束前必須關照的許多存留下來的感受。」

　　這樣的開場白具有幾項功能：賦予一些時間、空間及有關開會程序上的結構；打破集會的冰冷氣氛；做為集會正式的開始；同時它也作為團體心理治療的一個簡短準備工作。

### 團體治療前的準備工作

　　許多研究文獻均指出：如果治療師能有系統地為病人做團體治療的準備工作，那麼病人治療歷程的進展將會更加快速❹。（碰巧地，在個別治療中也有類似的證據顯示）❺。在長期的門診團體治療中，標準方式是病人在進入團體之前，應由治療師為其安排個別會次以便做好即將面臨團體治療經驗的準備工作❻。

　　在為**門診病人**團體治療做準備工作時，治療師會清楚地向病人說明團體將如何發揮功能以及成員在團體中能做些什麼來加速其治療效果。治療師會簡短介紹有關心理治療的人際理論、教導病人有關人際關係的重要性，以及人際關係上的障礙是如何影響其呈現的症狀。治療師會告知病人，透過其了解和團體中其

118

他成員間關係的過程本身來提供寶貴的洞識，以明瞭其本身所建構出來適應不良的人際環境。也會事先警告病人一些阻礙團體進展的事物：比如由於未得到足夠的人際關照而產生的困惑（puzzlement）、氣餒以及挫敗。會討論到病人對團體治療的一些錯誤看法；可能的話，治療師會藉由強調團體並非便宜的二流治療貨色，來加強病人對該團體治療的信心。事實上，治療師可提供豐富的資料顯示成員們可從團體中深刻學習到別人對他們的看法，以及他們如何與別人建立關係，藉此強調團體治療是一門獨特且具特效的治療模式。

　　在擁擠忙亂的病房工作中，沒有多餘的時間做這樣充足的準備工作。因此，團體治療師必須在有限的短時間內用任何可能的方法去做準備工作。通常建議治療師把準備及介紹的工作和成員們一起分擔。例如：治療師可要求其中一位老成員告訴新成員有關團體的目標及進行程序，然後治療師可詢問一些成員是否要做其他補充說明；如果治療師認為還有其他要點未說明，也可加以補充。這種方式不僅可增加成員的參與感，同時也可加強其體驗到該會談及其過程是為他們自己而開，並非外力加諸於其身上的。119

　　那些來自低社經階層且對心理治療沒什麼概念的病人，可以特別經由密集的準備工作獲得協助。一位研究者曾系統地對這些住進精神科急性病房的病人做準備工作，並且和未接受系統性準備工作的病人加以比較其在治療團體中的進展❼。從頭五次會談中獲得的資料顯示：經過準備的病人治療起來更為有效；他們自願的較多、較常與人溝通、較常做自我探索、在團體中較常帶頭陳述意見。

　　在另一項研究中，病人在住院的頭四天裡被安排參加一個專門為團體治療前做準備的特殊團體❽。此一接案團體中所提供的訓練步驟對幫助病人更快融入團體並順利進行治療顯得很有助益，不幸的是，大部分急性病房因住院期間太短而不利於此種會前訓練團體，以致準備工作必須在團體的開始階段中而不是在另一特別團體中進行。

　　準備工作的重要功能之一是：幫助減少治療師與病人間在期許上的差異。一項有關病人及工作人員對治療期許上的研究顯示：病人期待工作人員會贊同他們所提的建議，而工作人員卻希望病人在這方面能有更多的自我導引（self-direction）❾。這種病人與工作人員間對治療期許的差異，必然會導致混淆而阻礙了治療聯盟關係的形成。在短期治療中絕對非常重要的是：要給病人很清楚明確的指引步驟。

　　明確的團體準備工作也可以降低病人的憂慮，使他們更能夠參與團體而不致產生高度焦慮。通常病人在團體治療中是會焦慮的。有長期人際關係困境的人，在一個要他坦率講出其人際關係的治療會次中必然會深受壓力。大多數人同意某種程度的焦慮對治療上的成長是必要的；焦慮可增加病人在團體中進行治療的警覺性及動機。但過多的焦慮會讓團體治療停滯不前。原發性焦慮——指來自病人本身心理障礙的焦慮——是團體治療不可避免的連帶產物，而這在會次的初期階段中是帶領者很難予以減輕的。但帶領者卻可有很多方法來預防續發性焦慮——指的是病人被丟入一充滿分歧的不明治療情境中所產生的焦慮。許多研究顯示：分歧不清的團體目標、達到該目標的方法，以及被期待的角色行為等等都會增加成員的焦慮、挫敗感以及不敢投身進入團

120

體❿。

### 一致而且連貫的團體進行程序

許多臨床家認為清晰明確及結構化非常重要，並贊同高度結構化且有明確設計、程序分明的團體。有的病房訂定了一些步驟要病人歷經一系列的「階段團體」，其中每個團體均設計好教導一套特定的行為技巧❶。例如：最初階的團體強調要有良好的眼光接觸、學習傾聽以及了解他人等等。下一步驟則教導病人發問開放性的問題、把問題化成陳述句、反映內心的感受等。下一步驟則教導如何給予與接受回饋，以及自我揭露。使用這套設計方式的臨床家報告說，這種方式遠比非結構化團體來得有效❷。

我認為，高度結構化的進行方式特別對功能較低的團體有用。在第六章中，我將詳細談論這類結構化模式的團體。

然而，要記住的是，提供團體結構的是結構的**過程**（process）而非**內容**（content），這才是真正的關鍵所在。一項很有趣的研究計畫正好能闡明此一要點❸。研究者把病人分配到三組不同的團體中：（1）經過良好設計以問題解決為導向的團體；（2）只是單純在一起閱讀一些喜劇作品而在每一次會談最後十五分鐘加以討論的團體；（3）控制組團體，病人在病房內根本不參加任何團體。

行為導向的研究者花了大量精力研究，並顯現出小型病房內一個有良好設計的、以問題解決為導向的團體模式具有的優越性。然而他們發現，那個閱讀戲劇的團體在各個重要面向中具有跟問題解決導向團體一樣好的效果。而無團體治療的控制組則明顯地不如其他兩組團體。此研究所得出的一項重要結論是：給予

121

病人某特定治療任務並不像有一項治療任務那麼重要——也就是說，具有某種程度的結構性，而不是把病人丟到一個會升高焦慮、充滿分歧的情境中。

團體的結構對治療師跟病人而言是同樣重要的。帶領團體本身就是會引發焦慮的。治療師會接觸到許許多多強有力且經常是很原始的情緒。有許多病人企圖引起帶領者的特別注意；而帶領者總免不了會讓其中某些人失望或受挫，這些人跟著會出現一些憤怒及一點都不感激的反應。精神病人的團體治療特別在其團體本身可引發內在的焦慮。其治療工作的進行緩慢、回報常不明顯且普遍會使人困惑不已。尤有甚者，團體治療師是無所逃遁的。對他們而言沒有所謂的門後祕密性治療會次，他們的治療工作是光天化日、眾目睽睽之下面對一大群人的。

傳說中美國心理學家哈利・斯塔克・蘇利文（Harry Stack Sullivan）有一個關於心理治療的定義如下：「它是某兩個人一起會面，其中一個的心理焦慮比另一個較少的一種情境。」治療師如被這許多焦慮來源所折磨，則將觸犯蘇利文的法則，即比病人更為焦慮，因此依定義將不再具有治療效果。

模稜兩可（ambiguity）對治療師如同對病人般是會激發焦慮的，而治療師對於這種源自心理治療實務所產生的焦慮的主要防衛，是藉由某種治療模式所提供的結構感。使用**哪種**模式比**有一個**模式要來得不重要。發展一個認知架構使治療中發生的所有事件均能井然有序，則治療師可感到受到一種內在的秩序及自我駕馭感——這種感受如能深刻體會，將可自動地傳達給病人，並擴展成為一種可相對應的清晰感及自我駕馭感。研究顯示，病人對團體治療的滿意度和治療師對該會次所做的個人滿意度、興趣及

122

了解自我的評量呈明顯的正相關❶。

　　治療師所能具備的一項最強有力的形成結構技巧是——創造一個使團體治療能連貫一致、有清晰明確次序的會談。雖然團體依其不同組成而定（亦即功能式或團隊式團體），會有不同的進行順序，但在大多數的團體治療會次中會有自然形成的分界線。

1. **頭幾分鐘**。我在本章中即提到治療師如何開始一個團體會談、介紹並引導新病人，及簡短為他們做團體治療的準備工作。（見原書 115~120 頁）

2. **團體治療工作任務**（task）**的定義**。此階段治療師要試著去確認團體在會次中所要採取最適切有力的方向。通常不要一下子就非常深入地去探討會次中第一個提出來的問題。這樣做可能會使治療師錯過其他可能更重要且能誘發大家討論的議題。治療師有許多種方法去發現會談的任務所在。

   他們可以單純地聆聽前幾位病人在開始時所談論的事情。他也可以系統性地開「輪流發言」（go-round），讓每個人談談他在這次會談中想要檢視、進行或達成的事情。一旦治療師覺得已經提出具代表性的問題後即可進入下一階段。（見原書 212~242 頁）

3. **任務的「逐項完成」**（filling）。此階段屬團體治療時間的主要骨幹。在獲得成員各種廣泛的相關議題後，治療師可以著手討論這些問題並盡可能讓愈多的病人來進行討論。（見原書 243~252 頁）

4. **結束團體會談**。在最後幾分鐘，治療師可指出治療的進行時間已過，應花一點時間來回顧整個會談。可採取許多

種方式來進行：如逐一詢問病人對會次的滿意或不滿意，也可摘出比較被動病人所說的話來說明他們在會談中所經驗到的，治療師也可留意到會談中的未竟之處（jagged edges）──亦即病人在離開會談房間之前所未完結的問題（unfinished business），或一些可能須加以注意的不快感受；或者治療師也可以就該次團體所達到的成果予以回顧或摘要說明。

## ▌團體結構化的缺點

提供團體結構化有沒有缺點呢？確實是有的！提供過度的結構化就和過少的一樣有害。雖然病人希望且需要治療師給予相當的結構化，但過多的結構化卻可能阻滯治療的成長。如果帶領者為病人做了每件事，則他們將沒有可為自己做的事。因此，在治療的初期，團體的結構是針對受驚且精神混亂的病人給予安定的保障；但持續且僵硬的結構終究會使病人幼稚化而阻滯了自主性的發展。

針對此一矛盾弔詭處，研究結果提供了足以讓人信服且一致的證據。1972 年我及同仁們曾在許許多多的會心團體中研究過帶領者行為對團體成員治療成果所帶來的衝擊性影響❺。（該研究的對象並非住院病人而是功能良好的年輕人。然而，團體動力學仍可相當程度地加以伸展推衍。）

在該研究中有兩項特別相關的發現。研究者量化每一位帶領者所提供團體結構化的程度（視其所用的結構化活動練習之次數），並對結構化程度與成員治療效果之間的相關性加以研究。結果顯示：團體結構化程度和成員在團體治療一結束後評值對帶

領者是否有能力之間呈**正相關**。換言之,在結束時,帶領者提供團體愈多的結構化,成員愈視帶領者為有能力。

然而,有關的發現亦顯示:帶領者使用結構化的多寡及團體成員在六個月後追蹤的整體效果呈**負相關**。換言之,帶領者提供的結構化**愈多**,團體成員在團體結束六個月後所顯示的正向成長**愈少**。這兩項發現意指:**雖然成員喜歡提供最多結構化的帶領者,但和這樣的帶領者一起進行治療卻較不能得到重大而有意義的成長。**

這項研究的第二個主要發現來自研究觀察者對帶領者在下列兩大方面所出現行為的密集研究:(1)**全部的活動**,包括講話的次數、所做的處遇次數;(2)**執行上、處置性的活動**,包括時間的安排、提供團體結構、設定限制等等。也發現到這兩種設定結構的行為,和團體結束後及六個月後的整體正向療效結果之追蹤,有一個**曲線般**的相關性。此結果意味著太多**或**太少帶領者的活動或處置行為,會妨礙團體成員的成長。**中庸之道勝過一切** (The law of the golden mean prevailed)。這樣的行為太少會導致團體缺乏目標、游移不定;太多則又限制了成員的成長。

因此團體帶領者面臨一項兩難情境。一方面他們必須提供團體結構化,但另一方面又不能提供過多的結構使病人無法學習如何利用其本身資源。治療師的基本職責是使團體結構化的**好處增強並減少其壞處**。針對這種兩難情境有一解決辦法——即我在本書中到處強調的一項普遍原則:**團體帶領者應以某種方式使團體結構化致促使每位團體成員發揮其自主功能。**

125

# 支持

短期住院只有在合併有效的出院後治療計畫方能發揮效用。住院病人團體治療方案的主要目標之一，是加強病人在出院後繼續接受治療的意願。事實上，就算團體治療僅只做到鼓勵病人接受出院後心理治療，特別是團體心理治療，那也是一種有效的處理方式。

因此，要讓病人感受到從團體治療中得到正向的、支持性的經驗，他們才會想在未來繼續下去。治療師在團體中應創造出一種富建設性、帶著溫暖且支持的治療氣氛。團體要讓病人感覺安全。他們必得學習如何相信團體。視團體為一個可以傾訴其心聲、接納其意見及了解其人的地方。

住院病人團體治療並不是進行面質、批評或表達及檢視其憤怒的場所。臨床上相當一致的共識是：如果要讓住院病人團體治療達到治療的目標，應力求避免出現這些傷感情緒[16]。的確，有一些病人需要某種程度的面質。例如：反社會或操縱型人格的人通常無法從持續性支持及同理共感的治療取向中獲得任何好處；但是團體治療師寧可「遺漏」這類病人也不要冒著讓大部分病人覺得團體不安全的危險。

許多研究文獻顯示：在個別及團體治療中，治療結果和治療師與病人間支持及同理共感的關係有正相關[17]。試舉一例：在一項大型會心團體研究方案中，研究不同的團體帶領方式及帶領者行為與團員治療結果間的相關性[18]。雖然在帶領者特質中，如主動性及直接性，與治療結果間有曲線相關性（亦即帶領者的行為太多或太少均不利於治療），但在帶領者支持度與成員治療結果

間則有相當顯著的**正相關**（即給的支持愈多，結果愈好）。

不僅許多研究報告支持正向、非批判性、接納的醫病關係之重要性，也有許多關於心理治療的回顧性研究顯示：病人特別強調治療師喜歡他們、重視他們、注意並強化其正向人格特質等的重要性。多年前我曾和一位病人有過一非比尋常的治療合約。因為某些和此處討論不相干的理由，病人同意寫下每一次治療中所經驗到的一些隨筆、印象式摘要，每週都予以封好並交給我。我也同意做同樣的事並把每週的摘要寄給她（幾年後，病人和我把我們寫的摘要放在一本名為《日漸親近：心理治療師與作家的交換筆記》的書裡面）❶。它相當有意思地把我認為對治療有幫助的地方和病人的看法加以比較。是我那些高明的系統整理說明以及解釋嗎？其實病人根本沒聽到！取而代之的是她從治療中所記得和看重的那些微妙、幾乎難以（被我）察覺的非常個人方面、溫暖、支持性的，有關其外觀、其如何巧妙處理特定情境，以及其在會談中所揭露出的，生動或自然等等說詞。

在每位精神衛生專業人員的養成教育中，具備一些個人治療經驗是非常重要的構成因素。我認為，當本書的每位讀者能回顧自己過去的治療經驗時，他們會對治療師接納與支持所構成的重要性予以相當的珍惜和感激。顯然那是我從幾十年前自身治療中所記得及重視的那些，來自我的治療師的溫暖、關照及堅定不移的述說。

在團體治療情境中，治療師個人的支持代表著另一個加成的重要層面。不僅治療師個人本身要和團體的每一成員產生互動，其舉動會形成影響所有成員行動的某些常模規範（及規約或不成文法則）。治療師以多種方式創造各種團體規範：他們會清楚設

127

定某些規則、增強團體中某類行為，並消除掉其他類行為（經由明訂的反對或不鼓勵，或者是暗中的對某些評語不加理睬）。但是治療師要形成團體規範所用的最重要方式之一是：病人賴以形成的治療師本身之行為模式。

儘管「支持」在心理治療最終結果上所扮演的角色是何等重要，我們卻常在形成心理治療概念體系上或其訓練方案上相當不予重視。支持常被認為是理所當然的，是膚淺的；人們常假設治療師「當然」會支持其病人。許多治療師認定支持即等同於給予讚美，而這樣一簡單的動作在心理治療訓練上幾乎是不需任何細節上的探討。在接下來的幾頁篇幅中，我的目標是要指出提供支持（加以創造支持性的團體氣氛）並不是一種單純的、自動化的過程；如同任何其他心理治療中出現的動作般，它需要專注、敏感及**適時把握時機**。

只要試著想對治療師的「支持」下一定義或給一完整描述，便可覺察到其蘊含的多層面本質。治療師可透過口語或非口語的型式來表達他對病人個人的接納、重視或喜愛以支持病人。治療師可用尊重的態度對待病人來表達此種支持。治療師可透過找出並強化病人的內在力量與優點而給予支持。治療師可藉由不禁止他們運用某些不良的防衛機制，反而是支助那些機制，並鼓舞病人運用至少比當前所用更為有效的防衛機制來支持病人❷。治療師可鼓舞那些會讓病人更為他人所看重的行為來支持他（相反地，治療師不鼓舞會使病人不被他人所支持甚且被排斥的行為）。治療師可藉著盡可能深入的同理共感來支持病人。藉由了解並分享病人的內在世界，治療師可讓病人感覺較不孤單以及被了解。被他人深入了解，這個過程同時也蘊含著治療師看重病人

且想要進入病人世界去了解病人經驗中每一（看似無意義卻可能非常重要的）細微處。

　　支持**並不是**治療師理所當然應該提供的東西。事實上，在心理治療的很多密集深入訓練課程中，反而常在不經意裡斷絕了治療師支持病人的自然傾向。治療師變成了精於探測病人弱點的病理嗅聞者（pathology sniffers）。在極端的情況下，此一傾向可導致治療師甚至以懷疑態度看待病人的正向特質，諸如：仁慈、寬大、勤勉以及道德責任——所有這些都在化約下被處理，並被解釋為是精神病態。尤有甚者，治療師對移情與反移情現象是如此地敏感以致退縮不前，無法和病人建立起人類間最基本的支持行為關係。我清楚地記得，二十多年前當我參加一次精神分析方面的研討會時，大家曾有該不該幫一位年老的女性病人除去外套而爭論不休的熱切討論。因此，學習如何在住院病人團體治療中支持病人，須經常有某種程度不學習（unlearning）某些妨礙治療師天性中給予病人支持的專業上所教導的姿態，與對病人的態度。

## ▍對病人的貢獻給予致意（acknowledge）

　　以下是一項提供支持的例子。發生在一位有嚴重干擾行為的邊緣性人格疾患病人所參加的第一次會談裡。病人名叫羅娜，一開始就談到她那強烈持續的不真實感（unreality）。她說她不知道她是誰，不知道她從哪裡開始，而別人在何處結束；在聽到別人說起某些事時，她馬上會當做是她自身的感覺。因而她對自身的經驗不管如何都不能相信。治療師在會談一開始就藉著幫助她自己去經驗自己的感覺來鼓舞其現實感。例如：羅娜提到她深受房間裡的麥克風所煩，因為她認為有嗡嗡作響的聲音（單面鏡後面

有觀察者在觀看團體），她一提到這個時，其他成員也跟著說聽到這嗡嗡的聲音。其實這聲音是觀察者為了轉小聲量造成聲音回響所產生的。治療師的處理是告訴羅娜聽到嗡嗡聲音是她，不喜歡這聲音也是她，且對這聲音提出反對的也是她。她的這項反對得到團隊中其他成員的客觀支持及確信，他們都感激羅娜提出了該項反對；甚且，非常有效地導致該問題獲得改正。

在之後的團體中，羅娜給了鮑伯一些回饋，後者是團體中的一位男性，在治療過程中他相當程度地呈現思考阻斷及治療遲滯不前的情形。她提到他對她而言似乎顯得非常小，但當他站起來時卻驚訝地發現他竟是那麼高大。羅娜的話為鮑伯開啟了許多事物，他開始談到他是如何地不想要長大成人，他內在是如何地小而脆弱，以及他是如何地希望女人們就那樣看他。很快地，其他成員就談到他們所觀察到的有關鮑伯的姿態、舉止以及其作態行為——這些觀察，對鮑伯而言相當具有啟發及教導性。

接下來的會談中，團體似乎在試圖了解其中兩位成員溝通上的困難時卡住了。羅娜自動提出其觀察，認為去談論她對兩成員的印象是「非法的」。她不太清楚為什麼，但她覺得這樣會是一位侵犯者，她似乎不太有立場去問他們任何問題。她的看法開啟了別人表達類似感受的一條路。很快地，這兩位成員談出下列的事實，即他們兩人之間曾有過一場「小小戀愛」，而這場戀愛使他們要一起參加團體變得非常困難。

在該次會談的最後，羅娜提及大家似乎都在偷偷窺探治療師，而她感覺到團體中的每一位都在競相引起他的注意。這樣的註解促使其他成員進入一項極富建設性的、有關「大家想討好治療師」這一課題的討論。

　　治療師藉由強調她在團體中所做的貢獻來支持羅娜。他明白地提到對她的高敏感度、首度加入團體中就能正確將主題放在多次會談以來阻礙團體進行的一些重要問題上的能力等覺得印象深刻。她察覺到她自己的這一能力嗎？治療師懷疑。她是否對自己的人際技巧，以及有能力幫助人們成長及了解自身等給了稱讚及肯定的機會？除了支持外，治療師幫助病人重新建立其自我界限（ego boundaries），並強調**她**——羅娜是這樣一位敏感且對他人如此有助益的人。

　　此一會談結果相當程度地使羅娜非常快重新整合，並開始重新建立她的自我價值感以及對其個人的認同感。

## ▋ 慎重看待病人（Take the Patient Seriously）

　　另一個有關支持的例子是一位姑且稱之為查理的病人，他在和治療師建立關係方面有相當大的困難；取而代之的是，他到處把工作人員配對並製造極大且微妙的暗中破壞。治療師知道查理長期以來和權威角色一直有衝突，從一位查裡老是覺得經常羞辱他的權威老爸開始。在團體中，查理覺得治療師看輕他，沒有慎重看待他。例如：查理指責治療師從未聆聽或尊重任何他對團體中其他病人（特別是某些女性病人）所做的觀察或提出的建議。如果治療師提出他自己的一些觀察，特別是其他成員發現很有幫助的時候，查理就覺得既挫敗又憤怒。

　　一個可能回應查理的方式是由治療師來解釋他的行為；也就是說，解釋查理為了團體中某位女性而和治療師競爭，以此做為處裡他面對治療師所產生無能感的一種補償性機制。雖然有許多臨床資料支持這樣的解釋，但它卻會造成反治療效果。此時，反

131

132 而不要去解釋查理的行為，治療師如果能夠支持病人嘗試去找一些新的方式以回應具有權威角色的年長男人，那麼他將會得到很大助益。確實，對查理而言那是一個很健康的調整性步伐，能夠公開批評治療師而且試圖和他競爭。對治療師而言，要緊的是看重查理的說法並慎重以對；如果只是給他一個上面提到的解釋，那只會使他挫敗。

治療師的職責是傾聽查理的說法，接受那些正確的，並在團體中公開反映出來。例如：治療師在團體中可大聲問道這是否不是真的，亦即他（治療師）太過執著於自己在團體中的想法及觀察，以致沒有足夠看重查理或其他成員的某些觀察。他認可查理的說法並且提到他身為治療師同樣會有盲點，如果沒有其他人如查裡般願意向他指出來的話，是會一錯再錯的。治療師繼續看重查理，並且在下次的會談中請查理以及團體中的成員對他提出回饋，特別是那些可能視為不敬或不禮貌的說法。同時治療師對於某些讓人兩難的地方也更為開放。例如：在某次會談中，查裡抱怨沒有給他足夠的時間，治療師把那次會談中他所面臨的困難抉擇提出一起分享；亦即雖然他知道查裡有極大內在壓力並且在團體中表現良好，但他作為治療師卻必須關照其他三位悶聲不響的成員，而這三位成員在那天面臨極大的困難，且無法在團體中要求給他們些時間。

## ▌不鼓勵自我挫敗（Self-Defeating）的行為

要找到一個方式來幫助每個人覺得受到團體的重視與支持，通常是治療上一項很重大的挑戰。常常病人會以令人討厭的方式
133 呈現他們自己，而使得團體不可避免地以批判來回應，以致最後

他們的感覺是更被排斥而更顯出防衛。當治療師指出這樣的行為時，很重要的是，在對這樣的病人出現太強烈的憎惡之前應盡快加以處遇。

例如：馬莎是一位老年病人，在病房中已經有好多天都讓其他病人覺得挫折。她不斷重複腿上的疼痛，不停地哭泣，如此周而復始以致團體成員都公開叫她「破唱片」。團體中任何試圖想要在一種比較直接的認知層次上處理，其結果都是失敗的。例如：治療師問她別人那樣的回饋對她是何意義？她以前是否曾聽過？被稱作「破唱片」的感覺究竟如何？所有這類詢問只不過加強她的行為而導致她更進一步被團體排斥——是一項惡性循環，對馬莎或團體根本不可能有任何幫助。

然後治療師試著用另一種方式，遠比之前有效。他介入並協助馬莎改變行為使她能為團體所重視。馬莎曾經有過一些輔導員方面的訓練，雖然對她自己本身的行為並不是那麼敏感，對他人的行為倒是相當敏感。因此，治療師先不對她做「反映」（dereflected），反而問她是否可以和團體分享她對團體中其他成員所出現個人掙扎與痛苦的感受如何。馬莎有點不太情願，在團體中走來走去，挑出許多人來，以極佳的敏感度描述她對那些人生命課題的種種感受。

特別有一位很受困擾的思覺失調症男孩，他覺得深深為馬莎所了解。其後在團體中當他談到他的孤立時，治療師請這位病人環顧一下團體，並挑出某位他覺得可能較接近他且會進到他的孤立中的人。他挑了馬莎，然後馬莎走過來坐在他身邊，握緊他的手直到該次團體結束。這是一次很戲劇性轉變的事件，不僅是因為馬莎相當輕盈帶笑地穿過房間走過來，不再談她腿上的疼痛，

134 而且是因為她竟然能夠在整個團體進行中一直待到結束（這是她以前因為腿痛而從未做過的事）。

## ▌了解一切即原諒一切

　　如果治療師能夠提供一個認知架構讓成員重新看待某位病人令人討厭的行為時，團體通常即能接受那些特別會激怒人們的行為。例如：馬蓓，六十二歲，雙手有多次開刀手術的記錄，她會滔滔不絕地談論它。非常困難將她從滿腦子身體化先入為主的症狀（somatic preoccupation）轉移開來。當治療師鼓舞她描述其生活情境時，才發現她覺得她把所有心力都放在小孩身上，卻得不到任何回報。經由治療師的鼓舞，她也把無價值感以及覺得比不上病房及團體內其他成員的感覺都表現出來。

　　治療師提到當馬蓓談到她的手時，他感受非常強烈，認為她真正要說的其實是：「我也有一些需求，但我實在不知道怎麼去要。因此當我談到我的手時，我真正要說的是『請多注意注意我吧！』」在兩、三次這樣的解釋之後，馬蓓慢慢地同意治療師所做的整合陳述，同時也同意治療師的要求，即不管任何時候她在團體中談到其雙手時，她應立即把這些話轉譯為符合現實的、人際方面的陳述像是「請多注意注意我吧！」這是一項成功的做法，可協助將馬蓓整合到團體裡面來——而這對完成治療一位具有身體化症、想法持續頑固的病人來講是件蠻困難的事。

## ▌支持獨語者（Support the Monopolist）

　　獨語對團體和對獨語者自己而言都是不好的。團體的時間被
135 浪費了，而獨語者終究會因為團體中其他人對他或她產生憎惡，

而強化其無價值及自恨感，因而受到傷害。

除非團體中有一些特別自我肯定的成員，否則可能會有一段時間團體並不會直接去處理那樣的人。團體成員常常不願打斷或禁止獨語者的話語，因為他們害怕會變成那位必須去填補沉默時刻的人。會有明顯的答辯，諸如：「好吧！我不講，那你說！」人們在緊張、充滿防衛的氛圍中是不容易說話的。

代之的是，團體常不聲不響，點燃或做出一些不直接的、充滿敵意的突襲。通常對獨語者的迂迴攻擊只會使問題加劇、火上加油且惡性循環。獨語者的強迫性言語其實是試圖要處理其焦慮的；當獨語者意識到團體的憎恨時，焦慮更升高了，強迫性的言語也就更增強了。

在處理獨語病人的基本原則之一是——一般而言，其話語的流瀉並不能使別人更了解他，反到阻礙別人而導致更不了解他。因此，治療師的首要任務並不是要他閉嘴，**不是少聽他的話，反而是多聽**。但要聽的是純屬他個人相關的話，而不是那些作為煙幕彈般阻礙病人被了解或被看清楚的一些話。每位治療師根據他或她個人的風格，可能會用不同的方式來傳達這項訊息。但是病人要得到治療師對其產生興趣且想和他更親近的訊息，他所要感受到的是支持而非攻擊。

## █ 鼓舞正向行為

重要的是，幫助病人展現出他們較為正向的部分，以便不只為治療師所支持且為其他成員所支持。例如：在某團體中，勞勃是一位充滿性幻想的年輕人，他會不斷地提及他如何想和女性發生性關係。即使他在身體外表上確實有其吸引力，他所展現的方

136

式反而嚇走了女性們，導致二十七歲年齡的他還未有過任何性關係。團體中的女性們所給予的回饋，是對他那粗魯的性嗜好以及除了性以外不會表達任何其他興趣的反感。勞勃對此回饋的回應方式是非常自我挫敗的；他馬上進入一長串有關其許許多多浴室內強迫性幻想的討論。他用鉅細靡遺的方式來描述其非比尋常的排泄習慣——所有這些描述當然更嚇壞了團體中的所有女性們。

治療師也被勞勃那種用最不利方式來呈現自己的方式所嚇壞。一項顯而易見的策略應當是給予下列解釋：即勞勃因為太害怕性，以致用這麼明白的方式來自我呈現，使他自己可以永遠不必接觸到任何一位性對象。但是在之前的許多場合中，勞勃讓我們看到這樣的一種解釋方式是無效的。因此治療師另外發現到一個比較直接且具支持性的方式。他說：其實他曾注意到勞勃非常少提到他曾引以為豪的一些面向。到底他真正被肯定且看重的部分是什麼？勞勃於是開始談到他對音樂方面的愛好。當他提到他曾經是音樂會上的小提琴手時，引起了團體成員間的一陣騷動。從那一刻起，人們對勞勃刮目相看，而治療師趁勢追擊，建議勞勃把他的提琴帶到醫院來為病人們演奏幾個晚上。

要和一位退縮的思覺失調症病人接觸的唯一方式，常是把焦點放在他的優點上。人們根本不用動他任何地方就可以毫無限制地對一個人已經凍僵的外表加以評論或分析。例如：在某次會談中，湯姆，一位年輕的嚴重思覺失調症病人，他的臉部表情與動作都非常僵硬。在此次以及之前的幾次會談中，團體已經對他的可怕外貌加以評論一番。他們給了他許許多多回饋，有關大家實在無法知道湯姆到底是生氣還是高興的事。而在此次會談中，有一位年輕女性——盧拉，在許多方面和湯姆很相似。她也是非常

僵硬，帶著一副重重的面具。在會談中她提到其身處模特兒行業以及總是要被教導如何打扮以便「上台亮相」的事。湯姆似乎對她所說的相當感興趣，此時治療師問他是否看到其與盧拉之間的一些相似性。湯姆接下來談到他個人的要求完美個性使他的工作受到影響。他是一位專業藝術家，在此次住院中他第一次談到他的工作，並且對病友詢問其有關繪畫的問題做了公開回應。他凍僵的面具開始融化了；整個豁然開朗並且樂於談到他在其他方面的許多興趣。

會談結束時，治療師評論到他是如何喜歡湯姆在會談中的所作所為，他覺得和湯姆更靠近了，覺得更了解湯姆。團體中其他成員也有類似回應。盧拉興奮地漲紅著臉並且鼓起極大勇氣說，她發現湯姆非常具有吸引力。她也提到以前未曾這樣說過男人，湯姆則回應說從來沒有人這樣說過他。這兩位成員因為在該次會談中的勇氣作為以及開放胸襟而受到治療師以及其他成員們的熱烈支持。

## ▌指出並強調病人對他人所具有的價值

治療師必須學習如何敏感地標認並指出病人的正向行為優點，正如同其如何定位病人的病態行為般。例如：桑妮，是位五十歲的婦女，因罹患多發性硬化症（multiple sclerosis）而嚴重情緒低落。她在團體中滔滔不絕地談她的疾病以及身體缺陷是多麼的沒用，不再能服侍先生或帶小孩。她曾經對生命憧憬著，但現在似乎失去了繼續活下去的目標。

治療師和整個團體大力強調她對病房中的病友們而言是多麼重要且有用，這給了她極大的支持。許多人早先都毫無保留地提

138

到她在僅僅幾天當中就已對他們產生何等的重要性了。治療師幫助她了解到，她不必刻意「做」些什麼來強調其存在。她的全然存在、她的聆聽、她的支持等等在病房中是重要的，而毫無疑問地在她的家中亦然。

## ▌不要為了支持某位病人而犧牲他人

當某位病人做了些好事而得到團體支持時，要注意那不該是靠犧牲另一位病人得到的。

下列的偶發事件足供說明。琳達在某次團體會談開始即表示她多麼困難去和別人溝通。她常見的方式之一是生氣起來，通常是含含糊糊不明確表示，而把別人拋得遠遠的。之後會談中的另一成員，隆恩，提及他在預期要從團體中得到回饋時會感覺到很不舒服。治療師奇怪到底他在怕些什麼。隆恩說他害怕一些不愉快但總要發生的事。「那會怎麼樣？」治療師問道：「你最最害怕的是些什麼？」隆恩說他害怕某些人會說他真令人討厭。幾分鐘之後，治療師問琳達她對隆恩所說的感覺如何，她生氣地回答說，她根本不知道隆恩在說些什麼，因為他看起來是那麼的迷迷糊糊，整天渾渾噩噩似在迷亂中。

團體花了好幾分鐘來處理琳達對隆恩的奇怪反應。最後才弄明白，原來琳達並不知道「討人厭」這個字的意義而把生氣反應到隆恩的身上。之後琳達繼續做了一個很重要的揭露：說她之所以不太願意和他人親近溝通主要的理由是，她相信別人必定會說她是個呆瓜。當她快要接近危險點——亦即在她害怕其愈來愈顯得愚蠢時——她就會找個方式來結束該互動，常常那就是變得易怒或生氣起來的時候。

139

對琳達而言這是首度揭露，而這代表非常重要的作為。團體對她所冒的極大危險給予大力支持。隆恩在整個過程中沉默不語；當別人問他對琳達的反應為何時，他為之語塞，最後卻跳出一段過於理智化而非常言不及意讓人無法了解的話。治療師曾試圖協助隆恩把注意力放在對琳達的立即感受上，問他是否可能因為琳達這項揭露的結果而覺得和她不親近，但隆恩繼續其過於理智化的述說。治療師問其他人如果在這一刻他們是隆恩的話他們可能會有什麼反應，大家的回答是，他們可以非常簡單且直接說出下列的話：「琳達，我現在真的感覺和妳親近多了」「我覺得我了解妳了」「我喜歡妳的坦誠」等等。當有人問及隆恩是否他可以從這樣的訊息和他先前首次對琳達的反應之間看出差別時，他點頭同意了。

在團體會談最後十分鐘的總結階段中（見原書第259～273頁），治療師問是否可能琳達在所發生的事件當中覺得非常好，而隆恩反而可能覺得很挫敗——也就是說，他被打垮了。隆恩大力地點頭表示同意。由於治療師知道隆恩對他的智能非常自傲，因此在總結裡非常小心地談到隆恩的這項優點。他說這是一個例子，讓隆恩的優秀智能有了另外一種他想要的方式來發揮——也就是說，和他人之間更親近的關係。治療師又提到他真的是很喜歡隆恩的頭腦，以及他使用語言和思考抽象概念的能力，但作為治療師他則希望隆恩能讓團體協助他發展更多他另外的這個部分。這樣的說法對隆恩來講很管用，使他在離開團體時感受到支持及更形開放而不是挫敗。

140

## ▌不要抨擊病人

　　很明顯，治療師應避免抨擊病人。治療師是處於掌控大權地位的。他們對病人而言不只充滿著睿智與大權，同時做為團體帶領者，他們也能夠動用強大的團體力量。雖然這種看似必然的狀況有其明顯的特性，治療師卻經常會出現對病人抨擊的情形。一般而言，這類抨擊是在某位病人被另一位病人無情抨擊時發生的，治療師為了被攻擊者乃挺身辯護，卻反而抨擊了該攻擊者。

　　例如在某次會談中，諾曼是位非常具攻擊性的人，他無情地抨擊另一位病人——南茜，後者在病房裡不斷地喝著百事可樂同時訴說她無法停止。這項抨擊持續了相當一會兒，最後，治療師的耐性喪失殆盡而保護的本能升起，對諾曼嚴詞譴責：「你怎麼可以如此自以為是地要別人不喝百事可樂而自己卻沒辦法控制喝酒？」雖然南茜覺得被支持了，諾曼卻變得非常防衛，特別是因為他根本還未將其酗酒的事告訴團體呢！

　　那麼對帶領者而言，有什麼比較富建設性的做法呢？他如何可能在支持被抨擊病人的同時又能不傷害那位抨擊者？治療師所必須考慮的第一件事是：到底諾曼的行為有無任何正向功能？在此案例中確實是有的！我們必須永遠給予病人就動機而言，其疑慮所帶來的好處。畢竟，在會談中有許多沉默不語的病人——這些人並沒有對南茜出現任何反應。諾曼可能會因為想要協助一位可樂成癮者而被稱許呢！例如，治療師可以說：「諾曼，我知道你有很強的、想協助南茜的意願。我看到你是非常挫折，甚至是憤怒的。但對我而言，似乎你的挫折是來自於想協助她的慾望。」

141

如果病人可以感謝這種做法（通常他們會如此的），那麼治療師可以趁勢繼續詢問下去，是否對方已達成他所希望其做的事：也就是說，諾曼對南茜而言是真的幫助了嗎？譬如他可以問南茜的感覺如何？一般而言，南茜會說她會變得更為防衛，並且覺得因為被抨擊而受傷。此時治療師可回過頭來向諾曼反映，似乎他所獲得的結果不是他所希望的。那麼，是否他可以有其他方式來試著幫助南茜呢？

另一方式是：幫助抨擊者能更具有自我反省能力，並在抨擊者與被抨擊者之間建立起某種正向連結。例如：治療師可能會說他認為諾曼對南茜有點粗魯強硬，而這粗魯強硬是否有可能是他對他自己態度上的一種反映。例如：是否他行為的某些部分或某些面向，正是他想藉著意志力去改變的，就像南茜一樣，卻因無力做到而深覺挫敗？

這些策略對南茜同樣具有支持性，但又不會對諾曼造成落井下石或抨擊的後果。相反地，這些都是具支持性且能幫助他指出某些可以開始的個人治療工作。

## ▍使團體有安全感：幫助病人控制

病人之所以不太情願在治療團體中配合治療的一個理由是：他們害怕事情會弄得過於極端而不可收拾，以致擁有權力的治療師或集體性的團體可能會指責他們失去控制——會講出或想出或感受到太讓人害怕的事情來。治療師可以藉允許每一位病人先自我設限，並且強調病人可控制每一次的互動來使團體覺得有安全感。因此，治療師可重複和病人「核對」，透過這類問話：「你想進一步探索下去嗎？我是否太過於逼你呢？是否現在稍停 142

一會兒或你願意繼續探索下去？現在我問怎樣的問題對你最有幫助？」這當中的每一項做法都可以使病人掌控整個互動情形。

## ■ 以尊重與尊嚴來對待病人

這些案例都是在同一主題上顯示各不同情況。治療師必須學習對病人既有支持性又胸襟開闊。治療師必須第二天性具備指認病人的優點並且在評論時能強化它們。治療師必須學會如何告訴病人他喜歡他們的哪些地方、對任何進步都要給予稱許、強調病人行為的正向部分而不是負向部分、重點放在瓶子滿的三分之一而不是空的三分之二上。例如：當某位病人和另一位的互動始終在相當程度上是疏離且有距離時，治療師可經由對其行為的正向部分加以稱許（諸如：想與人溝通的意向、病人所甘冒的險，或者是病人的所作所為比以前進步多多等），而不是說他沒有做的事，來協助該病人和人互動更親近。

就行為學的術語來講，我提倡用操作制約而不是嫌惡制約。然而，我不太情願用行為術語，因為這類語言所傳達的關於治療師－病人間關係的本質有著很負面的涵義。很重要的是，治療師不應把病人稱呼為一個客體。當這麼做時，世界上的所有讚許、所有操作性線索、所有強化力量將不會被視為是真正的支持。最重要的是，治療師對待病人必須要有尊嚴且盡可能深入地去同理共感對方。

治療師對病人非語言行為的評斷，如果沒有仔細措詞，常常會導致病人感覺被視為一個客體般。例如：在某次會談中，一位非常焦慮的病人，歐托，試圖和團體分享其壓力以及灰心絕望的感覺，但卻出現極為明顯的思緒中斷及否認的心理防衛現象。在

143

整個會談中，他緊張地將一個衛生紙盒用力扯壞，治療師為了要他面對此現象並降低其否認的心理防衛現象，把他和團體的注意力都集中到那被拆壞的衛生紙盒上。治療師心想：是否歐托的動作反映出一些憤怒，如同焦慮般。

歐托非常難過地離開會談並且拒絕回到隔天的團體中。他告訴他的個別治療師，在該次會談中的經驗使他重新回憶起他生命中最丟臉的一次經驗。當他十歲的時候，他曾經做過一次大手術以修補尿道下裂的問題（是一種先天性的陽具畸形疾病）。他非常憤怒且羞慚地記起他曾經在許多臨床研討會上被帶出來展示，並在外科迴診時由一群醫師們予以檢視。

非語言行為對治療師而言是一項非常重要的資訊來源。咬手指、姿態、坐位排列、手勢等等都能傳達有關病人內在事件的重要訊息。然而，除非治療師極度敏感，對這些非語言潛藏提示所做的語言化觀察，常被體驗為客體化作用（Objectification，亦即，覺得別人視他為一客體）。在絕大部分的案例中，非語言的潛藏提示對治療師而言應被視為資訊來源，而不是供明確討論用的主題。

## ▌關於「支持」的一項結構化取徑

我在本節中對有關「支持」所提出的看法，就特別嚴重干擾或退化病人的團體而言是更相關而中肯的。治療師在這類團體中所加諸的結構，大部分是提供給每一位成員支持用的設計——這些支持既來自治療師也來自其他所有成員。

在第六章中，我將詳細提出專供低功能病人團體用的一個模式，而在這裡我只描述一個有示範作用的活動練習。在這個活

144 　動中，每位病人都要在一張空白紙上寫下他或她的名字，再寫下
兩項優點：這兩項優點是他所喜歡而不願改變的。然後這些紙張
輪流傳遞到圈圈內的每一個人後，每個人在紙上頭的名字上寫下
一些他所喜歡的、有關那個人的特質，然後輪流傳遞下去。這活
動持續直到這些紙張在全場繞完一圈，每張都回到它原來的擁有
者手上，之後，每個人要大聲念出別人認為他所具有的一整列優
點，並且談談那些他最喜歡的以及令他有些驚訝的內容。在此一
活動中，不僅顯示出對病人特別強而有力的支持，同時因為治療
師也必須參與其中，它帶給（治療師）有關區辨及表達病人優點
的最佳訓練。

## 住院病人團體治療中的衝突

　　對衝突的策略性取徑在極大部分上是由我在討論「支持」時
所提出的一些同樣考量所決定。在病房團體治療中，支持與衝突
是互不相容的。許多，或說不定是大多數精神科院住院病人，都
有很重大的關於憤怒的困擾問題：他們或是以破壞方式來表達憤
怒；或是深受憤怒之威脅，以致窒息並且受苦於經內化作用而成
為身體化疾病、自恨以及憂鬱等種種後果。

　　雖然憤怒無所不在，臨床醫師們大都同意病房內的小型團
體治療並不能期望去處理外顯的暴怒問題[21]。如某位經驗豐富的
臨床醫師所說：「從痛苦的經驗中我們從未學習到什麼，由於痛
苦本身的緣故，我們永遠不會去探索憤怒的感覺或鼓勵它表達出
來。」[22]

　　憤怒與衝突，即使在最好的情境下，都會產生極大的不舒 145
服。例如：在長期的團體治療中，治療師必須在引發衝突白熱化
之前建立起極強的凝聚力。除非團體成員之間有堅強的連結，否
則延宕的衝突將導致團體破裂及許多成員提早結束團體。

　　有些病房提供一個專供工作人員用的討論團體——一個團體
的公共論壇，給他們探討自身的人際張力與衝突。參與此類團體
的工作人員首先會知道處理衝突是多麼讓人不舒服，特別是和那
些你整天生活在一起的人之間的衝突。那些不提供這類團體的病
房通常會因無法如此做而覺得尷尬不安。他們意識到避開這類討
論會的一個主要理由是：當他們預期去公開處理這些已存在的衝
突時會覺得不舒服。如果專業的心理衛生工作人員都無法開放地
探討衝突，我們就根本不應該期望嚴重困擾的病人能如此做。

## ▌衝突的來源

　　有相當多的病人在進入病房的團體治療時是帶著許多憤怒
的——氣他們必須住院、氣自己為什麼無法解決問題、氣其他人
背叛了、遺棄了或虐待了他們。偏執型病人進入團體時，帶著極
大的生氣，氣他們的特異能力沒有被認清，而別人要陰謀剝奪掉
原屬於他們的東西。物質濫用病人可能會非常憤怒他們無法取得
能使他們舒服所需要的藥物。年輕人通常會對病房工作人員所加
諸的限制相當不滿。

　　除了這些來自團體成員每個人本真的憤怒之外，病房團體治
療還必須因應另外的憤怒來源——源自人際間以及團體動力而來 146
的憤怒。其中最常見的憤怒來源是**移情**（是平行交互式的扭曲，
parataxic distortion）：這是一個人對另一個人並非根據現實基礎

而是根據某些過去的關係，以及目前的人際需求與害怕恐懼所曲解而起的一種回應。因此，一個人可以在他人身上看到對其生命重大影響的重要個人之種種面向。一旦這個扭曲帶有負向能量時，那麼就很容易產生敵對或對抗（antagonism）了。

團體治療中特別常見的扭曲形式稱之為**鏡像反應**（mirror reaction），它發生在當一個人遇上另一人而在其身上看到自己的一些特質時，這些特質經常是他覺得非常羞慚而被潛抑下來的特質。換言之，一個人可能因為在另一個人的身上看到某些他所討厭（意識或潛意識上）的自己的某些特質而恨那個人。

競爭則是小型住院團體中衝突的另一來源。病人必定會在時間與尋求注意力上互相競爭。這種競爭比起門診團體可能更屬害，因為住院團體先天上有其時間（受限的）壓力。在長期的門診團體中，成員們常會滿足於等待，允許別人使用一大半會談的時間，因為他們有信心彼此之間會投桃報李、**互讓互惠**（quid pro quo）：他們知道如果他們施惠別人，他們也會輪到被施惠的，團體會在將來的會談中給予回報。但住院團體的成員則知道他們可能永遠輪不到。他們待在團體中（以及他們所施捨給予時間的對方亦待在團體中）的時間是很短的，可能只有一天或兩天，以致給出的時間可能永遠要不回來。

常常這種因競爭所帶來的憤怒隱隱約約地透過置換作用（displacement）或普遍化的易怒情緒表達出來。然而，有時候團體會閃爍過火而直接地表現出來。例如：在某一團體中，其他成員都對兩位不守規矩的青少年成員非常震怒。當其他成員終於表達出他們的憤怒時，他們的指向不是針對其粗魯行為，反而是針對他們從團體中其他人身上佔用了那麼多寶貴的時間。

147

偶爾，憤怒會源自病人們因為某些特別好處而在團體的彼此競爭中產生。住院會強化退化性、依賴性、需索性的願望浮現出來。病人會爭奪治療師俾給予最多的注意力或某些特別角色：譬如（成為）團體中最有影響力、最具敏感性、最困擾或最需要別人的人。某位病人可能會因為下列原因而憤怒：如他（不切實際）的治療期望受到挫敗，因為沒有被治療師選為最疼愛的小孩；治療師好像有點錯看了病人而沒有符合他的期望。那些無法直接向治療師表明他們失望之情的團體成員們，可能會把這樣的憤怒轉移到某位代罪羔羊身上，這更增加團體中衝突與憤怒的程度。由於住院團體較為短期、帶有危機的特性，這些衝突的來源比起長期門診團體來講較不那麼顯著；但是卻必須隨時預期它們會以某種型式浮現出來。

不管衝突來源為何，其對住院團體所造成的影響卻是非常不好的；不再有相互的信任、團體感覺到不安全，而治療所必要的自我揭露總是胎死腹中。陷於衝突中的團體無法達到住院團體治療主要目標之一：即讓入門性的治療是一種支持性的、愉快的、有建設性的經驗，使病人在出院後願意再繼續接受治療。

## ▋ 處理憤怒

有許多處理憤怒的重要治療方針。第一，在小型的住院病人團體治療中是沒有本錢去引發衝突的。病房的團體治療師絕對不能錯誤的下結論認為：因為許多病人有憤怒方面的問題，所以治療師就必須想辦法協助這些病人「把憤怒弄出來」然後在治療中去處理它。**病房的團體治療師其目的在迅速解決衝突而不是引發衝突。**

148

　　有時候需要幫助某位充滿憤怒而必須表達、取代或昇華該憤怒的病人。但小團體並不適合這類協助。這樣的病人可能適合一對一的治療情境，或者用某種身體活動譬如打拳擊袋等方式。某兩位病人之間的重大衝突可能必須在包括該兩位病人以及一、兩位病房工作人員的會談中予以處理。

　　我並不是說病房的團體治療師應該假裝憤怒並不存在。你的任務是找到一個方法幫助病人處理該憤怒而又能同時不會干擾到整個團體氛圍的安全性。

　　一項處理憤怒的建議方式是：協助病人把該憤怒轉化為較安全又不具威脅性的東西——某種比較可以自在地在團體中處理的情緒。如果病人向團體宣稱他們的主要問題就是憤怒，不管是過多或過少，他們就是想要在團體中處理，那麼通常我的建議如下列步驟：首先我會說，一般而言在這類團體治療中是很難處理憤怒的。對每個人而言，這一點常是過於令人害怕而不舒服的。然後我會說，處理憤怒為何會這麼辛苦的理由之一是，許多人讓它在心理頭埋藏太久以致大到就好像火山要爆發般：在那個時刻就會嚇壞自己同時也嚇壞別人。繼續我會說，團體中處理憤怒最好的辦法是，在它還很輕微時就把它表達出來——這個輕微度是輕到還沒變成憤怒，但會是有點像惱怒或心煩或有點衝。然後，我會鼓舞這些人表達出「輕微」的憤怒——亦即惱怒、心煩或武斷——只要他們開始感受到它的存在。

149　　要幫助團體成員表達這些情緒，我會先要他們以最可能安全的方式把那些煩或不爽表達出來——也就是說，不是針對另外的團體成員，而是針對某一課題或某一程序問題。例如：我會問他們，對於會談的步驟或者是對於我這位治療師所帶領團體的方

式，他們可能會煩些什麼。上天保佑，治療師在處理憤怒應該是遠比任何一位團體成員要來得容易多多。一般而言，病人對初次這類要求不太能夠配合，必須在會談中不斷地多次提醒他們是否有任何惱怒的經驗。

只有在這之後，而且非常小心的情況之下，我才鼓勵成員表達他對某人所感受到的惱怒。我會趕緊要他們找到一些方式來表達他們對另一位所產生的心煩或惱怒，而這時候的表達還不至於讓人難過或者還不會壓垮另一人使其下不了台，反倒是可以使他無拘無束談開來。我也會鼓勵他們要記住他們的任務是要表達出一種小小的、剛開始萌芽但尚未變成一堆巨大的、負荷沉重的惱怒或憤怒的感覺。

當某位病人真的表達出他對另一位的惱怒時，治療師必須很小心監測該過程。某些病人在關於攻擊方面相當衝突，以致要講出或表達出那份惱怒特別難過。而另一些病人則可能非常沒有安全感且脆弱，以致只是極小的批判也會讓他感覺到非常要命。治療師要對各種可能性都很敏感並且依狀況行事。

最最困難表達憤怒的病人，常常是那些精神崩潰的、嚴重強迫性的病人。這類病人通常會有一堆怒火，而他們認為那是很危險的、以致在短期團體治療中光只是一個簡短探索是不會具有治療效果的。

例如：有位病人——羅絲，在某次會談中冗長地談著她的問題。有很多明顯的跡象顯示憤怒是其心理動力上的主要問題：她提到最近對她養的狗死亡有很深的哀痛，由於疏忽，似乎她應該在某些方面對狗的死亡負一些責任而感覺到愧疚。她的話裡面向每個人清楚顯示這隻狗其實已經多年來對她造成極大的負擔。

150

還有其他的壓力，包括離婚，是其生命中所要面對的，以及要去照顧這隻長期生病、尿失禁、又易發脾氣的狗，即使是德蕾莎修女的耐性也要被磨光（讓事情難以轉圜的事實是，這隻狗原來是屬於她丈夫的，當他離開時也把狗留給了她），毫無疑問，羅絲真希望狗死掉算了，在某種自覺的層次上，當這隻畜生終於死掉時，她經驗到某種程度的解脫。

治療師感覺到，羅絲事實上是難以表達她的怒火，因此鼓動她詳細地檢視她的惱怒，並且冒險去表達出她對團體中另一位成員所可能感受到的惱怒。羅絲有點遲疑，最後終於鼓氣勇氣冒險轉向團體中一位十九歲的女病人，脫口說道：「妳根本沒有任何理由必須住在醫院裡。妳年輕、漂亮、身體健康而且堅強。趕快把妳自己整理好，去過妳的人生吧！」

雖然她的話跟語調相當輕聲，但很明顯地，羅絲對這樣的告白及直面覺得不太自在，而且跟著馬上就試圖要說些什麼來掩飾，說她的一個主要毛病就是太過輕蔑他人：她知道當她說「你不能因為人們生病了，就要他們自己去把那疾病搞好！」這樣（矛盾）的話是件蠢事！如果真的是那樣，那她應該在很久以前就出院了。她指出她在十九歲的時候也有著一大堆的問題……等等。

羅絲愈來愈不舒服。團體給予的所有保障都無法抑制這不舒服。甚至當那位她所提到的年輕女士向羅絲保證，她不只是沒有被壓迫到而且她現在更喜歡羅絲，但羅絲還是不舒服。團體結束後，羅絲的焦慮更高甚至到恐慌的地步，整個晚上都無法入睡。她拒絕再回到之後的團體會談中。

151　　　事後的回顧中看得出來，治療師錯估了羅絲對表達憤怒所能承受的程度。一個比較有益的策略應是要她做一些比較安全的

事——諸如：對一些事情表現出惱怒、一些關於她過去的生命面向，或者是對團體進行過程的某些感受。

通常病人都害怕表達憤怒，即使是一點點，因為他們相信那會引發出一些不可收拾的場面。一般而言，如果病人不像羅絲那般脆弱的話，是可以協助他們以較緩和的方式表達憤怒，以便學習到他們那種可怕的幻想其實根本是不會實現的。

讓我來描述兩位名叫彼得與艾倫的病人例子。彼得一直以來都是非常無法肯定自己的人，根本不敢對任何人有點批評。他宣稱他很厭煩凡事過於小心翼翼就像是走在蛋殼上般，希望治療師能夠幫助他改變。團體治療師鼓勵他冒點險試試看，要他試著就當天團體中某件讓他惱怒的事情說出負面的看法。彼得聽從建議，也冒了險。但卻不是治療師所希望的那種較溫和的方式；而是彼得面對著艾倫，一位二十一歲的神經性厭食－暴食症病人，說道：「我認為妳今天在團體中佔掉太多時間了！」艾倫對這點的反應相當不以為然，她手抱著頭輕輕啜泣了至少五分鐘，無論團體用盡所有力量安慰她都沒有用。

會談進行到這裡似乎眼看就要發生不可收拾的場面了。在要求彼得冒險表達某些負向感受時，治療師的假想是認為，彼得可以發現這樣的舉止「並不會」導致他想像中會發生的不可收拾的大事件。艾倫的反應當然是治療師最不希望聽到的結果：所發生的事件看來似乎正印證而不是緩和彼得所害怕發生的狀況。

治療師在團體中做了一些非常漂亮的示範而救了今天這件事。他對整件意外事件的處理是用一種充滿自信、實事求是的態度向成員顯示憤怒與不爽並不會「燙手得難以罩住」。首先，他檢視看看團體成員對時間的分配情形有何感受。團體中有多少人

152

覺得艾倫佔了團體太多時間？結果顯示只有另一位和彼得同樣，而其他六位不同意。有三位成員以為艾倫一點都不自私，而且根本沒用到團體**足夠的**時間。就這一個對艾倫與彼得非常重要的課題而言，這次分歧性的「票選」是個有趣的看法：有可能讓每個人都稱心如意嗎？（在這樣一個甚至相對客觀的方法下——亦即到底是佔太多或太少時間——團體成員都無法達成一致，因此根本無法毫無異議地讓所有人都滿足）。一個人如何可能承受那種無法讓所有人滿足所帶來的不舒服呢？艾倫參與了這項討論，因為這是她長期以來所努力掙扎的課題。她那「無私」的部分源自於要討好所有人；而這樣做時，她就看不到自己本身的願望與需求了。

彼得的話也同時開啟了有關團體中時間分配的整個大問題——是任何團體治療都異常「熱門」的課題，但也是只有在進展非常久的團體中才偶爾會加以討論的課題。藉著帶領者的協助，團體直截了當地探討了許多困難的問題：諸如團體中哪些人得到足夠時間，又哪些人是不夠的？如何決定誰能使用團體的時間？而沒有得到足夠時間的成員，對他們而言是一件常有的事嗎？

至此，艾倫已從哭泣中恢復過來，團體協助她探討為何她的反應會如此強烈，為何會掉眼淚呢？為何她對指控她自私會這麼敏感？這項探索讓艾倫進入了有關貪婪與分享的課題——這對厭食或暴食症病人永遠是一個攸關重大的問題。艾倫提到一大堆她對食物、飲食、貪婪等感受、她有時會有想要把餐桌上所有東西都吃光的慾望、她會大口大口地吃掉別人吃剩的食物等等。在會談結束時，艾倫學習到更多東西，且開啟了更多對她本身非常重

153

要的關鍵課題，比她所參加過不管是這次住院或之前住院的所有
會談都還多。

當然，治療師並沒有不去向彼得強調他的冒險其實是進入此
次密集深入且成功會談的關鍵點。在會談結束時，治療師原先的
意圖也實現了：彼得在團體中冒了險，而他對冒險所存有的害怕
心理終成虛幻！

## ■「緩和」憤怒

有許多其他方法可以「緩和」憤怒（"gentling" anger）。看
看下面的例子：安，團體中一位年輕的女子，在會談的第一個階
段整個過程中都在暗中哭泣。當她最後終於鎮定下來而能夠講話
時，她提到一件團體中大部分成員都已經知道的事件。她和另一
團體成員，雷克，談戀愛已經有好多天了，而他非常突然地決定
要結束他們之間的關係。安對這次的分手以及每天都會在病房中
看到雷克感到很痛苦，甚至雷克決定七天內不跟她談他們之間的
關係，更使她痛苦萬分；他說他需要那麼多時間來整理他的思
緒。而就在這一天，安非常難過，她曾找過雷克希望和他談所發
生的事。雷克斥責了她，說只不過是第六天，而他曾說過需要等
足七天。

因此，團體都知道安對雷克非常生氣。另外，治療師也對雷
克有信心，他是位防衛相當好的物質濫用者，認為他相當可以承
受別人對他表現出憤怒。治療師所能做的是什麼抉擇？他如何幫
助像安這種非常害怕表達憤怒的人，去直接把感受向雷克說出來
呢？

一個解決辦法是：要安表達出她那「一勞永逸」式的憤怒。 **154**

167

在此一虛擬時態下所表達的憤怒通常是會緩和下來的。因此，治療師可以對安說：「**如果妳會要對雷克表達憤怒的話，妳會怎麼說？**」這類簡單的語言訣竅，在許多不同情境下都是治療師的一項有力工具。

另一個治療師可以「一勞永逸」表達憤怒的方法是：請團體中其他人角色扮演一番，假裝他們是那憤怒的人，並且表達看看他們認為他或她可能感受到的憤怒。在此例中，一些人表達出他們認為安可能感受到的憤怒之後，他或可問她到底那一個的說法最符合她的感受。

還有另一項選擇──治療師在此情境下所成功運用的一種情形──是藉由仔細的迂迴婉轉來安全地表達該憤怒。治療師建議安表達出某些她對雷克的感受，但她在如此做時，帶有一項任意訂下的時間限制──譬如說六十秒鐘。

## ▌治療師的示範

另一個帶領者可協助成員以安全的方式來探索他們對其憤怒的回應是：要帶領者提供示範如何處理憤怒？而讓成員能模仿學習。有時候協同治療師彼此之間不相一致也是很有用的。如果他們不一致但仍願意彼此尊重繼續合作進行治療工作，那麼他們能給病人們最佳的示範。在第五章中，我將會提到一項技巧，使觀察者與治療師能在病人面前討論該次會談。這種型式的會談提供治療師一個最佳機會去示範所謂「健康正常的」（healthy）不一致。

常常帶領者必須採取一個特別堅定的立場，例如：如果你已經在團體中設定清楚明確的規則時，那麼有時候你就必須強制執

行。因此，如果團體規定不讓遲到者進入，那麼你就必須拒絕遲
到的病人進入。這是好的示範，如果治療師在這類情境上相當透　155
明化的話。你可以問團體成員對你做法的反應，但你也可以對你
的舉動揭露出你本身的不自在。你可以揭露出你的複雜感受：一
方面你覺得這是正確的做法，對團體最好，因為它終究會導致團
體成員準時出席而較少干擾到團體會談的進行；然而，同時你會
有點愧疚，認為你可能傷了某些想要進來的病人。你也可以指出
你對上述考量的回應是，你確定會在團體之後和那些被排除掉的
病人會面談談。

　　即使是最冷靜、態度中立不偏不倚的治療師，也會一次又一
次陷入住院病人團體治療中所發生令他憤怒生氣的事件中。這對
病人而言會是非常大的衝擊事件，應該小心加以處理。

　　看看下列臨床的例子：在某次團體會談的中間階段，某位精
神科醫師突然打開團體治療室的門向他的一位病人招手，那位病
人站了起來，然後離開房間去和他進行個別治療會談。團體治療
師對此一干擾團體的不當行為非常惱怒。其一、病房規則曾非常
清楚地向所有精神科醫師提過，參加團體心理治療的病人是不准
中途離席的；其二、那位病人是該次會談中的主要人物之一，她
的離開對團體傷害（干擾）特別大：大約有一、兩分鐘之久，這
位團體治療師冒著怒火，然後決定馬上把感受表達出來。他出去
到走廊上和那位精神科醫師面對面質問。

　　團體治療師和精神科醫師有了一短暫的爭執，聲音大得足以
讓團體成員聽到。三、四分鐘後，團體治療師再進到團體裡面
來，數分鐘後那位病人也進來了。很明顯，這件事對成員來講是
非常重要的，而團體治療師要他們討論一下他們的反應和感覺。　156

許多成員談到他們在看到兩位治療師公開爭執時那種驚嚇的感覺，這讓他們想起看到父母爭執時的一些舊有感受。還有其他人覺得這個經驗很新鮮，很欣賞兩位治療師那種可以彼此表達不同意見卻又能繼續不斷進行溝通的方式。

治療師向團體示範了所謂的透明度（transparency）。他說他在病人離開後的頭幾分鐘裡相當惱怒，並且決定雖然會讓他不舒服，但最好還是要去和精神科醫師面對面質問，以便處理他那些不舒服的感受。然而，他也提到在走廊上的簡短討論中，他可以清楚了解到那位醫師的立場：原來那位醫師在當天看了許多急診個案以致沒有時間和該病人會談。他曾打電話給病房，要護理師不要讓病人參加團體會談，但看來是這訊息沒有被轉達給病人知道。因之，雖然兩邊——團體治療師與精神科醫師——的看法完全合理，但仍不意味著不會挑起一些強烈的感受。這是一個很值得的示範練習，許多病人在整個住院期間結束之前，均認為這件事對他們來講非常重要。

## ▌衝突解決

不管你如何努力要避開，某些病人之間的公開衝突是無可避免的。因此，治療師必須善於解決衝突，不只是找到方法來結束衝突，可能的話，必須將呈現出來的憤怒給予建設性的處理。

一般而言，心理治療是一來一往內容與過程的順序，包括情緒的挑動以及對情緒的理解。換言之，先有一段高度情緒波動，然後是（個別病人或團體）試圖了解該情緒經驗的意義。當憤怒的情緒有問題時，治療師需要引導團體快速進入了解與澄清階段。因此，一旦出現衝突跡象，治療師可果斷地出來以下列陳述

157

來改變團體的流動：「現在讓我們停下來幾分鐘，往後退幾步，試著了解剛剛團體中所發生的一些事，誰有什麼話要說呢？」治療師可以簡單地說：憤怒在我們的生命中是非常有問題的，因此試著盡可能去了解團體中的憤怒對我們而言是非常重要的。

我們的職責是盡快把成員從衝突中拉出來，進入一個比較客觀的立場、可以從一個比較長遠的觀點來看治療。因此，治療師可以這麼說：「約翰，很明顯，並不是你的憤怒或你跟喬伊的關係需要在團體這個地方來解決。看起來不太像是你和她會在團體外看到彼此；因此，就某些意義上來看，誰對誰錯、誰會贏、誰會輸是不相干的。真正重要的是，你們兩人可以從這一衝突中學習到什麼，然後能夠應用到你們在外面的生活中。」

有許多方法可以把團體成員間的某一衝突轉化成富建設性的東西。一項要記住的重要概念是鏡像作用：一個人會因為在另一個人身上看到部分自我而對他有負向回應，常常那所探討的問題屬性是存在於潛意識層面的：也就是說，一個人不想要擁有自己或分裂掉自己那些討厭的部分，而把它們外化到另一個人身上，然後以非常負面的方式予以回應。有時候，**會用投射性認同**這個詞來描述這一心理運作機制，即一個人把部分自我投射到另一個人身上，隨之又對這個人發展出一種接近的、不尋常的認同作用。於是，如果兩個人起衝突，詢問雙方是否都在對方身上看到部分自我，這樣做通常是很管用的。這樣的問話，如果時機得宜，不僅可解決衝突，而且身為主角這方可以進行有用的個人探索。如果這中間有一個所謂的**雙重鏡像反應**（double mirror reaction）——亦即，雙方都在對方身上看到他所不要的自我部分時——那麼這中間就會產生一個強烈的相互箝制作用（mutual

158

antagonism）。

　　詢問兩位對手們彼此間的正向感受經常是很管用的。或許更管用的是去檢視一方所羨慕對方的種種面向。同時也要記住，如果兩個人彼此間有衝突，那也意味著彼此間都相當看重對方。常常，當病人結束某一團體或離開病房出院時，在回顧中會認為他們最主要的對手反而對他們特別管用。有人說過，朋友（特別是親密伴侶）是最差勁的敵人，因為他們常不鼓舞個人改變及成長。對另一個人憤怒生氣，意味著你很看重他在乎他，也是你覺得他對你很重要。如果醫院中有某位病人和另一人有種絕對空洞或中性的關係，很少有什麼交談或是手勢動作，當然也就不會有什麼強有力的感受彼此交流，那麼不可避免的，對方將不會對這個人在自我認識方面有任何真正的幫助。

　　有時候，**角色互換**（role reversal）是解決衝突的一個有效技巧。當人們卡在衝突上時，可預期接下來會發生一些事。對手會認為他們是對的，對方是錯的；他們是好的，別人是壞的。而這些想法對敵對雙方都是堅定且確信不疑。接著是溝通上的破裂，兩造雙方不再有任何理解性的聆聽對方。不但不聽對方也把對對方的知覺感受加以扭曲。知覺感受是透過刻板印象的布幕加以過濾的；對方的話被修飾成己方所事先預設好的觀點。要對治這種相互間的扭曲，病人必須學習了解對方，進入對方所經驗的世界裡。如果不一致的雙方被指示要掉換角色，提出其看法、感受以及對方的主張，那麼他們常能夠對自己以及他們的衝突有一全新的觀點。

　　如果衝突中的雙方已經住在醫院中有幾天了，而治療師有證據顯示兩人其實彼此對對方也有正向感受，那麼其中或許有更多

159

為達到目的而使用的手段。例如：在某一團體會談中，馬特與露絲兩個人在以前已經一起很長時間了，現正處於巨大衝突中。露絲已經生了馬特兩天的氣而且拒絕和他談話。

在會談中，馬特說他想要處理他們間的衝突，但露絲不願，說她目前沒有「立場」和他談話。她的理由是，馬特最近在病房內有三、四次大發脾氣，她因此非常害怕他。兩天前他對她的粗暴無理是最後一條防線了。她的結論很簡單，就是最好從此不跟他有任何來往。

治療師認為她正要把馬特「註銷掉」，問她是否判了他刑或到底判了他多少年刑期。露絲回答說可能是個無期徒刑吧，並且在向其他成員回應時，開始談論到她的審判主張論（judgmentalism），以及事實上對她而言永遠地「把某人註銷掉」是常見的事。

馬特怎麼做有可能縮短刑期？看起來似乎是——沒有！馬特不知道是否有其他地方可以使她決定和他接近。露絲說她是有需求的，但她看馬特更有需求，而她覺得不願對沒有給她什麼的人有所付出。馬特說，前天他看到露絲在院子陽台上非常痛苦而他極力想給她什麼，他曾試著想要彈吉他給她聽，希望她舒服點（他是位極優秀的音樂家），可是他沒有這麼做，甚至也沒提出此一要求，因為他知道露絲會拒絕他。接著團體的其他成員提到他們也有多次想協助露絲，但又害怕他們的提議會被認為是干涉、闖入而非協助。

這次的會談是以衝突開始，但結束時卻對馬特與露絲的關鍵課題有一重要的探討。馬特學到有關他對別人生氣，特別是對他而言非常重要的人，所造成後果的一些重要相關事情；而露絲則

160

獲得一些對其不可挽回的審判主張論，以及不願接受別人對她可能有所幫助的態度的重要回饋。

另一個解決衝突的方法是：幫助病人避開泛泛的全面性指控、批判或譴責。當兩人起衝突而彼此對對方加以全面的嚴屬譴責時，衝突勢必無法解決且毫無建設性。重要的是，不要讓病人泛泛的全面性指控不喜歡另一人——也就是說，視對方為另一個個體——試著協助成員們講出他們真正不喜歡對方的特質或行為到底是什麼。如此所整合陳述出來的批判就更具有建設性：聽某個人某行為被批判的某些面向，比起聽一個人被全然批判及拒斥，那種不舒服的感覺要好得多；更何況，有其他的想法認為行為是可以改變的，一個人可以做些事來重新看待自己。

常常，治療師是可以協助被指責者從事一些自我剖析（self-dissection）的工作。換言之，如果某人非常批判另一人，治療師可協助前者探討他自己本身的哪些部分不喜歡對方的哪個行為：「你內在裡邊是誰的聲音這麼認為呢？」「是否你有其他部分是喜歡這個行為，或喜歡那個人的其他我們尚未提及的部分呢？」

## 161 治療師的透明度

治療師的**透明度**（亦即，自我揭露）和病人療效之間有一曲線相關性；太多及太少的治療師透明度是和良好療效呈現**負**相關的。中庸法則（the rule of the golden mean）是可行之道：亦即，的確有一個最適當的治療師透明度。大部分的病房團體治療師，特別是那些主要接受長期門診心理治療訓練的人員，都會錯在呈

現過低的自我揭露傾向。我曾強調病房團體治療師，比起帶領長期門診團體的治療師來講，必須更具有結構化、更富支持性以及更積極主動。同時也必須要有更多的自我揭露。

## ▌治療師的自我揭露：為何不？

對於團體治療師的自我揭露，最主要意識形態上的障礙是：認為「空白螢幕」式的治療師可強化治療過程。此種信念是依據傳統精神分析的傳說，認為最主要的治癒因子是病人對治療師所產生移情作用的解決。精神分析的治療性假設是，病人會和對他而言始終不透明的治療師以一種移情模式相互關聯；而經由這一移情作用的解決，乃產生治療上的了解與改變。但，如同我在其他地方所主張的[23]，很少證據支持這樣的假說。首先，移情作用實在不太是跟生物有機體相關！病人會不管治療師所呈現的自我（self）而一逕以一種非現實的、移情作用式的態度來感受治療師。其次，更為重要的，治療師一貫保持一種疏遠的、非人性面具，將犧牲掉許多非常強又有力的治療運作取捨方式。我相信治療師（維持）不透明的傳統只會使他完全喪失舒適自在感，而不是帶來療效。

在急性病房的團體治療中，主張病房團體治療師必須維持不透明以免影響移情作用，這樣的想法不管怎樣都是毫無意義的。更優先的原則是：治療師必須以如此方式來運作以便加速團體達到成員所訂下的目標。沒有任何住院病人團體治療的目標（諸如：鼓舞參與出院後追蹤團體、學習到開口得助、點出問題、順利進入病房所安排的心理治療方案、減緩醫源性的焦慮等），可藉由治療師的不透明來加速達成。相反的，治療師的自我揭露相

162

當大程度加速住院病人團體治療工作的成效。

## ▋各種治療師自我揭露的型式

治療師自我揭露背後的基礎理論並不是把揭露**本身**視為治療的基本原則；而是應把治療師的自我揭露看作具有工具性作用：它必得加速達成基本治療目標。此一般性原則提供了自我揭露在本質與內容程度上的種種指引。

「全然的」治療師透明度既不可能也無必要。治療師揭露的方式是要給予病人支持、接納以及鼓舞，而且也只可透過選擇性的自我揭露來達成。你的職責並不是製造出正向感受，而是定位並且表達出你對病人優點的正向感受與認可。

在治療精神病人的工作上，不可能不去體驗到強有力的個人情緒反應，包括害怕、困頓、深感挫敗、可憐、憤怒，以及有時候甚至是恨意。當你試圖要深植安全與接納感時，要在團體中揭露這些強烈的感受很明顯是屬於禁忌的。自我揭露必須是為了達成基本治療目標才可。一個非常需要支持的病人，是不會在聽到治療師描述其個人對他的不滿或不信任感受後而能有所助益。

已士氣低落的病人，在聽到治療師討論他們治療病人時所產生的個人士氣低落或挫敗感時，是不會得到任何裨益的。非常需要一種結構感的病人，在聽到治療師討論他們深度的迷惘或困惑感時，也不會得到任何裨益的。在其他地方我曾描述過某一個由兩位治療師所形成與帶領的門診團體，他們都非常信服治療師透明度的這項理念❷。在團體幾乎是一開始時，他們就展現出絕不退縮的坦誠態度。就在頭幾次的會談中，他們公開表達對團體治療的不確定性、他們的自我懷疑、他們個人的焦慮。然而，在如

163

此做的同時，他們也破壞了重要的治療任務：諸如維繫住團體、在治療過程中發展出信任感以及團體凝聚力等。此一門診團體中的大部分成員在頭幾次的會談中就退出了。

另一個治療師的主要職責是：建立一個焦點放在此時此地、人際互動的團體（我將會簡短而詳細地討論治療師在此一主流趨勢上的種種策略）。此任務需要另一個有關自我揭露的指引：治療師揭露出（在團體中）此時此地的感受，而不是有關他或她個人的過去史或目前生活情形等事件，如此將可更有效地促進團體的進展。許多這些有關自我揭露的一般性陳述，在下面的臨床案例中將會更加昭顯。

## ▌治療師自我揭露的好處

### 示範

明智的治療師自我揭露可提供病人最佳示範——開放性、自我揭露以及干冒風險方面的示範。例如：假設在某一團體會談中團體竟然無法開始進行。前一晚病房中一件企圖自殺的事件挑起每個人心裡深處的不安，以致對白天所有治療活動造成巨大的阻抗。在幾分鐘的沉默與幾次焦慮但不是真正要開始團體進展之後，團體治療師揭露了他個人對團體的感受。他說他對瓊安前晚的企圖自殺心理覺得很不安，他不知道是否本來可以做些事情來加以預防。他覺得縱使他知道這不太理智，但如果他能夠更專注地聆聽，或許他能夠抓到一些瓊安的蛛絲馬跡。他也提到他實在忍不住對瓊安感到憤怒——氣她的不讓別人幫助；也因為他覺得企圖自殺就某一方面而言幾乎是一種惡意行為而氣她。在此例

164

中，治療師的揭露促使團體成員很快地、有助益地進入一項令人
充滿信任且具凝聚力的會談，其中，他們非常直言坦率地分享了
每個人對該企圖自殺的反應。

在另一次會談的開頭，治療師抓起德里，病房的貓咪，把牠
帶到團體房間之外。他向團體解釋，上週他一直為自己貓咪的死
亡而難過，而德里在房間中的出現加深了他的難過，勢必造成他
在團體中的分心。此一單純舉動產生了巨大的回響。不僅團體在
該次會談中呈現不尋常的信任感以及療效，而且病人在下一次的
會談中有好幾次的場面裡均談到此事。那時候正好有一項研究在
進行，病人被問及心理治療過程中所出現的關鍵事件。非常令人
訝異的是，有好多病人回想到治療師這次的揭露對他們而言是多
麼的重要！

治療師的自我揭露也提供社交技巧一個良好的示範，使病人
因此會多加考慮並且可能多少會試著做看看。例如：當你和一位
似乎不太喜歡說話的病人互動時，一項你可能會使用的常見技巧
是，大聲表達你的兩難處境。例如，你會說：「克利絲，當我和
妳說話時，我有一些感覺。一方面，我真的很喜歡多聽聽妳的意
見並且繼續邀請妳多多參與到團體裡面來。但同時，我覺得很不
安，我可能會逼妳太甚或嘮叨沒完或冒犯到妳的隱私，而重要的
是，我必須讓妳知道這些。」這類話有許多示範作用而可能對社
交互動上有很大幫助：如坦承、關照、細心體諒他人。

### 增加病人在治療過程中的信任感

病人如果在治療過程中看到治療師也願意進到相同的過程
中，將會有更大的信任感。例如：某次會談中，治療師正和一位

新成員在互動，努力想幫助她進入團體與他人互動。但雙方之間的互動變得非常困難。病人畏畏縮縮；而治療師賣力地試著，到後來變得有點惱怒。很快地，治療師及病人進入一個很不舒服的窘境。然後治療師轉向團體其他人，承認該困境，並問團體是否有人願意幫助他及伊娜來了解他們之間到底發生了些什麼。他特別希望對造成困境的他所扮演的角色能得到一些回饋。

其中有人提到治療師逼得太急了。畢竟伊娜已經有幾天因為感冒躺在床上，這是她第一次參加會談，她既病又怕。治療師似乎對她的處境不太敏感，反而全然地堅持她要依他所想要的去做。治療師很感謝此一回饋；他和伊娜核對一番，後者也同意她正是有那種感覺。治療師於是提到這對他是很值得聽到的，常常他會變得過於進取與熱心以致看不到病人所處的情境。

治療師的行為加速了團體治療工作的進行。病人覺得被肯定且印證了。治療師聽了他們的且尊重他們所給的回饋。更甚者，他在治療過程中示範了他的信任感——這份信任感鼓舞了病人使其願意親身試驗。

166

### 增加病人對治療師的了解與信任

從和病人的會談中所聽取到的內容可確證：明智的治療師自我揭露，可幫助病人變得更信任他們的團體治療師及其他權威角色而且深感舒適；它也對生命中未來和治療師間的治療有其正面的回響作用。

看看下列臨床案例：某位治療師在會談一開始說了下列一段話：「今天我希望我們的會一開始就來談一些我所關心的事。我覺得因為昨天的會談使我今天在團體中很不舒服。我察覺到琳達

與南西昨天到團體來是要解決一些問題，而我幫助她們探索了一些重要課題，但她們兩人在會談結束後都覺得很不舒服，比她們在進到團體之前還要難過。我想我應該和她們核對一下，看看我們昨天到底能怎麼不同，以便在今天能照那方式進行治療，使團體不會在結束時讓大家覺得更糟糕。」

團體對治療師一開始這樣說法的回應是非常正向的，琳達回答說，她在前一天會談結束時覺得很糟糕，但希望今天能針對它做點有用事。昨天她覺得糟糕是因為，她在會談中提到許多有關她自己的「卑鄙」事物，讓別人深信她是這麼討人厭，使人們甚至不願和她有任何關係。她藉由一位護理師之助，決定她真正需要做的是，在今天團體中從別人身上得知這樣的想法是否為真。

167　　　南西也提到她在昨天的會談後很不舒服——但卻是在一種很重要且富建設性的方式下。她真正感受到她向來一直很情願去探索過去，而在會後她和她的個別治療師之間有了一次特別有助益的會談。團體其他人表達了對治療師此一關懷的感激之情，接下去的會談證實是非常具有信任及富建設性。

另一案例：凱倫是一位非常畏懼而且生氣她的治療師的病人。她在某次會談上，表現出一種非常任性、有點意識混亂的狀態。藉由治療師之助，她宣稱她想處理的是她的易怒問題。治療師花了將近二十分鐘試圖幫助她探討她的憤怒感受，特別是對他或其他可能代表權威角色的人，結果因為凱倫的畏懼與被動攻擊性格而沒有產生什麼成效。最後治療師把團體的焦點轉移到其他成員身上。在最後的幾分鐘，凱倫表達出她對治療師膽敢打斷她問題的憤怒情緒，並且斷言他之選擇處理其他課題，正好向她證明她本身的不重要以及無價值。

　　治療師回答：「凱倫，我真感謝妳這麼說。我知道妳要表達出對我的不舒服感受是多麼地困難。但如果妳能夠知道我今天在團體中的感受如何，可能對妳很有幫助。首先，我有一些壓力，因為團體中有九位成員，其中三位將在今天出院。我有種想法，要盡可能為最大多數人做最大多數的事情。我盡了所有力量幫助妳探索妳的一些感受，但同時我感覺到妳似乎非常不舒服，而且我不只對妳沒幫助甚至逼妳走向妳所不願走的方向上去。在大約二十分鐘之後，我開始感覺到我真的需要去看看團體中的其他成員，因此我做了轉變。但我的轉變絕對不是反映我對妳有任何興致缺缺或不喜歡的意味。」

168

　　隔天，凱倫提到治療師的一番話對她很有幫助；他看起來更具有人性，而她也頭一次想到做一位治療師會是怎麼一回事的問題。

　　稍早我曾提到，治療師應對病人傳達出一種充滿自信與卓越能力的訊息。創造結構的許多方式之一是：你很清楚個人的治療策略，而且在你的陳述與動作方面能既清楚又精確。這**並不**意味治療師應該讓病人覺得其在處理病人問題上看起來絕不會出錯。做出良好示範的原則之一是：你能夠承認錯誤並且鼓舞病人公開談論他們對你的批評。

　　看看下列臨床實例：某位治療師帶領一個經常要被其他治療師或學生觀察的團體。病人都知道正被觀察，而且經過保證沒有任何認識他們的人可以不經他們允許而來觀察該團體。在某次會談完後和觀察者的談話中，治療師才知道有一位來觀察該次會談的女士事實上認識團體中的一位病人——艾瑪。一年前艾瑪曾登記參加一項由該觀察員所帶領的成人教育課程中的自我肯定訓

練，而在之後她們之間曾有過很短暫的社交關係。

由於當時的病房非常喧嘩，因為有一些嚴重干擾的病人，也因為艾瑪本身處於極大的危機中，治療師（不智地）決定只是把它「銷毀掉」（deep-six）或埋葬掉該意外事件，不去和團體或艾瑪討論這件事。該觀察員並沒有計畫再度觀察該團體；她和艾瑪的關係也並不真正親密；治療師下結論，認為團體中已經夠動盪不安了，不要再增加這件額外的事。更甚者，他覺得自己疏忽沒有交代該觀察員如果她在其他地方認識任何一位病人她就應該離開而有些尷尬。

169　　偏巧不巧，其中一位護理師，並不知道治療師的決定，無意中向艾瑪提到她以前的一位老師曾經待過觀察室。第二天，艾瑪就在團體要開始會談之前抓住治療師，要求在團體會談後花幾分鐘來談這個意外事件。

剛好那天的團體會談在成員方面出現了許多含混逃避及不投入的情形，於是治療師決定也以其含混逃避來共謀那個不投入的情形，然後公開在團體中處理該事件。他請艾瑪告訴團體事情的狀況以及她的反應。之後，他非常坦率地討論他在當中扮演的角色：他提到他覺得自己犯了個大錯，並且要掩埋掉它讓它不為人知。事後看來，他現在知道如果能公開和艾瑪討論這事件而不是簡單地讓它就此消失掉將會好得多多。

治療師甚至把事情弄得比病人想要做的更深入許多，他標定該情境為對他信任度的真正危機，並且幫助他們討論這種不信任感。治療師再一次提到，他學到每次當他想要隱藏一些事情時，就會有意想不到、事與願違的結果產生；此一事件增強他決心要向病人維持開放的態度。

此一揭露的結果，病人對他的信任不降反增；他承認其易出錯的情形以及願意討論他的感覺乃強化了他們想要在團體中冒險的意願。一位已經在團體中待了五天的病人，說出她的一位朋友正巧是治療師的一位私人朋友，而她曾為了不讓治療師重複對其朋友講出她在團體中說的話而害怕在團體中說話。治療師在處理艾瑪事件所顯示的開放態度使得她能夠談出這份畏懼，而且覺得很放心他會謹守該保密性。

## ■ 治療師透明度及回饋

治療師對病人所產生的個人反應構成了一項非常有價值的資料庫，這些資料應由明智的治療師和他們分享。治療師的回饋對病人而言永遠是強而有力的資訊，應該在支持的背景下予以傳遞。

臨床案例如下：伊瑟是一位疏遠、冷淡、精明且又高度唯物化的生意人。她不斷地談論著她的生意經、五花八門的各項房地產投資交易、她因為憂鬱症而花了多少錢、她丈夫在他們的離婚一事上如何敲了她一筆等等。工作人員在和她所進行的治療上都非常受挫，因為任何他們對她所做的建議，得到的回答都是帶著所擁有物質方面相關的**頑固成見**。

在某次團體會談中，治療師說出下列的話來切入她層層防衛的盔甲：「伊瑟，我為了妳想了好多，而我希望能和妳分享我的一個幻想。每當我試著想要多認識妳一點或靠近妳一點，我馬上看到我們之間橫放著各式各樣跟物質有關的影像——諸如：房子、汽車、傢俱等等。當妳在團體中談到妳那琳瑯滿目的家產時，我總覺得妳在我們之間放下某些障礙物。我無法說別人是否

也有這類反應，但對我而言這真是一個非常強烈的感受！」

此一般性策略或可讓治療師在許多情境下給出回饋。例如：某位強迫症病人，他常不間斷地反覆沉思一些固定的擔憂：治療師所能提出的最有效手段是，堅定不移地指出病人所談論的話給予聽者的感受如何。

看看下面這段談論：「約翰，我對你有一些回饋。在今天這次會談中有許多次我試著要和你做某些個別接觸，然後把你帶進和我之間的討論。但是每次我這麼做了，之後的幾分鐘你又回復到談論你那事業上的失敗以及所有相關的課題。我知道那些課題對你很重要，但不管怎樣，當你拒絕和我進入任何會談而只是談那些事業上的事，我覺得我整個又從你的生命中退出來了。我只能想像，如果我是你醫院以外的朋友之一，我遲早會感覺被你嚴峻拒絕而不得不放棄掉和你做任何連結。我真的不知道在外面你是否會發生這類事，是否那會導致你的生活變得那麼孤立？」

或看看治療師對另一位病人所說的話：「亨利，你有一種天賦的語言本能。你用字非常美，我真的很喜歡聽你說話。但如果我就繼續聽你講話，我的感覺是，我不會對你有多少幫助，因此有一些重要的話我想告訴你。例如就在剛剛過去的三、四分鐘內，我經常會有很強烈的感覺，覺得你的字、你的句子和你的一段話都在阻礙我和你建立關係。我的經驗是，我想接近你，然後你開始說話，我發現我自己非常沉醉於你所說的，但卻不是接近你的感覺，結束時我的感覺是和你更遙遠；那就好像是你的話及字句段落構成了某種精細鑲工完成的成品——在我們之間豎起了一道牆。你知道這些嗎？這就是你想影響我的方式嗎？」

在上面的每個例子當中，策略都是一樣的。治療師暗指他要

171

和病人親近的意願，但病人的語言行為卻是如此這般，使得治療師覺得被拉開距離。藉著集中焦點於每位病人想親近的心願，治療師乃給予每位成員一些重要的回饋——這回饋如果是以其他方式呈現的話，可能被視為是抨擊或拒斥。

也要注意到這兩項陳述在呈現回饋時需遵守的另一項重要原則。重要的是：給予回饋的人基本上要就個人親身的感覺，而不是做某種對他人動機的揣測。換言之，最好是說：「當你這麼說時，我覺得被排斥在外了。」而不是說：「你在排斥我。」後面的話經常會挑起防衛的態度而把對方排斥掉。而前一項陳述之所以不會被否認及攻擊，是因為說話者畢竟只是基於個人感覺以及我們每個人理所當然的反應講出來罷了！

摘要言之，藉由明智的治療師透明度可以收獲到許多東西而無一失：即治療師向病人示範了適應良好的團體以及社會行為；而病人對治療與治療師之間的信任也增強了；病人覺得被看重；治療師則能夠更人性化地支持病人並且給病人珍貴的回饋。

## 結論

帶領病房的團體治療師和帶領其他類別的團體治療師，在策略上有著非常大的不同。前者的時間框架必須徹底改變：他們的團體治療整個過程可能只是單一次的會談。因此病房的團體治療師必須在治療工作上顯得更積極主動且有效率。短暫的治療期間以及病理程度的嚴重性，在在都要求治療師能採取一種有結構化、高度支持性的取徑。他們藉由主動積極、有效率、結構化、

支持性以及明智的透明度來加速團體的治療工作。

　　最後還有一個病房團體治療技巧的主要原則，這個原則我要說的是：病房團體治療師必定要能夠在「此時此地」中達到治療上的有效性。

【第四章】

# 帶領團體的策略與技巧：此時此地

在第二章中我已討論過「此時此地」應用於傳統門診病人團體治療的某些基本原則。本章將對住院病人團體治療的帶領者如何有效運用「此時此地」治療原則加以討論。

首先，回想到心理治療中的「此時此地」，其意指將焦點放在當下治療過程中所發生的事件上──亦即放在治療室中的**此時**（at the present time）、**此地**（here）所發生的事件上。焦點放在「此時此地」意指不強調（de-emphasize）對個案過去生活史或目前的生活處境加以考慮。請注意！我使用的字是「不強調」。以「此時此地」為焦點並不表示個案過去的生活史或目前的生活情境不相關或不重要。事實上，每個個體都相當程度受其個人生涯或歷練的種種事件所塑造；每個人都必須生活於外在世界中；顯然，有效的治療應該協助個案更順利地適應其真實生活情境。重要的是，團體治療如果只是把重點放在過去，或是著眼於外在生活問題，那麼團體將無法有效協助個案。如將注意力集中於「此時此地」則可以將團體治療的效益發揮得淋漓盡致；「此時此地」可說是小型團體治療的能量源頭。

173

174

# 「此時此地」的理論基礎

## ▌催化人際學習

為何如此強調「此時此地」呢？以此為焦點對治療能如何貢獻呢？要回覆上述疑問，首先我必須提出兩個基本假設，而這些假設很少有臨床家會不同意。[11]第一個假設是精神病理（psychopathology）在某種程度上或甚至是相當程度上是以人際問題為基礎的[*]。雖然個案來尋求治療時所呈現的症狀有各種不同型態，治療師可做此假設——所有症狀學中都含有人際互動的成分。這也是精神病理學中人際理論的核心假設，它同時導出一個推論——即治療師所要治療的並非外顯症狀，而是隱含其中的人際病理現象。

175　　第二個假設是個案的人際病理現象可以概括地在小型團體治療中重現。不論個案的人際困境為何——是傲慢、攻擊、依賴、貪婪、自戀或任何個體與他人間在彼此建立關聯時所出現的種種不良適應方式——都會在團體治療中的行為上顯現出來。如是，團體為個案人際行為的「生體切片」（biopsy），是團體中每位個案的一個社會縮影。（social microcosm）。

果真有如是的兩個假設，那麼強調此時此地的理論基礎就顯而易見了。要獲悉個案精神病理的本質，治療者毋須由個案的詳細病史來衡量個案的病理狀態，一切治療師真正需要獲得並藉此評估個案人際困境的資訊，都可以在團體的過程中獲得。在團體

---

11　原註：在我所著《團體心理治療的理論與實務》一書中對於這些假設有詳細探討❶。（本書中譯本已由桂冠圖書於2001年9月出版）

治療過程中，個案重新展現其不良人際適應型態。尤有甚者，團體中個案的行為會讓許多觀察者提供略不相同的觀點。因此，有相當豐富的資訊蘊藏其中等待治療師去發掘，並使其對個案能有所裨益。經由協助個案明瞭其在別人眼中的模樣，並使個案了解其和團體中他人關聯時所出現的不適應行為，治療師可藉此大致讓個案明瞭他在他們的社會世界中到底出了什麼差錯。

　　以此時此地為焦點不僅可提供每位個案非常寶貴的資訊來源，它同時也是個案實驗其新行為型態的安全場所。造成個案行為僵硬固著的諸般緣由之一是其執拗的、帶有災難性的幻想：亦即，他們以為如果出現不同行為舉止就會有某些極不愉快的事情發生。例如：一個阿諛奉承、被動性強的人可能隱藏著一種幻想，認為如果他的行動更果斷（譬如：與人意見相左、打斷別人話語、要求給自己多一點時間或表達憤怒），他將會嚐到極不愉快的後果（如被拒絕、大肆攻擊報復、愚弄）。如果真要產生改變，必須破除掉這些災難性的幻想。但是破除這些必得基於經驗；那些災難性的幻想並非基於理性，因此不是任何理智上的洞識即可加以消除。

　　有效的治療機制包括讓個案嘗試這些可怕的行為模式，繼而發現他們災難性的幻想並不會真的實現。如果個案在第一次表現出有主見的行為時，發現被他人接納、受到更多的尊敬和喜愛，而不是憤怒與排斥時，將是相當具有治療威力的一刻。

　　但是在尋常的社交處境中要嘗試新的行為是極困難的，要冒很大的風險：寶貴的人際關係可能破裂；所依賴的人也許就此離去；無法確信能自他人得到誠實的、「不玩遊戲」的回應。團體治療的此時此地則是實驗新行為絕對安全的場所。團體中的關係

是真實的，但同時並不是「為真實而真實」；其他團體成員在此刻對個案非常重要，但是在個案的未來生活中他們不會扮演任何重要角色。更甚者，團體治療的一項基本法則——不論如何，團體成員會不斷地保持聯繫。而治療師的存在更進一步降低所冒的風險；可保證個案會有一支持力量存在，他會監測其行為改變後所帶來的種種回應。

團體治療中的成功很快地可類化到「團體外」的行為上。團體治療師一般假定此類學習的遞轉是自動產生的：個案在團體中嘗試其新行為成功後，便可逐漸在別的地方產生類化的行為轉變。有些個案無法完成這類轉移改變，此時，治療師要投注更多心力在讓個案將團體中所學事物轉移到團體外生活的過程上。

## 177 ▌催化其他的療效因子

焦點放在「此時此地」不僅可催化人際學習，同時也是可提供團體治療中其他療效因子充分達成效果的一條康莊大道。

### 凝聚力（Cohesiveness）

如果要在小型團體治療中發展出凝聚力，要先符合兩項準則：

1.成員必須體驗到團體活動對其內在有所裨益。

2.成員必須體驗到團體責任與個人息息相關，並視團體為朝向完成該職責的有效動能。

以此時此地為焦點正好可滿足這些準則。一個以互動為運作基礎的團體毫無疑問是生氣蓬勃的，其內在職責是激勵性的；成員能深深投入團體過程中：大部分的人都能介入一個互動中，任

何時刻沒有人會遠離舞台中央。尤有甚者，如果治療師能為個案做好參加團體的準備工夫，那麼以此時此地為焦點的關聯性也就更顯而易見了。主要的假設並不難理解：即個案有明顯重大的人際問題，而這些問題可以就個案在團體中的行為加以檢視並予以了解及矯正。即使有人辯稱他到醫院來是源自其他與生物或社會層面較相關的原因（諸如幻覺、憂鬱或失業），但是個案通常可以理解除了這些主要問題外，仍有許多人際關係層面的問題人們願意去改善，因此利用團體以達最佳效果是有道理的──也就是說，去矯正適應不良的人際行為。

　　「彼時彼地」的團體就無法滿足這些準則。以這種方式引導的團體鮮少能發展足夠的凝聚力。通常「彼時彼地」型式是以個案在團體外發生導致個案住院的問題為焦點。團體試圖「解決問題」──一種通常不會成功的嘗試，因為將資料呈現給團體的是一位士氣消沉、帶有偏見的觀察者。時間也不允許我們對二或三位以上成員的問題做深入探討。因此許多成員會覺得無趣而無法投入。最後，這類團體就會被大多數成員視為事不關己而導致失敗。

　　凝聚力對住院團體情境而言具有另一額外收穫。在小型團體治療過程中，個案感受到彼此間的接納與支持後，成員在隨後的相處時間裡，就會持續以一種支持的態度與他人相互關聯。因此，他們就會覺得較不孤立，彼此間獲得更多協助，也就更樂於參加病房中其他的治療活動。

### 利他性（Altruism）

成員因為能在團體治療中協助他人而使自身得到幫助，有許

許多多方式可讓成員彼此間相互協助。在彼時彼地的團體中，他們可彼此間相互支持且偶爾可提供煩惱難解問題的解決之道。而以此時此地為焦點，則可提供個案更多機會，讓彼此間相互協助：特別是他們可相互提供自我在人際互動中所呈現的珍貴回饋。回饋正是互動過程中的核心部分，稍後我將簡短討論治療師對回饋的貢獻。

### 存在因子（Existential Factors）

以此時此地為焦點對幫助每位成員確認個人責任方面特別有效。小型團體治療最可貴的地方在於每位成員都是「有緣同在」（born together）。每個進入團體的人和他人之間都沒有生活史上的連結或行為型態上的牽連，每個人因此可在團體中刻畫出他自己的人際空間。熟練的治療師可協助個案了解：他要為自己所塑造的那個特別位置（niche）負責，並且為別人將如何看待、對待他負責。團體中對個案所發生的任何事都是個案自己行為的結果。

治療師試著透過一個明確劃分的學習順序來帶領個案：

1. 別人如何看我？（回饋的過程）.
2. 我的行為使別人產生什麼感覺？
3. 那個行為是如何影響別人對我的看法以及對我的印象？
4. 最後，這所有步驟如何蘊育成我的自我價值？

要注意所有這些步驟均可在個案的行為中找到根源。此種學習順序很能幫助個案了解到，他們應該對別人對他的反應以及出現的行為負起個人責任，同時也對自己的自尊、自重負責。

# 「此時此地」的兩大階段

　　以此時此地為焦點如要呈現出效果，必得包含兩個階段——兩個共生結——兩者缺一不可。首先是**經驗階段**（experiencing step），團體成員必須活在此時此地中：他們必須將注意力焦點放在團體其他成員、治療師以及團體整個的感受上。但是如果沒有第二個**了解階段**（understanding step），則雖然以此時此地為焦點是激勵人心且令人興奮，卻不具治療作用。在此階段中，團體必得從此時此地「經驗到的東西中」獲取意義。團體必須檢視它自己，它必須研究它自身的各種交流互動過程，它必須能自我省察並對剛剛發生在團體中的事加以檢視。因此，運用此時此地使其產生治療作用必須是二元性的（dualistic）：**團體本身先要去體驗此時此地的經驗，然後複製回它本身。也就是說，它是一種自我反思環**（self-reflective loop）**的運作**，以檢視剛才所發生的事。

　　此時此地的二元性對於治療師的技巧有重大含意：在經驗階段必須要有一套技巧，而在「自我反思」階段則需另一套。在第一階段，治療師必須知道如何使團體動起來，如何將團體導入此時此地的經驗過程。在第二階段，治療師必須知道催化自我反思的技巧。通常我們稱第二階段的技巧為「解說、澄清、闡釋或過程評論」（explanation, clarification ,interpretation ,or process commentary）。〔**過程**（process）這個字在心理治療中有很多不同使用方式。此處我將它用在以此時此地為焦點的第二階段稱呼上。過程必須與內容（content）加以區別。當個體在互動時，其互動內容是不言自明的：它包含參與者彼此間所交換的明白話語。而當我們問到互動過程時，我們問的是：這些交談的內容究

竟告訴我們有關這些參與互動的人們，其關係本質（nature of the relationship）的什麼？因此，「過程」永遠是有關「關係」的一種陳述。〕在第二階段中，治療師的職責毫無疑問的是要去澄清或闡明有關過程的某些觀點——即團體成員間關係的某些觀點。

綜觀本書，我所描述的是無數個以此時此地為焦點進行治療的例子。事實上，每一次治療師的處遇或評論，我所描述的都是一種以此時此地為焦點的處遇方式。沒有任何一個我所提出有關治療師的評論是以團體外的、非此時此地的材料為焦點。在第五章中，我將描述一種明確引導成員進入以此時此地為取徑的團體治療模式。此處，只簡短提及基本的治療策略。

181

## ▍第一階段：促成「此時此地」（Activating the Here-and-Now）

我對於引導團體進入此時此地所能給治療師最重要的忠告是：就此時此地進行「思考」。換言之，當團體進入任何討論時，治療師必須默默深思：「我要如何將它導向此時此地？」治療師必須像牧羊人般持續不斷地避免羊群誤入歧途——誤入「外面」的題材、討論過去的生活事件，或是抽象的理智討論。治療師必須協助成員彼此以人相待、彼此相對視、彼此稱呼名字。你的職責是把團體外的導向團體內、把抽象的轉為具體特定的、把非屬個人的轉為與個人相關的（to channel outside to inside，abstract to specific，impersonal to personal）。如此，當某位成員開始以抽象的方式抱怨（譬如：「我希望能更自我肯定」或者「我太容易覺得被恫嚇」），你必須想個法子將那些抽象的話轉為有特定意義的話，並且是和團體中某位成員有關的某些事情上。例如：你

可以說：「請你看看今天在這個房間裡有誰讓你嚇著了？」又或者有成員提及孤單或被孤立，你也可用類比方式將個案引導至「此時此地」來，譬如詢問：「你曾在這個團體中如何劃地自限？你想和誰較接近？你覺得你比較不想和誰接近？」等諸如此類。同樣的策略可運作在所有關於人際方面的抱怨。

## ▌第二階段：過程的闡明（Illumination of Process）

如果團體成員只是「經驗」到此時此地——也就是說僅止於進入彼此間的情感表達——他們會把團體看成是帶有張力、興奮、充滿力量，但真正能學習並運用到其他情境的卻非常有限。實質的研究證據顯示，成員要由團體經驗到實質的好處，必得要有某些認知架構讓他們從此時此地經驗中獲取意義❷。特定意識形態學派所賴以引用的解說方式（亦即：精神分析、人際或溝通分析或完形治療等）是比用一些事實加以解說的方式來得不重要。

在上一章中曾舉出許多闡明過程的例子。譬如以馬特和露絲之間的意外例子來考量。治療師藉由敦促個案相互表達及釋出對彼此的感受，而達到促成「此時此地」的狀態。露絲拒絕和馬特談話，只有在治療師的大力鼓勵下她才願意在團體中向他吐露她的感受。她說他已將馬特「除名」了，而且不願與馬特再有任何互動。馬特則提到他對露絲如此對待他後所產生的傷害和憤怒。

揭露這些感受是「此時此地」的第一階段。在闡明過程的第二階段中，治療師協助露絲看看她的不寬恕，以及把別人「除名」的作為，然後鼓勵她去檢視該行為的後果。她學習到馬特及其他成員因怕被個案拒絕而常不喜歡與個案交往。結果，由於她

182

好批判他人的個性，使她得不到她想從別人身上得到的支持和關愛。另一方面，治療師協助馬特看看他行為的後果，特別是他的盛怒是如何使別人受到驚嚇而想避開他。

或者，看看彼得和愛倫的例子：「此時此地」的經驗包括彼得（受治療師鼓勵後）在會談中說了一件負面的事情。他稍微批評到愛倫在團體中佔了太多時間。愛倫被他批評後感到難過，而愛倫的這種反應結果使得彼得深感內疚。剩下來的工作就是闡明過程。治療師同時幫助愛倫與彼得檢視他們的行為。愛倫看到她會出現極端反應的一些原因──她需要所有人愛她、她害怕自己的貪求欲望，以及無能為自己向別人要點什麼等等。彼得也同樣考慮到某些他為何無法自我肯定的緣由，並且逐漸探索到他常出現一些災難性幻想的非理性本質。

促成此時此地與闡明過程這兩者是彼此共生的：要使此時此地團體具有治療作用，這兩者必須共存。在這兩個階段之間存在著一種微妙的平衡；依照團體需要，治療師可強調任何一方。例如：在一個包括工程師在內的門診病人團體中，其所使用的都是高度理智化的防衛機制，治療師必須更集中於協助團體去經驗此時此地──彼此相互表達感受、彼此給予回饋、彼此關心對方。而如果團體中表達出太多的情緒時，治療師會「緩和」一下團體，藉由強調闡明過程的這一階段，來避免成員情緒過於高亢而沖昏了頭。例如：在第三章中，我提到治療師如何在住院病人團體中藉由下面的說明立即進入闡明過程（的階段）以便減少衝突：「現在我們稍微停個幾分鐘，退幾步回來看看我們是否能夠了解剛剛瑪莉和約翰之間發生的一些事。」

# 住院病人團體中
# 有關「此時此地」的一些特別考量

雖然治療師應用此時此地治療的基本策略，在住院病人及長期門診病人的團體治療方面是類似的，但的確有一些重要差異存在。我在前面曾強調的一項明顯差異，是治療進行時間長短：住院病人團體很短以致無法對人際關係問題進行修通（working through）的工作；治療師應該滿足於只做人際問題的點出、簡短的過程闡明，並且鼓舞病人就他們所學在其日後的追蹤治療當中繼續探索及強化。

另一項策略上的重要差異，可由住院病人的疾病嚴重性來看。住院病人團體成員可能會是非常脆弱、非常需要他人，或者受到非常大的壓力，以致彼此間無法進入到此時此地中以整合所有從互動中所浮現的資料訊息。住院病人因病情太急性而不舒服，以致他們要求的是直接且立即解除痛苦。因此，他們在治療團體中經常被此時此地的取徑方式所困住而產生抗拒：它看起來似乎是間接的、未扣緊目標的、和他們個人壓力不相關的。更甚者，他們的焦慮經常高到他們無法忍受那些來自面對面的互動，或者消化吸收治療師所提供解釋而產生的焦慮。

## ▍展示以「此時此地」為焦點的相應性

因此，病房的團體治療師必須改變他的技巧以因應此壓力。應該投入大量注意力在團體治療到底和每位病人的生活壓力有何關聯上。在前一章裡，我描述到治療師如何在團體開始時提供有關團體治療理論根據的明確說法。但並不是那樣結束就好了。在

整個會談治療中，治療師必須一再地、持續不斷地向病人展示團體過程是如何和其「外面」的問題相關聯。治療師可以藉著讓每位病人察覺到他在團體中所出現的行為型態，是和他在實際生活情境中所存在的問題平行一致以便達到治療效果。

看看下列的臨床例子：一位女性病人告訴莎拉，因為她總是看起來拒人於千里之外而讓別人難以和她建立關係。其他成員都同意，並且提到他們也曾想跟她接近，但似乎她都極力把自己和別人隔離開來。莎拉這時說道：「我就是這個樣子。我知道我常被指責是位自以為是的人，但坦白說，我只不過是沒有興趣和人有親近關係罷了。而且，我不認為我和這裡所有團體成員間有任何相同性到竟然可以產生一個可長期維繫的關係。」

莎拉的回應是很有挑撥性的，可以造成團體進行的阻礙，也可導致其他成員因為知道他們對她一點都不重要而出現憤怒回應。更甚者，莎拉沒有什麼動機要去探討這一課題，因為就如同她對團體所說的，她是因為情緒抑鬱而住院。如果別人難以和她建立關係，那是**他們的**問題，不是她的。

治療師藉由幫助莎拉了解團體互動和她生活上的不順遂之間有所關聯，而獲得某些扭轉力量。他問到：是否她的生命姿態（亦即，像個自以為是的人或對建立親近關係毫無興趣）對她的生活會產生什麼不便或壞處。她是否曾為此付出代價？她和別人相處的方式可有任何地方是她想要改變的？同時，治療師藉由觀察到團體中許多人都對她有興趣，來降低莎拉身上的壓力以及減少她的防衛性；顯然，人們發現到她很有吸引力且讓人很想要接近，而且會後悔他們竟然無法和她親近。

莎拉在此刻軟化了。她提到她一直都是這個樣子而不認為她

能夠改變，但她確實為了對他人所持的態度而付出了代價。她的憂鬱是因為最近的離婚所引發的，而由於她根本無法建立一群新的親朋好友關係而陷入絕望般的孤立與動彈不得。

　　治療師在此時可以選擇的一個方式是：幫助莎拉探索她的人際型態可能對她的婚姻破滅扮演一重要角色。可不可能她在團體中所出現的行為——她的漠不關心、好論斷以及不願被碰觸等——逼使先生離開她？這是一條很誘惑我們想問的線索但是卻必須避開：這是一項常見的技術性過錯。這樣會把莎拉及團體的焦點放在團體外的課題上——即一位不存在於團體內，且不為團體所認識的先生身上。這樣必然導致一種匆促的、很表淺的，可能讓人對沙拉婚姻失敗的探索無法得到滿意結果，同時讓其他成員覺得難以進入狀況甚至深感挫敗。

　　代之的是，治療師選擇繼續把焦點放在「此時此地」上。他向莎拉強調，團體成員的回饋可能非常有用，而能幫助她發展出一群新的親朋好友關係並加深她和別人間的關係。他懷疑如果不是這樣的話，難保她生活中的人們不會如團體成員對她的感受般——亦即，那些被她吸引的人、想要和她親近的人，卻感受到她那股拒人千里的姿態，且把她的畏懼親近誤以為是自以為是或超級的妄自尊大？莎拉在醫院只住三天卻學到非常重要的東西，那是她以前所不知道的：她所丟出去的訊息反而阻礙她得到她真正想從別人處要的東西。

## ▌病人的脆弱性（Patient Fragility）

208

　　展示「此時此地」取向和每一成員重大生活問題之間的相關性，如此可增加每位成員投入團體職責上的意願。在建立足夠

動機之後，治療師須注意到團體成員的脆弱性。在第三章討論治療師的支持時，我曾強調在這一點上最重要的引導原則：即「此時此地」取向並不等同於面質、衝突、直指別人弱點、直言不諱或對人類關係的一種帶破壞性的「誰怕吳爾芙？」式取向。相反地，透過治療性的使用「此時此地」，成員建立起彼此間的信任；並且溫和地相互提供有關每個人是如何被他人看待，以及受他人影響等資訊。

## ▌回饋（Feedback）

人際互動取徑的真正核心是回饋過程（把對別人的感受拿出來分享）。治療師必得把大量的注意力放在教導成員如何給出具建設性的回饋，以及如何充分利用別人給他們的回饋。團體成員並不會自然地、自發性地進入回饋過程中。回饋並不是一個普通常見的溝通交流方式。事實上，生活中很少情境下一個人可以直接對另一個人的當下行為下評論。一般而言，這類直接回饋是項禁忌：唯一可允許如此做的地方是親子間的關係，偶爾的情況下，極度親密（或極端衝突）的關係也可以。

一般必須是治療師來發動此回饋過程。然而，一旦他建立起團體的適當規範後，成員就該開始要求有這樣的回饋。例如：他們在開始會談時可提出這樣的議題（見下一章），即他們想知道別人是如何看待他，或者是他們到底做了什麼使別人遠離他或嚇到別人。

然後治療師必須幫助成員給出有益的回饋。經常第一項工作是協助成員在給回饋時能夠清晰分明（discriminating）。第一回合的評論通常是「平淡無奇」的回饋：諸如「我認為你是個好

人」或「我想你沒問題啦！」或「我好喜歡你」或「我發現你蠻討人喜歡的」。帶領者可示範更具幫助性且更清晰分明的回饋，即詢問接收者到底從回饋中學習到什麼、或該次回饋到底有多少幫助、或哪一個評論他認為是最有幫助的。

通常這類詢問可幫助給回饋的人更清晰分明。人們會學習到當他被認為「是個好人」或「沒問題」時雖然聽起來舒服，但卻不是特別有用的。治療師可用討論**盲點**（blind spots）概念的方式來提供協助；也就是說，每個人本身有些地方是他人可看到而自身卻看不到的（他人在此指團體中的其他成員）。因此，成員是否相互有所幫助的一個重要方式是，讓彼此間更覺察到所謂的「盲點」。然後，我們可鼓舞成員對要求回饋的人提出某些那個人自身所不知或感受不到的點。

治療師可支持性地給成員一些口頭指示來促進此一回饋過程。一個特別有效的引導回饋問話是：「讓我們假設當你離開醫院之後，你和約翰將成為室友（或在一起工作或船難後一起處於孤島上等等）。那麼他行為的哪些層面將阻礙你和他發展出理想關係？」

此問話的字句同時也闡明在做回饋傳達時的另一項規條。治療師必須協助成員對彼此特定的人格特質或行為給回饋，而不是對該人整體做一泛泛的評論——這樣的評論很少會有幫助且通常會降低自我價值並挑起防衛的心理機制。一個人聽到另一個人對他說下列的話是不會得到什麼幫助的：「我就是認為你沒有什麼吸引力」或「我就是不喜歡跟你在一起」或「我認為你非常無趣」等等。聽到一個人因出現某些行為而使旁人不喜歡或遠離他是非常有意義的。人們很難不從下列的評論中得到好處。如：

189

「佐，跟你講話我覺得非常不舒服，因為你從不看我。你避開我的視線使我覺得你根本對我所說的不感興趣，或你根本就是要躲開我」；或「跟你在一起我並不是非常舒服，因為你從來不會說不。因此我不知道你對事情的看法到底如何。我有個感覺，你只是在告訴我那些你認為我想要從你口中聽到的話」；或「我不喜歡你這樣一直不斷打自己頭的行為。」

**請注意，所有這些回饋的案例都集中焦點於某些顯然是成員有能力改變的事物上。**對某些人無法改變的部分（例如：身體外觀）加以評論常是不具建設性的做法，特別是在短期的病房治療工作上。在長期的團體治療中，通常是有時間且能透過對身體外觀給回饋來進行治療。在這類團體中，成員可學習到外觀對他人造成的衝擊，並得到有關其清晰可見的人際呈現（interpersonal presentation）的重要訊息。更甚者，那些對別人外觀做出回應的人可能本身也學習到很多。人們的外觀幾乎毫無疑問地會對團體中不同成員產生非常不同的衝擊及非常不同的意義。此一現象會讓每位成員想要去探索為何會對某特定的人產生某特定的回應。然而，在一個急性病房的團體中，沒有時間進行這樣的修通過程，因此對身體外觀給負面回饋幾乎都會導致防衛心理的反應而關閉掉討論，並不是開放性的討論必能從中學習。

治療師會習於此回饋過程，以致有時他忘記了對大多數團體成員而言，它其實是一個全然嶄新的過程且會產生相當大的焦慮。常常，團體成員對回饋非常敏感，以致他們當場就愣住了或充耳不聞。他們會扭曲掉所聽到的東西，又因為太過焦慮而不會要求澄清。

例如：在某個團體裡，卡爾說他以為唐一直都「太自我沉溺

了」。唐的反應非常快而急切；幾分鐘內他開始啜泣，同時提到別人為何不會感激他，其實他真的是非常關心別人。他繼續說道，為何他雖然不斷地使勁幫助別人，但得到的總是不滿足以及指控？

治療師要求暫停這個此時此地的經驗階段，而把唐帶進闡明過程的階段。治療師注意到唐在這個互動交流中不給自己喘息的機會，卻似乎馬上抓住卡爾所做的回饋的最糟糕解釋。還有什麼可能的替代呢？藉著團體其他人的協助，唐探索到其他幾個可能的選擇。其一，他可以問卡爾他所說的「太自我沉溺」究竟是什麼意思，以確定他是否完全了解卡爾的意思。其二，可以從團體其他成員那邊得到一些回饋。他們是否都同意卡爾所觀察到的？或者只是卡爾獨自特有的？

唐選擇了第一個做法，他問卡爾究竟他說「太自我沉溺」是什麼意思。當然，唐認為卡爾的意思是說他是個自私的、只考慮到自己的傢伙；但結果呢，卡爾的意思完全不一樣：他的意思是唐永遠挖空心思沉浸在問題裡——不是他自己的問題就是別人的問題。卡爾所觀察到的是唐永遠不給自己喘息的機會：他從來不到排球場上、他從不到外面做做運動、他從不和別人一起玩遊戲、他從不放手來一點樂趣。

這整個事件對唐造成非常深遠的衝擊，使他看到自己對卡爾的回饋遽下錯誤結論，而很可能這不僅僅是個單獨事件而是他自己慣有型態的一種反映。

須牢記：負面回饋總是最會造成傷害的。治療師必須擔起這個責任並且協助病人解除痛苦，即使病人想否認掉。

看看以下的例子：赫伯是個頗有吸引力的類思覺失調病人。

191

在團體中討論到他相當難以和別人建立並維持親密關係，尤其是女性。他尋求其他成員回饋以協助他了解為何他總是和女人不來電。而羅蘭，是另一個有吸引力的思覺失調症患者，給他一個直截了當的回答：「當我吃鮑魚時，我只對裡面的肉有興趣而不是外在的殼。儘管鮑魚有很棒的殼，真正算數的是裡面的肉。」

赫柏發出微笑，很正式地謝了她，表示對她所言感到興趣，會仔細想這些話。但是當團體繼續進行時，顯然赫伯被羅蘭的話佔據了整個腦海。他無法專心聽其他成員對他的意見，也使得他和整個團體其他成員脫離了。

儘管赫伯不承認，治療師仍然按著一個假設來進行，即赫伯已經因這種回饋受到傷害了，他要赫伯回到七、八分鐘前，將他當時聽到羅蘭的話的真正感受與團體分享。但赫伯只是重述他先前的說法。為了給赫伯多點壓力，治療師指出他可以看到赫伯當時臉上反映出痛苦表情。

最後赫伯說：「好吧，我就講講那時的感覺。瞧瞧這是誰在說話！是羅蘭，我看不出妳哪一點比我好！」

治療師表示可以了解赫伯的憤怒，但要他再談深一點，憤怒的下面是什麼呢？赫伯否認有其他任何感受，治療師為赫伯道出心聲：「如果我是你，我聽到羅蘭這麼說會覺得心痛。」赫伯點頭承認，眼眶充滿淚水。治療師說：「你能否為這些眼淚說幾句話？」赫伯此時朝向羅蘭說：「羅蘭，妳所說的話令我很難過，妳讓我覺得我沒有什麼內涵，這是很大的傷害。」羅蘭立刻反應說：「我現在喜歡肉也喜歡殼了。」

這次回饋的整個過程對赫伯是極重要的人際互動。讓他意想不到的是，他能夠表達痛苦、受傷害，這使得羅蘭覺得他更親近

192

且吸引人。他已學到一件重要的事。他要團體協助他了解為何他總是無法和女性建立親密關係。而他學會了使自己有個閃亮發光的外殼之餘，他必須擠出自己更具人性的、脆弱易受傷害的那部分。

回饋會產生回饋。給回饋的人終將藉此過程對自己有更多的了解。例如：傑力，已經參加多次團體了，他的回饋一向被標定為令人舒服、愉快的，但對當事人卻總是幫不上忙。團體成員於是開始給傑力回饋，說他幾乎對任何事都不願採取較根本徹底的態度。傑力覺得受用，開始表白他害怕觸怒到任何人，以及他極為期望被每個人所喜歡和尊敬。傑力此種行為的結果使他變成一個毫無特色的人物。雖然他未觸怒到任何人，卻也引不起別人對他產生任何興趣。外交手腕及中立態度對國際關係而言非常重要，但用在人際關係上會使人看似極度愚鈍。

另一臨床實例：傑夫和麥可彼此試著想要建立關係但卻遇到許多困難。麥可即使是在說自己很憂鬱時也總是笑著，其他成員告知他的笑使大家覺得很困惑。傑夫則說他不覺得困惑；反而是他可以「看穿」麥可。麥可對此話的回應非常不舒服，兩人的互動隨後變成時有摩擦及防衛心。

此時治療師介入了，建議麥可再說一次他聽到傑夫說得話時的想法。麥可的解釋是：他覺得傑夫說的其實是他，傑夫是多麼聰明，可以看穿麥可，真是一個頭腦簡單的可憐蟲。接著，團體其他人也同意麥可的說法，即使他們認為這個解釋和傑夫的風格舉止不全然相符。傑夫對此說法感到吃驚，但可以明白為何他的話被解釋成這樣。其實他要告訴麥可的真正意思是：他，傑夫，覺得和麥可蠻親近，兩人彼此心有靈犀一點通。隨後團體開始協

193

助傑夫探究為何他無法對麥可說出直截了當的話。很快地，傑夫開始探討他向別人說好話時的困難所在。

如果在回饋時可以用說出感受的方式——尤其是別人行為所挑出來的感受，則回饋會更具建設性。當一個人說某人的話讓他有什麼感受，而不是對該人或該人所說的話怎麼想時，就可以使治療加速進行了。利用所有這些技巧，治療師可以讓成員們對該回饋過程得到明確的指示或示範。

想想下列例子：某次聚會，十個成員開始時是圍著圓圈坐在沙發或椅子上。有個女的，雖然仍有空椅，卻坐在某張空椅前的地板上，有時還躺下來伸伸懶腰。聚會開始時，她說她打算和其他人發展更親近的人際關係。

稍後治療師給了她以下回饋，作為她進行主要議題的方式：

194 「麗塔，我要和妳分享我今天對妳的感覺，因為我認為這和妳的主題有關。我一直在想，如果我是妳外面的朋友之一時，我會有什麼感覺，而我發覺，今天我很難用我和團體間建立關係的方式來和妳建立相同的關係，只因為妳是坐在地板上。重要的是，我發現我是坐得高高在俯看著妳；而妳則低低坐著仰頭望向我。這使我們兩人間產生一種不平衡或鴻溝，好像妳很年輕、很小、很可愛而似乎我又大又老。我這樣說不知對妳有無幫助或意義？這是否符合其他人曾對妳說的有關妳的話，或是符合妳所了解的自己呢？」

## 怪異、破壞性的意外事件：人際互動磨坊的穀料

　　應用「此時此地」的治療取向，對住院病人及門診病人團體的另一個主要差異在於前者常有突發性的、不可預期的戲劇化事件。和典型的門診病人團體相較，前者顯得更嚴重、常受思考障礙之苦以致發生非理性的、難以解釋的事件：成員可能突然迸出一些不合宜或精神錯亂的言語、出現怪異的責罵的話、突然衝出房間、表達非常強烈的正向或負向情緒、可能打瞌睡或打鼾、可能對幻覺出現行為反應。這麼多不可預期也難以避免的事件可能會搞得治療昏頭轉向，使他在下次集會時變得表情嚴肅、目露兇光。

　　不過在此有個基本原則或可使治療師像打個預防針般免於失衡——使他能夠將最具震撼性的事情轉化成有用的治療。此原則很簡單——**所有團體中發生的事件都可用來作為人際關係磨坊中的穀料。**

　　回想一下運用「此時此地」的基本假設：每位成員在團體內的行為都是他在團體外人際行為的反映。換言之，由小見大，部分是整體的反映。因此，團體中所有發生的事件最後都會是有意義的；而假如治療師可保持頭腦冷靜讓團體繼續進行的話，所有團體事件將提供重要資料而使團體更富意義。假如事件太戲劇性或太極端的話，可能當事人壓力太大而無法在當時有所學習和收穫（但確定是可以在幾天後加以整合）；而其他成員對此事件的強烈反應也必定可用來作為治療的素材。

　　這裡並不需要什麼新的規則，我已經提過團體中的人際互動事件即是治療的素材。團體中會有各式各樣事件發生；而治療師

195

只要使團體成員的注意力集中於某一事件，即可協助成員加以分析並從中學習。此處重要的課題是情緒介入到什麼程度。團體事件的範圍很廣——有些看來瑣碎而無害，有些則令人觸目驚心。但不管事件為何，治療師的職責是去看出它治療上的潛力並且使團體能加以利用。一些臨床實例是有助於說明的。我在開頭將舉出一些比較不那麼戲劇化、平常會發生的事件，然後慢慢進到比較震撼人心、聳動驚人的事件。

## ▌沙發坐不下了

保羅和另一位成員在集會開始時，坐在一個兩人座的沙發上；艾琳娜，一位很胖的女人，瀟灑走來問說她是否可坐在他們中間。保羅說：「好啊」，之後艾琳娜就擠進來坐下。幾分鐘後，保羅費了一些力氣脫身而出，一邊口裡咕噥著說需要多一點空間，一邊移到圈裡許多空椅中的一個位置上。

幾分鐘後，治療師把重點集中到這件事的過程上頭。當艾琳娜問保羅是不是可以一起坐時，保羅的感覺是什麼？他可以怎樣回答？保羅自動回答說，他其實可以說：「艾琳娜，這裡位置不夠坐，我想妳可以坐其他的椅子。」

「不過，」保羅想想又說：「這樣可能會讓艾琳娜很難受。」艾琳娜說：「或許這正是我需要聽到的話。」治療師提醒保羅，他隨後站起來坐到別的地方，其實也表達了相同的訊息。只不過是間接訊息，讓艾琳娜覺得陷於模稜兩可的處境，而他自己也覺得相當看輕自己。

對這件事的討論給保羅帶來相當大的、和他有關的「團體外」經驗。保羅在幾天前得知，他即將因為企圖自殺及在精神科

住院而被開除。他正考慮是不是就這樣算了，或是應對這種不合法的開除尋求法律上的諮詢並為自己辯護。他和艾琳娜坐椅子這事件，本質上正好是在處理這個關鍵議題。

## ▌被動控制

　　查克第一次參加團體。治療師向他表示歡迎並為他簡介團體，但查克卻沒有任何回應，連點個頭都沒有，讓人覺得十分不舒服，甚至愣在當場，不曉得該繼續下去或是等查克回應。稍後在團體中，治療師回到這事件上來，並和查克分享他的感覺。團體其他成員隨後說，他們在吃飯時曾想試著和他講話，他卻移到桌子另一頭獨坐。大家的回應各有不同：有人覺得受到傷害、被侮辱而生氣、有人則覺得迷惑。查克大為吃驚；他一直不自覺對別人造成衝擊。尤其對治療師的不舒服很驚訝。他，一個查克居然可以對治療師有這種影響真是令人驚訝，因為他一向覺得自己極端渺小且易受驚：他的緘默是因為他老覺得別人總是比他大、比他快、比他強壯。

## ▌治療師生氣了：貝蒂得了胃痛

　　治療師生氣時團體總是會受到很大的影響。當傑克這位精神狀態很錯亂的病人，參加一個適合高功能團體的集會時發生了這樣一個事件。傑克曾謾罵過許多其他病人，並且威脅要打其中的許多人；當天稍早，他因法律原因須「留置」在院內十四天。治療師恰好也是簽署這項留置案的兩位精神科醫師之一。

　　在會議開始不到幾分鐘，傑克很明顯不顧團體的進行而出現大肆批評及威脅治療師不該簽署留置的事。數分鐘後，治療師顯

然被傑克激怒了，不只是因為他出現人身言詞上的攻擊，而且明顯干擾到當天團體所能進行的任何事情。治療師表達了生氣並告訴他隨後會和他再談，但現在他實在太過份了。這整件事持續大約有五分鐘之久，讓好幾位成員感到不安，尤其是貝蒂，她開始嚴重腹痛要求離開團體（她是個身體化症的病人，因嚴重、無法診斷出內科病因的不明腹痛住院多次。）

198　　治療師試著以此事件作為磨坊中的穀料，用盡一切方法勸住貝蒂留在團體內而且談談她的腹痛，不要放棄。她同意再留五分鐘試著談她剛剛的感覺。團體要求貝蒂回顧一下腹痛的起源，似乎很清楚它是從治療師和傑克間的熱戰開始的。貝蒂變得防衛起來，不想談，一概否認此兩件事有任何關聯。治療師在以前和貝蒂。關係建立得還不錯，他用一種溫和的方式對她質疑，說他基本上就是不能相信那種說法。他向她表達以下幾個想法：「貝蒂，我知道妳曾說對我感覺很好，我也知道妳認為我是個溫和的人，因為妳在昨天集會時曾說過這是妳喜歡我的優點之一。所以，妳對我失去冷靜而且對病人生氣怎麼可能不感到震驚呢？妳為何連看看這一點的可能性都拒絕呢？妳帶著妳的忠誠來到團體，我知道妳想要改變。但為何妳不願意好好看一下妳自己呢？」

　　這麼強烈的說服——以一種十分支持的方式，沒有一點點羞辱的態度——貝蒂開始承認她的腹痛確實是從治療師和那位病人吵架時開始的，而她對治療師的生氣感到非常害怕。對於治療師問「為什麼？」，貝蒂的回答是：「倘若治療師會對傑克發脾氣，那麼非常有可能到最後治療師也會同樣對她發脾氣。」

　　治療師進一步追問：「然後呢？如果發生了會怎麼樣？妳能

想像妳我之間會發生些什麼嗎？」貝蒂隨後談及一些重要的事情，包括她希望被照顧，她非常害怕治療師或其他男性的不看重，尤其是她所尊敬的人。

到了這時候，整個團體進入一場相當熱烈的討論；其他好幾位成員對治療師的生氣都有很強烈的反應。有的像貝蒂一樣覺得很害怕，有些則會對治療師產生同理共感並且感謝他將傑克弄走以免浪費掉整個團體的時間，有人則因治療師更人性化的一面而覺得和治療師更親近。

在討論的過程中，治療師溫和地問貝蒂是否可以說一下現在腹痛的情形怎樣，貝蒂「自己也覺十分驚奇」，她的腹痛消失了；她在過去這二十分鐘內完全忘了腹痛這回事。治療師並未錯失機會來幫助她從此一事件中學習。好幾次在集會中，以及最後的「結尾」時，他都在提示這事件對貝蒂而言確實是個具決定性的集會。這是她第一次可以真正「駕馭」她的腹痛；在集會中她可以精確指出腹痛的來源，更重要的是，她願意去面對腹痛而不是被它打敗，從而離開團體會談。治療師向貝蒂強調這次的集會可以作為將來處理腹痛時的基本原型：也就是說，她可以特別注意疼痛發生時周遭正發生的事件，並且冒冒險去和其他人討論她因那些事件所帶來的感覺。疼痛是一個人經驗到心理壓力時身體所出現的訊號；疼痛並不是攸關重大的心理事件本身，它其實是引導我們去認清該事件的線索。

## ▊ 群情喧囂一陣大混亂：暴風掃過後清潔溜溜

某次高功能團體在會談開始時，吉兒因為背痛而一下子坐一下子躺在地板上。背痛——是她住院的主要原因。她已經住好幾

天了，但這還是她頭一回自願參加這個團體。當治療師鼓勵她參加會談時，她表示當天只想看看其他人在團體中的情形。治療師不斷堅持並鼓勵吉兒能提出一個議題（見第五章）。吉兒是位防衛性很強、有身體化症狀的病人，看不出來有很高的焦慮，因此治療師比對待一般心理較脆弱的病人還要更強烈地要她面對。最後，吉兒說她以往常受到傷害而不得不學會多信任點別人；或許她可以在團體中針對這點進行治療。

治療師（配合下章將提到的形成議題的原則）引導她以此時此地的言語方式將議題形成出來。他要求吉兒指出那些會讓她自己覺得最不會脆弱的成員，以及那些會讓她覺得比較脆弱的成員。吉兒抗拒回答這問題，說她覺得團體中每個人的程度都差不多。（這種感覺都一樣的說法是種常見的、對此時此地取向治療的一種「第一線」抗拒。它絕對不是真的！治療師必須堅持並協助成員要在團體中區辨出每個人之間的不同。）因此，治療師的意見認為這種中立的說法似乎不太可能。最後，吉兒默認並且說道：「好吧！最讓我覺得脆弱的人是比爾、瑪利蓮和凱爾」（這三個人，事實上碰巧都是同性戀者）。

比爾是位很女性化、穿著艷麗會招蜂引蝶的同性戀者，是具有戲劇化性格的人，在吉兒指出他是其中一位易令其受傷的人時，變得非常不舒服。他要求知道她的理由是什麼，而且提醒她；「我是妳的朋友，我試著對妳好，不時地與妳一起談話。為什麼要選我？妳怎麼可以這樣對待我？」

吉兒答道：「這不是你的問題，比爾！這只是因為我對同性戀者有很複雜的感受。當我還是小孩時，我叔叔被一個和他有同性戀關係的人所殺害，這事件帶給整個家族一大醜聞。而且，我

在舊金山時經常有同性戀者和我約會，只為了利用我來幫他們做掩飾。」

吉兒的解釋似乎讓比爾覺得更難過，他噘著嘴、生悶氣，最後大聲啜泣起來。他原來坐在吉兒旁邊，卻揮灑著眼淚，移位坐到房間另一角落的一張椅子上，同時大聲說他恐怕再也承受不了這樣的羞辱。他說他來醫院是要求助的，而這次團體的聚會使他的治療延後了至少兩、三個禮拜。

此時吉兒的背痛開始加劇，不管是坐著或斜躺著都無法減 201
輕；她開始繞著房間踱步，說唯有走路才能使她減輕一點痛苦。不用說，這是非常讓人分心的，團體成員對吉兒如此干擾、破壞團體明白地表現出憤怒。

此時，會談的進行似乎不太妙！

但治療師是位經驗老到的團體帶領者，他冷靜地利用這些不愉快的事件作為磨坊的穀料。他鼓勵比爾和吉兒利用目前已經發生的材料。首先，治療師協助比爾更直接地認清並表達他的感受。當比爾說得太難過而停頓時，治療師就用一種在該狀況下經常有效的技巧：他要求其他成員替比爾說——也就是要他們假定自己是比爾來說。藉由別人的幫忙，比爾逐漸放掉他面對吉兒時所出現的那種自我傷害、間接的情感表達方式（亦即，用哭泣、歇斯底里、自我折磨及誇大痛苦的方式來加深吉兒的罪惡感），而改以更為單純且直接的方式說出他受傷的感覺，說他非常喜歡吉兒，以及在明白她對他一點都不尊重後他是多麼氣餒。他同時也提到他的胸口以及腹部都感受到極大的痛苦，希望吉兒多少可以安慰他或讓這些痛苦遠離。

以直接的方式表達痛苦對比爾是很重要的事，和他住院的主

要因素非常相關。在許多場合，每當失落或所愛的人威脅將要離去時，他就出現自傷行為，通常是企圖自殺。確實，讓比爾能夠表達痛苦且直接去渴求愛是非常有助益的，而不是訴諸自傷行為（如他稍前在會談中所做的）。

202　　　治療師鼓勵比爾去檢視事件的另一個面向：他對吉兒的評語明顯地反應過度了。另外兩個被吉兒指名的人並沒有出現太大的難受，其中一位甚至還是吉兒的室友呢。很顯然，比爾把該情境和自己的問題過度牽連在一起了；畢竟，吉兒也曾很小心地指出她在團體裡挑出三個人並非基於個人的因素，很大部分是基於她自己對同性戀**本身**的特殊反應。

　　　接下來帶領者轉向正在踱步的吉兒，問道：「吉兒，妳能否回到大約七、八分鐘前那時候的狀況？我想那是非常重要的，如果妳可以精確地講出妳在開始於房間內踱步前的感受是什麼的話。」

　　　果不其然，吉兒拒絕此一建議並說她記不起來了，而且她的背太痛讓她無法去想。治療師堅持並且代她說道：「妳知道嗎？吉兒，我有一種很強烈的感覺，妳可能對我今天在團體中一直逼妳覺得有點怨恨。」吉兒很快地接著說：「對！是你害我變成這樣。我今天只是要觀察團體而已，而你逼我說出一些我本來不想說的話！然後你又做了些什麼呢？你只是要把我遺棄掉，讓我陷入困境中。」

　　　縱使吉兒用很激烈的方式表達這些感受，團體卻極為歡迎這種方式。治療師迅速地、溫和地回應，讓吉兒知道他對於自己讓吉兒變得這麼痛苦和難過感到抱歉；但他也說道，他在團體會談中這是第一次覺得真正被吉兒所感動，而兩人都用直接的方式

在溝通。他很喜歡這樣也覺得和她更為親近。他要其他成員給回饋，其他人也都鼓舞她能這樣直接表達感情。有些人認為治療師對她太嘮叨、太挑剔了。他們覺得她更可親，因為更了解她處於什麼狀況。他們推崇她能說出真正的想法；這樣的做法遠比用疼痛及蹀步來表達其感受好太多了。

除了誇獎及強化吉兒的行為外，治療師試著想更進一步回到團體出狀況的當時，問她能否再回應一次是誰可能讓她覺得變脆弱。她的回應不是針對個人方面的，她所指名出來的人其實只是某一不愉快事件的象徵而已；她並沒有真正指出那個人。此時吉兒才完全了解治療師的用意，她說她覺得史蒂夫對她有威脅感，他是位大學教授，讓她覺得自己既無知又裝模作樣。團體從這點開始又進而覺得更有意思起來；其他人對史蒂夫也有類似的回應而想繼續去探討他們的反應。

藉著和這些戲劇性事件在一起，同時把它們轉成對許多成員而言具有治療作用的方式，治療師把原本可能具有災難、破壞性的會談轉化成非常具有建設性的會談：比爾學到了許多更適用的、表達心中創痛的模式，以及他對別人評語的過度反應；吉兒則針對她身體疼痛的發生與緩解上了一堂寶貴的課。

## ▋ 團體驚恐（Group Terror）及其後續

最後的例子則是描述有關「磨坊穀料」的一項重點原則：如果事件的主角因太受困擾以致無法從中獲益，治療師或可協助其他成員藉此獲得一些治療上的好處。這裡有兩項主要技巧，都可以為治療師所使用。

1. 成員對相同事件會有不同回應，探索這些不同回應通常會

促進成員對自我的探索。如果同一件事件的許多目擊者有很不同的回應，那麼只有一種解釋說得通：**這些回應反映出非常不同的內在世界**。對相同刺激的不同回應是團體治療中邁向自我探索的康莊大道。

2. 團體發生危機反而是探索危機應對模式的一個大好機會，並且提供一個進入自己負責任的假設（responsibility assumption）的治療切入點。

下面的例子可闡明上述兩項策略：集會中共有十人出席。前幾天團體一直非常賣力地在進行密集會談。那天的會談裡，加入兩位新成員。其中一個高頭大馬、很具威脅性的人，名叫哈里生，在會談才開始幾分鐘就顯示團體對他沒什麼用處。他坐到圈子外的椅子去並且用耳機在聽著隨身聽。治療師想到，如果在此時叫他離開可能還比較好，但他記得哈里生在一年前的那次住院時，在團體治療中表現很不錯。

治療師邀請哈里生坐到圈子內，哈里生遵從了，但幾分鐘後又坐到圈外的椅子去。當治療師再一次要他進到圈內時，哈里生變得防衛起來，並說他覺得非常好，不需旁人介入他的事。團體中有些人質疑，既然哈里生覺得很好並且不想要處理任何事，為何他要在團體內呢？但這種問法使事情更糟，哈里生變得更抗拒。於是團體想將注意力集中在其他成員身上，但哈里生嚴峻的怒容似乎阻斷了團體能量，使團體無法有效地繼續進行治療工作。

結果發現，團體中另一位新成員也是精神非常錯亂。他不清晰協調的語調和哈里生衝動騷亂性的話語，弄得團體真的快瘋掉了。會談進行到一半時，團體所有成員看得出來都在亂吵；有人

說他想要大聲尖叫或奪門而出，有人則真的看來彷彿隨時要離開　205
團體似的。

　　哈里生變得對團體中每位向錯亂病人發出評論的人都非常憤
怒，顯然那是他所認同的對象。他終於站起來對著其中一位女成
員大叫，說她對那位病人多麼不公平。治療師介入，告訴哈里生
坐下來，冷靜地想辦法講出他在團體中的感覺。哈里生轉過來對
著治療師做出想攻擊的姿勢。最後，他轉身推開椅子使勁地跑出
房間，留下一屋子愕然、被驚嚇的成員。

　　治療師做的第一件事是使團體平靜及恢復秩序，溫和地提醒
大家剩下的時間大約有三十分鐘，決定如何好好利用這三十分鐘
將是不錯的主意。治療師建議，既然今天會談裡有許多人非常難
過，或許團體該盡點力去讓盡可能大多數的人能在接下來的三十
分鐘裡感覺比較舒服些。

　　有些成員說，讓他們舒服最好的方法就是離開房間，並且希
望能獲得允許。治療師說，他當然不能擋住門，但是依他的看
法，離開現場是對他們最沒有幫助的做法。他指出，畢竟在過
去，他們中有許多人對壓力的回應特點就是退縮，而住院的目的
之一就是協助大家找出更有效的壓力處理方式。有人建議大家試
著互相支持。其他人則是提議一吐胸中悶氣，談談他們對哈里生
的感覺。

　　團體成員開始表達他們的感受，而在巨大的焦慮之餘，他們
驚訝地發現，大家所發出的感覺竟然有那麼大的不同。有人對哈
里生破壞會談感到生氣，他們覺得浪費了許多處理自己問題的時　206
間。有人對治療師感到生氣，因他沒有先見之明讓哈里生不要來
參加團體：治療師讓哈里生毀掉團體，就如同病房其他工作人員

讓哈里生毀掉其他病房活動般。有人覺得對此事感到相當大的威
脅。有兩位男性談到他們害怕和其他男性肉搏相見。有位婦女則
談到她害怕不講理的男人，以及她小時候長期忍受精神病父親身
體虐待的情形。在大約十五分鐘的討論裡，團體變得漸有生氣、
情緒弛緩下來，而且經驗到一種可以掌控的感覺。

　　在會談最後幾分鐘，團體的注意力轉到一個對哈里生的攻擊
反應最為強烈的人身上。茱蒂，十九歲的女孩，縮在椅子上，牙
齒打顫、面露驚恐。團體溫和地協助她談談她對哈里生的恐懼以
及團體中可能發生的事。治療師以一種實事求是的語調問她可能
會發生什麼。茱蒂說：「他可能會打你。」治療師回答：「那又
怎樣？他可能會打到我鼻子。但這屋裡有十個人，觀察室中也有
一些病房工作人員，病房裡的人更多，都可以幫忙。所以我鼻子
挨一拳又怎樣？人們難免會發生些糟糕的事，但也都會恢復正常
的。」

　　茱蒂的過度反應源自於哈里生對她所具有的象徵意義；在相
當努力之下，她將以前的經驗拿出來和團體分享。一年前，她被
強暴，但從未好好和人討論過該強暴事件或她對該事件的感覺。
在這次會談中，她觸及了不僅是對哈里生的恐懼，還包括對她性
攻擊的那個男人的恐懼，同時也觸及到自己的暴怒。最讓她害
怕的不是對哈里生的恐懼，反而是她的暴怒以及她那幾乎無法控
制、想撕裂他人的欲望。茱蒂得到團體相當多的支持，特別是那
三位也曾被性攻擊過的女性同時也分享許多她們的感受。

　　會談的最後五分鐘，治療師對每位成員逐一「檢視」：顯
然，塵埃已經落定，三十分鐘前的強烈不快已煙消雲散。治療師
為整個過程做一總結：發生了一件可怕的事，團體成員都極度不

舒服，大家願意為自己的不舒服負起責任做些事，他們選擇了彼此去承擔他們的不快並試著去明瞭自己所出現的反應本質是什麼。更重要的是，大家做得非常成功：他們把一件可能相當可怕的災難事件，轉變成一次非常具有治療意義的會談。

## 結論

以此時此地互動為焦點的做法對住院病人團體治療，以及其他方式的團體治療都同樣重要。以人際互動為焦點可使病人得以改變適應不良、自我破壞的人際互動型態；同時也造就了一個相互支持、激勵、互助合作，並且能做些和他們生活息息相關事情的團體。倘若要使此時此地為焦點的方式具有療效，必須要同時包括一個經驗階段及一個了解階段。

住院病人團體治療由於臨床上的緊急迫切性，在使用此時此地為焦點的治療方式時，是需要技術上的特別考量：

1. 短暫的治療期間使得人際互動現象的使用，基本上是為了強化成員的優點、人際問題的點出，而不是要「修通」整個問題。

2. 成員相當嚴重的不舒服使得我們需要把注意力特別放在與問題有關聯的事件呈現上。

3. 病人高度的脆弱性不得不使得回饋絕對要具有支持與建設性。（更確定地說，所有層面的人際互動過程都是如此。）

4. 最後，所有不可預期的、很可能難以解決的團體事件，都

208

可以作為人際互動磨坊的穀料，只要施以適當技巧，都可用來獲得治療上的裨益。

【第五章】

# 高功能住院病人團體治療：一種工作模式

　　我建議高功能病人（見第二章有關團體組成的討論）的團體 　209
治療應每天舉行，每次時間約75分鐘。高功能團體是住院病人團
體中帶領起來最複雜的一種團體，需要帶領者接受過良好的基本
團體治療技巧訓練。在本章中，我將會描述一種高功能團體可能
的架構。記住，這個架構並不能取代團體治療的基本訓練，而是
該基本訓練的加強延伸。帶領團體的治療師可以只是一個治療師
或有協同治療師和他一起配合。協同治療的方式可以減少團體對 　210
治療師過多的要求，如果把新手配以一位資深治療師，則是訓練
生手的一個最佳機會，通常對治療師來講也會更有趣。然而，協
同治療的模式絕非是必要不可；一位能幹的治療師就可以把團體
帶得很好。

| 順序 | 進行內容 | 時間分配 |
|---|---|---|
| 1 | 介紹及準備 | 3－5分鐘 |
| 2 | 輪流提出問題（每位成員提出想在會中探討的個人議題） | 20－30分鐘 |
| 3 | 進行議題的討論（盡可能多地「處理」提出的議題） | 20－35分鐘 |
| 4 | 治療師和觀察者對該會談的討論（如果單面鏡後有觀察者時，要他們進到房間內的團體中，當著成員面前和治療師一起討論該團體） | 10分鐘 |
| 5 | 成員在總結討論中的回應 | 10分鐘 |

# 介紹和準備

在第三章中，我曾提出治療師在每次會談開始所做說明的一個詳細例子（見原書 115~117 頁）。如果有新成員進來（通常都會有的），則介紹的部分必須比只有舊病人在場僅須提醒團體的基本結構及目的要來得更詳細些。

211　　開場白是要給成員們一個基本介紹，然後描述團體的目的，最後才澄清團體將進行的步驟過程。

在**基本介紹詞**中，治療師提醒成員有關會談何時進行、要進行多久、是否有觀察者在場，然後也可以回顧一下團體的一些基本規則（例如：須準時參加或者關於不准抽菸的規定等）。

**團體目的**必須非常清楚地對每位病人說明。新成員常常是高焦慮或精神混亂，治療師講得條理愈清晰愈好，如第二章所述的引子，治療師可簡短說明人際關係的重要性，並肯定團體最大的功效就是探究並改進人際關係，這也是團體的重點。更甚者，治療師讓每一個人都知道：如果團體藉著幫助他人儘其所能地了解彼此間的相互人際關係，團體就可以達到最佳功效。

然後，治療師可說明團體的**基本進行步驟**，簡短敘述剛才提到的團體五項階段，並特別小心地讓新成員知道在房間內或鏡子後面有觀察者存在，而且在團體最後他們會和帶領者討論今天的會談。接下來治療師說明將開始進行**輪流提出議題**（go-round），治療師會問每個人今天在團體中最想處理的是什麼。而這些想處理的議題必須合宜且能夠在團體治療有限的時間內予以達成。

上述簡短說明可能會使新病人感到相當困惑、焦慮，治療師

可以簡單的讓他們知道治療師的工作就是幫助每個人形成一個議　212
題出來，最後團體在新病人參與進來後開始進行。

## 輪流提出議題（Agenda Go-Round）

　　用一些結構化的工具來推動會談，使治療師能和團體中的每
位成員有所接觸是相當重要的。在成員穩定的團體中──例如長
期門診病人團體──治療師對他（她）們已有相當的了解，一般
治療師只須花較短的時間就可決定團體會談的關鍵點。而在成員
變換快速的住院病人團體中，治療師所面臨的病人常是不太認識
的人或資訊有限。具結構化的「輪流提出議題」可使治療師迅速
的掃瞄過整個團體，與房間內的每個人都有所接觸，並獲取當天
可能如何進行團體治療的初步看法。

　　進一步言，在會談開始時進行一項結構化活動，可傳達清楚
的信息給每一個人──即期望他們能主動參與。若治療師讓團體
以自己的方式開始，幾乎一定會有一段時間陷入沉默、混亂、用
來打破沉默的客套話或講一些有助於交談的話題。在長期穩定的
團體，情況則不同：有經驗有素養的成員就會負起發動會談開始
的職責。若團體居然是沉默地拒絕會談，那麼就會要花時間去分
析阻抗背後真正的意義。但住院病人的團體不僅缺少有素養的成
員，同時根本也沒有時間去探究該阻抗。就像我說過的，團體的　213
整個生命只是一會次，如不推動時間會過得很快，就會喪失寶貴
時間而發揮不出任何作用。

　　一開始要用怎樣的結構化輪流發言方式來展開比較好？有多

種選擇。最明顯的一種選擇是：許多治療師常會要求每位病人簡短地描述他們的住院原因。有人認為這種型式是一種「不無意義」的取徑方式，因為這直接關聯到他們因生活上無法處理的危機導致崩潰住院。

但是，用這樣的方式開頭有許多缺點。一方面，病人所自認為住院的原因常常和我們在團體中所能幫助的有段距離。病人可能因藥物濫用或一些外在事件（例如：失業、別人的失職、失戀）或因某些外化作用產生的抱怨（例如：身心失調，關係意念，或幻覺）或因一些原發性的生物性疾患（諸如情感性精神病）。談這些住院理由是在強調彼時彼地，會使病人很難利用到團體的資源。往往病人住院的理由很複雜，一次會議中大部分時間都在探討新病人的住院緣由。更甚者，對多次住院的病人而言，重複住院的原因也沒什麼意思。

另一個常用來開始輪流提出議題的方式，是要每位病人講他們今天有什麼感覺。此方法可和每位病人完全連繫在一起並且感受到團體成員的整體情緒狀態，但卻常讓團體掉入**陷阱**：因為這樣既無法告訴我們會議接下來要如何進行，也無法引導病人去改變不舒服的感覺。

214　　　依我之見，一個很有效的開始進行會談的方式就是要求每一位病人為該次會談整合形成一項個人議題。這樣的議題最好能把病人希望改變的地方標明出來。議題最好是合乎現實並且是當天會議上「可予以處理的」。我常鼓勵病人提出的議題盡可能是有關人際關係的課題，並且最好是和該次團體會談中某位或某些成員多少有關的。

最好的議題是能夠反應出個人功能方面非常核心且重要的事

件，其本質是屬於人際關係的，而且可以用團體此時此地的方式
來進行。下面是一些讓團體可以有用且發揮效能的例子：

1. 「我的問題是信任。我發現如果我很開放且誠實的話，其
   他人，特別是男人，會笑我。譬如：我覺得麥克和約翰就
   會這樣子對待我（這兩人都是當天團體中的成員）。」

2. 「我覺得別人認為我是個令人討厭的人。我認為我話太多
   了，我想知道是不是真的。」

3. 「我在自己周圍築了一道牆。我想接近別人並交些朋友，
   但我很害羞。結果，我整天就孤單地待在房間內。我覺得
   我和喬及海倫（兩位其他成員）有某些共同興趣，但我怕
   得根本不敢去和她們說話。」

在本章之後我會舉許多其他例子；此時，先看這三個例子。
每個例子都是個人針對自己的發言。（但請注意，這三個例子都
和實際導致他們住院的誘因不相干。第一位病人是厭食症；第二
位是年輕酒癮患者；而第三位則有過一次嚴重的自殺企圖。）此
外，每個主題都表達出對人際問題的關注。最後，這三者都具備
「此時此地」的成分：也就是說，每個問題都可以在當天該團體
中他和別人間關係的背景脈絡下加以檢視。

## ▌輪流提出議題的好處

輪流提出議題的最大好處是，給治療師一個理想的解決辦
法，讓團體不至於太結構化或太沒有結構。此活動方式可以讓會
談有個結構，同時鼓舞病人能有自主的行為表現。每個病人都能
因此被鼓勵說出：「這正是我想要改變自己的地方。這是我今天
選擇要處理的部分。」

議題提供了治療師一個廣角鏡頭來看當天他能在團體中做些什麼。治療師可以很快地評估病人希望處理怎樣的問題，而哪些目標是和其他人可以交相運作的。此外，議題可以發動成員間的彼此互動。

這些議題可鼓舞病人在心理治療中採取一個比較主動的姿態。通常議題的進行或解決對他們在出院後的繼續治療相當有用。把他們的需要明顯而直接的表現出來——特別對那些習慣用間接、自我破壞的方式（諸如自戕或其他自傷行為）尋求幫忙的人而言，是個有治療意義的活動方式（如同我後面會強調的，在會談中並非所有議題都能加以處理或予以解決，但對許多病人而言，議題的整合形式是重要關鍵，而不是非將該議題解決不可）。提出議題的目的是教導病人能為自己清楚提出要求，並協助病人了解治療能得到些什麼，以及他們要不要治療所該負的責任。他們可以非常清楚地了解到，如果他們形成的是一個不當的議題，他們就無法從會議中得到幫助。

議題通常是需要家庭作業的。病人知道這是對他們的期待，因此許多病人在當天會議之前大都會早早計畫好他們的議題。這也是一項有用的教導方式，讓他們知道如何使用治療過程。很多人提到此活動方式協助他們在住院的早期即能有系統地組合他們的問題：用開明且系統的方式來事先思考他們的問題，其過程具有澄清及解放的功能。另外，許多病人也提到因為能形成某些具體工作，使得他們充滿自信甚至啟發他們覺得可以在治療中為自己完成該任務。有些病人——特別是有「考試焦慮」型或擔心失敗的人——過度擔心當天所要形成議題的事，這時治療師必須減輕其壓力，告訴他這確有其困難並向病人擔保，治療師的部分職

216

責其實就是協助病人形成議題。

## ▍幫助病人形成他們的議題

形成議題並不是一項不費力氣、自動即來的事。病人做起來並不輕鬆，治療師必須在這方面花費相當的力量來協助他們。

一方面，大多數病人對治療師要他們做**什麼**及**為什麼**做的了解有相當的困難。這項工作必須簡潔並清楚地對病人說明。治療師可以舉一些議題的例子，盡力協助每位成員形成自己的議題；治療師也可以藉著說明議題形成的好處，來向病人解釋「為什麼」他或她需要一項議題。

議題形成需要三個步驟，治療師必須守護著大多數病人走過每一個步驟，尤其是在他們第一次參加會談時。

1. 病人必須先弄清楚自己希望改變的重要個人問題，並且此項工作必須是符合現實的事：也就是說，這些問題是可以改變且適合在團體中加以處理的。

2. 病人要試著把想改變的問題轉成人際用語（interpersonal terms）。

3. 病人要把該人際問題轉化為具備有此時此地情境的特性。　217

這些有關議題形成的要點可用臨床例子來說明會更清楚。

在某次會議中，一位新的女性成員提出她的議題：「我情緒很低落，我希望團體能幫助我克服我的憂鬱。」這樣的議題是無法在團體中一次解決的。首先，它不切合實際。因為花在這個議題的時間只是**一次會談時間**；也就是說，該議題所牽涉的工作必須是在一次會談時間中能予以完成。這位病人已經憂鬱多年，怎麼可能在單單一次的團體治療中解決她的憂鬱呢？況且，這樣的

議題太模糊、不夠具針對性，和團體的明確活動內容並不相應。團體是無法處理「憂鬱」本身的，因為沒有著力點；唯有人際問題，而非症狀，才是動力心理治療的主流。

　　要幫助病人把不切實際的議題，如上面這個例子，轉化為適合討論的議題，很重要的一點就是要告訴病人，她所提出議題的重要性。畢竟，就病人的經驗而言，憂鬱是她來住院的主要原因。但治療師必得協助病人對有關憂鬱的治療具有一種切合實際的觀點。譬如有人可能會說：「憂鬱是一件事，當然你想獲得好轉。這就是你整個治療過程中的主要目標，一項很切合實際的目標，但要減輕你的憂鬱可能需要花上幾個星期，甚至幾個月的治療才行。在今天的團體中，重要的工作是如何開始？今天這個時候在這個團體中到底你能做些什麼呢？團體最能做的就是幫助大家了解，在和他人相處的關係上出了什麼問題？在你和他人相處或相互關聯的方式中你想改變些什麼？你和人們的關係中，可能有你還不太清楚的部分是和你的憂鬱非常有關。如果你願意開始處理你和他人間的關係，我覺得非常有可能在最後，但不是一天之內，你的痛苦就會減輕不少。」

　　看看另一個例子：一位男性病人提出他的議題：「我失業了，我前途茫茫，我不知道這輩子該怎麼辦？」若團體試圖在這個議題上下工夫，毫無疑問地將會徒勞無功而遭致失敗。成員們會把焦點放在團體外面所發生的問題上。他們會以一些不準確的資料來認定為何他會丟掉工作？並據以猜測他的技術及能力是否可以找到另一份工作。團體的大多數成員會感到無聊及不耐。他們可能在昨天之前從未見過這位成員，而且可能知道他明天就會出院去了。因此，根本沒有時間來真正關注他的問題，也沒有什

麼基礎可藉以希望彼此間相互回應；也就是說，花在解決另一個人外在問題的時間及注意力將會「回歸」給花的人，病人快速的替換率只會使此種「回歸」成真。

就像上一個例子般，治療師必須了解病人的痛苦，但同時要把這個問題放在團體治療的觀點上來看待。因此，治療師可以這麼說：「這件事一定讓你非常不好過。我看得出來剛剛發生的事所帶來的痛苦必定打亂了你的腦子，使你對其他事情無法關注。但不論你丟掉工作或找另一份新工作是多麼痛苦，我都不認為這個團體在這方面能有特別的幫忙。聽起來似乎這個問題在個別治療中，或在你與職業顧問或職能治療師的共同探討中會比較適合。讓我們來看看『這個』團體如何幫你忙。在這裡你能怎麼做來幫助你自己。」

大部分情況下，病人會堅持討論失業問題或可能下結論說，團體實在無法提供他什麼。治療者這時要做的工作就是找出一些病人在人際方面的問題。在此情境下，我會默默地透過一連串有關人際上的問題詢問：「這個人的人際型態和他的失業有沒有關係？或者是他態度上的種種問題造成他求職或獲得另一份工作上的障礙。他似乎不承認其痛苦，我奇怪他對不舒服的感受做了些什麼來得到旁人的協助呢？其他人是不是支持他？他能不能開口尋求幫助？誰該幫助他？他似乎相當洩氣，我不知他如果把失敗告訴我們會如何？我不知他是否覺得團體中有人讓他特別羞於去講他的問題？」等等。

經由這些人際問題方面的探討，治療師可以幫忙一個人去除掉不合理的議題，而找出適合團體討論的議題。

在這個臨床例子中，哈維是位妄想型思覺失調症的病人，從

219

事農作物撒藥粉的工作，因怪異、自傷行為而住院。他宣稱自己唯一的問題是眩暈（對他的工作而言不是件好事），拒絕參與議題討論。哈維宣稱：他來住精神科病房是項錯誤，他應該屬於內科病房才對。

治療師告訴他：「很不幸你住錯了病房。但既然你已經住進來了，何不利用我們所提供的治療獲得一些好處？我常常把這個病房當作是自我探索的一項研究課程。在這兒有許許多多有關自我探索或個人成長的高級課程，你會永遠學不完的，我們每個人都不斷地在學習和成長，在此團體中我們有許多專業的指導者，你都付了代價了，這些都不錯啊！你何不善加利用這個良機呢？」

哈維被這樣的方式說服了。他認為這有意思，而且他猜想，他可以討論為何人們老是指控他，說他一直在對他們說教。

220　　用這類具策略性的方式，治療師可以不至於太困難地幫助每位病人把他們的議題轉成人際方面有關的用語。人際方面的議題相當寬廣殊異，但絕大部分其表達型式不脫下列幾種：

1. 我很寂寞，在我的生活中沒有人和我作伴。
2. 我希望和別人有更好的溝通。
3. 我希望能表達出我的感覺，不要把什麼都擱在心裡。
4. 我希望能夠自我肯定，能說不，而不是老被別人壓得死死的。
5. 我希望能和別人更親近點，希望多交些朋友。
6. 我希望能信任別人，過去我太常受到傷害了。
7. 有關我和別人的相處，我希望多得到一些回饋。
8. 我希望能表達出我的憤怒。

## ▌將人際議題轉化為「此時此地」議題

記得議題形成包括三個步驟：（1）找出病人希望改變的一項個人問題；（2）將該問題轉化為人際用語；（3）以「此時此地」用語陳述出該議題。

剛剛我所列出的一些議題清單，合乎頭兩個準則，治療師所剩下的一個職責是：**幫助成員把這些普遍性的人際議題轉化為有特定、明確意義的議題，且這個議題要把團體中其他成員都帶進來。**

一旦這個基本原則抓住了，技術性的工作就可以直截了當去做。讓我們再重新看看我剛剛所列出的八個議題清單，並檢視所可能採取的某些方法，來把這些議題轉化為此時此地議題。

**1. 我很寂寞，在我的生活中沒有人和我作伴。**

「你能不能想想看，再談談你在醫院裡是怎麼個寂寞法？在這個團體裡，你會對誰敬而遠之？或許去找出你如何及為何使自己在這團體裡面變得孤單寂寞是一個滿好的議題。」

**2. 我希望和別人有更好的溝通。**

「在這個房間裡，你和誰比較談得來？和誰的溝通並不那麼令人滿意？在這個房間裡，你希望和誰能有更好的溝通？在這個團體裡，你和誰有未了斷的事情？

**3. 我希望能表達出我的感覺，不要把什麼都擱在心裡。**

「你願意表達今天在團體裡的感覺嗎？比方說，我想知道你是否願意描述今天進行輪流提出議題到現在，你對一些問題或一些人的感覺？

221

4. 我希望能夠自我肯定，能說不，而不是老被別人壓得死死的。

「你今天想要試試看嗎？你願意試著說出一件你平常會壓抑的事情嗎？你可否在今天的團體中挑出一位最讓你難堪的人，然後看看你是否能夠探索某些你對他的感受？你想不想為你自己爭取一些東西？在今天的團體中，待會兒你想要為自己爭取多少時間呢？」

5. 我希望能和別人更親近點，希望多交些朋友。

「在這個房間裡，你希望和誰能更親近一些？我想知道是不是可以試著用一個議題來探索，到底是什麼使你不想和這些人親近？想不想在今天用點不同的方式來接近他們？想不想聽他們說一說你是怎樣造成和人之間的距離？」

6. 我希望能信任別人，過去我太常受到傷害了。

「你想不想試著和團體的成員們來探索那件事？在這個房間裡你特別信任誰？為什麼？他們有些甚麼特質？對你而言，在這個房間裡哪些人可能比較難以信任？為什麼？他們又有哪些特質？在這個團體裡的任何一個人有讓你害怕的地方嗎？我在哪些方式上讓你感受到威脅呢？我這兒有什麼讓你害怕的事嗎？

7. 有關我和別人的相處，我希望多得到一些回饋。

「為什麼你想得到些回饋？（試著把它和病人生活上的某些重要問題連結在一起）你想要在自己的哪些方面得到一些回饋？在今天這個房間裡，你特別想從誰那裡得到一些回饋呢？」

8. 我希望能表達出我的憤怒。

有關這個特殊議題的處理是很精微的，我在第四章已做較大篇幅的討論。摘要言之，在團體內明顯出現的衝突最好能夠盡快給予去除。對這類議題的處理方式如下：「對大多數的人而言，表達憤怒是件讓人提心吊膽的事，而且可能有太多的憤怒存在以致在今天的團體中無法試著一一表達。然而，大多數的人都會讓憤怒在內部慢慢累積直到一個非常令人害怕的程度。或許你可以處理的方式之一是，當憤怒還停留在輕微激躁或惱人的階段，尚未形成真正的憤怒時，就讓一些負向的感受表達出來。因此，我很想知道，你是否願意在今天的團體裡試著表達任何細微的惱人或煩躁感受，當你才剛剛初次察覺它們形成的時候。例如，你願意談一談今天你對我或對我帶領團體到現在所具有的一些不舒服感受嗎？如果我在今天團體的某些時段問你是否體驗到一些不舒服感受時，你是不是可以接受？」

治療師對上述每個議題的回應是：要帶領病人進入「此時此地」的探索。當然，每一個回應只代表許多可能處理方法中的一種；每一位治療師可根據自己的風格建構出一組處理這些議題的方法。讓我們來看看這些特定技巧所必須仰賴的一般策略是什麼：

**1.協助引導病人將一般性的（議題）變成特定性的**　223

幫助成員十分明確地表達他的抱怨，以及對其他人的感受。和他人互動，清楚地叫出別人的姓名。一旦某位成員可明確叫出另一位成員的名字（例如：「我想和瑪莉更親近，但是我感覺她

在敷衍我。」）自然可以順利地進入會議的下一個階段，因為瑪莉的興趣將會被引發，她會在會談的某些時候問那位病人：「我做了什麼來敷衍你？」

### 2.溫和中帶有堅持

不斷地叮嚀病人。鼓勵、哄勸、說服病人們去形成一個可在團體中討論的議題。這樣做或許會使他們有點惱怒，但終究會有很大的收穫。在以研究為目的而和病人所做的會談中發現，病人重複提到雖然在會議中他們覺得很煩，但最後他們終究會感激治療者的堅持。若病人在了解其任務職責上有困難，應溫和地對待他們。在頭一、兩次會議上可以替他們提供議題，避免做出可能傷害他們敏銳感覺的一些說詞。

一項減低病人惱怒的有效技巧就是，讓他或她來掌控進行的過程。可以不只一次地和病人核對並問他：「我是不是太嘮叨了？」或「我是不是逼你太急了呢？」如此，你讓病人感覺到他可以控制該互動並可以在他或她想要時終止該互動。

### 3.幫助病人區別彼此

224

病人抗拒和別人互動的一個最常見情形就是不情願去區分彼此。一位女病人可能會說她覺得生活上非常孤單，但同時卻拒絕去區別她和某位成員比另一位成員更親近。病人必須先弄清楚誰是誰，才能有真正的人際探索以及接下來的人際學習，這一點非常重要。治療者應強調此問題的重要性，並提出假如一個人無法區別誰是誰，那就會一直有距離而無法建立關係——這正是病人試著要改變的行為型態。

### 4.盡力達成某些承諾

在議題陳述中，即使是一個非常小的承諾，也可以在治療上提供很重要的影響力量。例如，某人說他受到別人的威脅，那麼就讓他來承諾說出在團體中哪些人最威脅到他，哪些人最不會。或者，如果某人提出想要學習如何表達感覺這樣的一個議題，那麼就可以試著要他給一點承諾，在會議上至少表達出一種或兩種他平時被壓抑的感覺。或者，某人提出來想要學習如何為自己要求一些東西的議題，那麼就可以要病人給點承諾，要他在當天的團體中為他自己提出某個特定時間（即使只是三或四分鐘）的要求。或者，假如有人說要表達出更多的自己，那麼就可以要求病人給點承諾來揭露出自己一些團體先前所不知道的個人資料。所有這些承諾就像銀行中的「信用貸款」般，治療師在會談的後面階段將能有所提領。

### 5.態度要正向且富建設性

不要去挑起團體中的衝突。在輪流提出議題時，治療師要協助避免衝突發生，且以正向的感覺開始來促進信任感及建設性氣氛的發展。例如：有人提到他的問題是無法和人親近，那麼治療師最好先開始去探索那正向的一面以便促進討論。例如可以問：「在團體中你覺得和誰最親近？」或「你和誰最談得來？」等。一旦安全感建立起來了，你就可以慢慢地進到較有問題的層面，用這樣的問話：「你和誰在溝通上有了阻礙？」一般性的策略包括：從憤怒較遠的那端著手，然後小心翼翼漸漸接近它，直到你找到一個很適當的地方來進行治療為止。

### 6.將阻抗轉化爲工作議題

有時病人會毫不遲疑地抗拒提出議題。可能是因為太憂鬱、太意志消沉，或太認定自己無法改變，最好死掉算了。在此情況下，最重要的是：把自己定位，並放在病人那健康的部分上，亦即想生存下去的念頭那部分。一個高功能團體之所以可多所選擇其有利點之一就是：治療師永遠可以假設今天病人既已決定來參加團體就意味著他想有所成長。

輪流提出議題可視為幫助個人滿足需求的一項活動。透過強調該議題，治療師不但可以打破阻抗，並且可以建立一個新的治療聯盟關係。一些勉勵的話，對病人而言有其基本上高度支持的效果，如「為你自己提出要求」、「讓你的需求得到滿足」、「自私一點」、「學著看重自己、對自己好一點」。這些話顯示治療師有強烈的感受，認為病人是值得關心與注意的。因此，由治療師而來的議題壓力將不必然會挑起防衛性。不會有什麼人反對誰是太沒有自我、太不自私，或付出太多。也不會有人對治療師勸告別人為自己多提出點要求起憤慨之心。[12]

有時阻抗的產生源自治療關係上的問題。例如，病人抗拒形成議題是為了全面打擊治療師之用。這種傾向很容易從病人在病房中對許多治療活動的態度上反映出來而予以認定。如果衝突情況嚴重，首先，你可以去澄清醫病關係。你可以指出，治療師是很容易被打敗的。但是，病人有的卻只是一個皮洛士式[12]的勝利者，他所失去的遠比獲得的要多得多，即得不償失。為何要做

226

---

12 譯註：Pyrrhic，古希臘的國王，在西元前 280-279 年打敗羅馬軍隊卻付出極大代價，指得不償失的勝利者。

個敵對者呢？畢竟，你是位治療師，是要幫忙的，為何要有衝突呢？又何必呢？

## ■ 「終極產物」的議題：臨床舉例

完全成形的議題在細節、內容及型式上都有著極大差異；無法，也沒有必要去一一列舉。然而，從團體會談中所提出來的代表性議題卻可以說明一項有用的議題像什麼樣子：

1. 「瑞克在昨天的團體中提到他是個同性戀者。關於這點我有很多感受沒有拿出來分享。」

2. 「如果我的眼睛沒有如此化妝，你（指團體中的某位男性）是否還願意繼續跟我講話，關心我？」

3. 「對於史蒂夫（團體中另一成員）過度的行為我蠻惱怒的。我怕今早當我這樣子說時，已經傷害到他了。」

4. 「我想知道我這樣搖晃的行為如何影響團體中的每個人。」

5. 「有人說我不是真實的。昨天你們兩個（指出團體中的某兩位成員）說你們可以把我視為某位工作人員，我想知道這究竟是怎麼回事。」

6. 「我必須搞清楚，為什麼在團體中我是如此害怕說話，尤其是面對跟我同年齡的人（指團體中的三位成員）。」

7. 「今早的團體中有人告訴我，說我整個沉迷於木工活動上。你們是否也這樣認為？果真如此，我想好好來探討此點。」

8. 「我希望能夠處理我對團體中男人們的憤怒。」

9. 「我需要學習在他人面前如何談論我有關性欲方面的感覺。」

227

10. 「別人認為我很怪異，因為我害怕碰觸任何東西。昨天我戴著手套玩牌而被取笑，使我覺得非常不舒服。因此我想向大家說明到底這種害怕是怎麼樣的一種感覺。」

11. 「今早生活座談會中我說了一些不正常的話，對於那樣說我覺得非常懊惱。不知在座各位對於今天早上之後的我有什麼感覺？」

12. 「我想知道是否我這個人的哪些地方或舉止行為會使得男人想要強暴我？」

這些都是「終極產物」般的議題。它們都經過充分的過程，而由治療師予以成型，與它們最初被提出來時有很大的不同。舉例而言，最後三個議題都是由參加團體不下十二次的病人們所提出。每個議題都是透過相當多的治療演進結果。最後那個議題是由以下這樣一個病人所提出來的。她在最初的幾次會議中，根本不願談及被強暴的事實。最後，在學習到團體的信任以及由他人處聽到別人被性侵犯的事實，她終於願意去討論，而且也唯有透過許多治療上的努力到最後才形成這樣的議題，去面對這樣的可能性，即她是否和**絕大部分強暴受害者不同**，而在這件發生在她身上的事情上曾不知不覺扮演了某種相當關鍵的角色。

## ▌對提出議題職責的阻抗：有關「責任」的假設

在稍早有關議題的討論中，我曾指出病人形成議題的困難處乃單純緣於認知層面上的問題。很多病人無法理解此項職責的相關性及機制。因此，到目前為止，我集中在討論什麼方法可讓治療師來幫助病人們克服認知上的困難。但有另一個病人認為該職責之所以麻煩的理由；這個理由有其更深的根源因而造成治療上

228

更大的阻礙。提出議題的職責其本質可直探到許多病人的根本精神病理上且因而引發劇烈的阻抗。因此，即令是最清楚的指示，有些病人還是無法理解該職責，拒絕參與進來，產生巨大的焦慮，或甚至於因為某些自己也不清楚的理由而對整個活動憤怒不已。

　　為了形成一連貫策略來克服此一阻抗，治療師必須知道阻抗的來源。在意識及無意識兩層面上，病人對議題的猶豫不決是因為該職責那麼直接要他們面對「責任」問題。治療師要充分了解阻抗的本質，必須先了解責任的概念——議題職責的文本下意涵，即言外之意。

　　責任就像「著作權」一樣。覺察個人的責任意味要能覺察創造自己本身的自我、命運、生命境遇、感受，以及可能的話，個人所蒙受的痛苦。心理治療中有關存在課題的參考架構指的是，每個人都必須面對生命中的某些「終極關懷」（不管是意識或無意識的）。在我的《存在心理治療》書中，我提出人類終極關懷的課題是：死亡、孤立、無意義及自由❶。

　　在這四種終極關懷中，自由和議題職責所引發的阻抗有最密切的關係。自由包含兩個主要成分：責任和意願。我們選擇逃避面對自由（以及其他終極關懷事項），是因為這樣的面對會產生巨大的焦慮。個人避免面對責任是因為覺察個人責任會造成深度的懼怕。好好想一下它的意涵是什麼，如果情形真的是這樣，確實是我們本身賦予這世界以意義，經由我們本身的選擇創造了我們的生命與命運，如果真的並沒有什麼外在參考架構，宇宙中並沒有所謂的偉大設計，那麼世界也將不會一直是如我們過去所見般。除了我們周遭所謂的世界設計，以及我們腳下的堅硬土地

229

外，我們終究必須去面對自我創造所迸出的孤獨感，以及面對無依無據所產生的恐怖感。

病人會用很多臨床模式來避開對責任的認識：他可能經由外化作用（externalization）將責任轉嫁到別人身上，把做錯事而來的指責歸咎於某外在人物或單位；也可能認為自己是事件的無辜受害者，被迫（不知不覺地）這樣做而把責任否認掉；也可能藉著暫時「失去理智」來逃避責任；也可能用各種不同方式避免自主行為以及自主選擇；也可能做的方式像是替別人「承擔」一切般；也可能發展出強迫症使別人認為其行為是無法控制的。

所有這些臨床上的病症，治療最重要的第一步是：幫助病人感謝他自己在製造出其挫折不適中所扮演的角色。事實上，如果病人不願接受這樣的責任而持續因為其不快情緒責怪他人或其他單位時，治療將很難奏效。因此，責任假設（responsibility assumption）是治療決定性的首要步驟，但也是會遭遇到巨大阻抗的一步：在無意識層次上，病人因為對無依無據（groundlessness）的焦慮而不願去察覺該責任感。

還有另一個責任假設引起焦慮的原因：如果病人開始察覺到必須為現在的生命境遇負責時，他們也會轉而去欣賞過去他們為生命歷程負責的程度。對許多病人而言，那份察覺會產生相當巨大的痛苦：當他回顧過去生命的災難，過去未盡發揮的潛能，從未檢視或採用過的所有可能性等，那麼他將充滿罪惡感——不是傳統意義上對別人所作所為的愧疚，而是從存在意義上來的愧疚，亦即對自己生命所作所為的愧疚。

所以，形成議題這樣一個簡單的動作畢竟不是真的那麼簡單；它讓病人不得不面對埋藏於焦慮深處的各種課題，深達病人

最根本存在的基礎深處。請仔細考量病人在形成合適議題時所必須小心採取的各種步驟。

### 1.明瞭自己有某些地方必須改變

對病人而言非常重要的一步是：他自己認為本身有某些地方必須改變。確實，對某些非常習於外化作用的病人而言，這是急性住院病人心理治療團體的一項絕對足夠的目標。病人認為他們的問題是在外面那裡，諸如雇主的不公平待遇、被不忠的配偶遺棄，或是命運的犧牲受害者——直到他們認清自己在其生命境遇中所扮演的角色，才有可能開始改變。否則，何必要改？治療不是導向自己而是那造成傷害的他方，這樣才有道理啊！只要病人繼續不斷地用外化方式，那麼他所能接受的心理協助就只能局限在諸如憐憫、支持、解決問題、勸告以及建議等這些方式上。

住院病人中有很大的比例是非常嚴重地用外化方式來看問題的。這些人包括諸如：心身症、妄想症、非自願住院病人，以及大部分的精神作用物質濫用病人等各種不同的臨床病症。

### 2.指出個人想改變的某些特定面向

幫助每位病人指出他需要改變的特定面向是一項很重要的工作。很多病人可能因生命擺盪不定而過於意志消沉、缺乏鬥志，以致覺得改變無望。推動他去找出一個重新的出發點，承諾自己去參與一項特別的工作，如此常可激發出希望並戰勝迷惘。

### 3.把自己的願望提出來和他人溝通

學習如何把自己的願望和別人溝通，這是一項非常重要的步

231

驟，也是一項可藉此看出許多病人精神病理的一個非常重要的面向。它使人們深切體會到別人是無法了解你的心思；別人是無法自動了解到你的願望；人們必須大聲地把它說出來，否則別人是不會知道的，而該願望也不會被滿足。

人們必須把願望和別人溝通，這樣的覺察是很重要的，因為它可使我們了解到（雖然會是不好的滋味）我們真正是孤獨的，沒有一個萬能的僕人在照顧我們，除非自己改變否則情況是不會有變化的。議題形式也可以透過另一路徑使我們了解，如：病人在參加多次會議後逐漸體會到，如果他們不形成各自的議題，將只能由會談中得到很少的益處。即使只是幾次的會議，病人也能相當了解哪一類議題可獲得注意並產生療效。在覺察的某種層次上，議題可促進病人某些內在對話，而這些對話使病人不得不去面對他那「沒有意願改變」的問題。

有位憂鬱症女病人其所提出的議題或可闡明一些課題。她因為感到自我挫敗、自我輕視而提出了下述議題：「我覺得像個徹底的失敗者，今天我來到這團體所要的只不過是支持，我需要人們給我許許多多鼓勵。」

治療師要她說得更明白點：「妳想要的是怎樣的鼓舞？妳希望大家對妳說些什麼？」

想當然爾，這樣的問話方式會引起很大的惱怒不安。要求別人主動來稱讚自己是很惱人的。病人的回答充滿著怒氣，她怕怕的一聲說：「如果我必須告訴他們該說些什麼，那算什麼？」

然而從另一個層級來看，這還是有很大作用的，病人不僅表達出她的痛苦，並且精確地指出如何會使她感覺更好。這一點在她學習如何成為她自己的父親和母親方面是跨出了一大步——而

對這位病人以及一大堆其他病人都一樣的是，這是心理治療的一個主要目標。

### 4.學習如何照顧自己

治療師在輪流提出議題過程中所碰到最常見的問題情境是：有這麼一位病人說，他太難受以致無法提出議題。

舉例來說：某位病房團體治療中的成員——黛安，是位年輕女性。她緊縮著身體坐在沙發上，頭低低的埋在雙手裡。會談開始後數分鐘，她忽然大聲哭泣。當問到她的議題時，她以顫抖的聲音提到自己已經在床上哭了一早上，完全無法做事，只想死。「我心情太糟了，不能想什麼議題，今天我只想待在團體中不想做什麼，我只能這麼說。」

首先，若治療師讓會談自然進行下去，那麼最可能發展的劇情如下：團體成員毫無疑問的會去救她。很難不去注意某位身處危險邊緣的人。大家會試著去撫慰她，但更可能的是（如治療師從其他會談中所了解），黛安將會找各種方法（「是的，不過」）將這種努力撫慰轉移或偏離。最後團體將會很惱怒她佔去了大部分時間，並且因為無法幫助她而受挫、生氣、不安。

即使團體成功地撫慰了她，即使支持了她，決不意味著這樣的會談對她會是好的治療。過去每次她被那樣支持，她會有陣子感到舒服；但這個舒服感是很容易消失的，沒有留下任何真正的自我認識來幫助她面對未來的危機。治療者的工作是提供她一些工具，使她在面對下次大危機時能有效處理。

為了完成此任務且避免預期性對黛安及團體產生反治療效果，治療師必須幫助她了解到，她必須為自己的治療負責。最好

233

243

的開始點就是協助她做下承諾，要利用團體來幫助自己不要那麼消沉。治療師必須溫和的推動她去形成這樣的一個議題。他可以這麼開始：「黛安，從現在開始的七十五分鐘，妳可以做什麼使妳在離開這房間時會感覺較舒服？」若她無法或不願回答這個問題，治療者可以用其他方法來幫助病人找出她自己的資源。他可以問：「黛安，妳以前也有過這種感覺，那麼過去是什麼幫助妳覺得比較舒服？」或「黛安，我知道有很多次妳覺得團體幫助了妳，我看到妳離開會談時比剛進來時要好得多，是會談中的什麼東西幫助了妳？」

治療師用了很多方法溫和的引導黛安去面對責任。剛開始她拒絕了治療師的一些問話，但最後她提到，在過去的會談中她曾經由分享親密事物而確實得到許多幫助。現在真正使她困擾的一件事是：她身旁沒有可說話的對象。她感嘆生活中沒有了這些親密關係。

治療師回答：「那麼，黛安，妳確實知道是有個方法可以使自己覺得比較好，那就是與別人建立親密關係囉！」當黛安同意此說法時，治療師已建立起某種治療上的作用力而使他可繼續問下去：「黛安，妳如何才能讓自己覺得和別人更親近呢？」此時黛安已停止抽泣，她說如果她能表現出更真實的自我，摘掉面具，告訴別人一些她真實的事，她就會感受到更多的親近。

至此，黛安已完成三分之二的議題工作；她已指出她行為中可加以改變的部分，並且用人際用語表達出來。剩下來的部分只是如何把該議題帶到「此時此地」。治療師問道：「黛安，妳能在我們團體中找一個妳願意親近，並告訴他更多有關妳真實自我的人嗎？」黛安選擇了一個年紀相近的年輕女性，麗莎。治療師

問她願意現在在團體中或是在會後去表達嗎？她覺得比較喜歡在會後來做；然後在治療師的促使下，她和麗莎訂了個會後三十分鐘的約會。黛安並承諾在下次會談中和團體共同分享她和麗莎所討論的事（第二天，我們得知她相當詳盡地告訴麗莎有關她暴飲暴食的事——她的這一面即是其自我憎惡的一項重要根源，同時這也是她絕少告訴別人的一項祕密）。

在會談最後，治療師提出評論說黛安看起來好多了，並問她是否也有這樣的感覺。當她同意時，治療師藉由詢問她到底是什麼促使她覺得好過多了來再次強化這種學習的重要。而她也毫無困難地能夠認定那是因為她能夠向團體中的其他人親近之故。

重要的是，讓病人貯存這樣的知識，使他們能夠建立起行為的寶庫讓他們將來能幫助自己。治療師要幫助病人不要誤以為改善或崩潰都是無法控制般，像雨點落到他們身上。常常，治療師會仔細地探究是什麼事件導致病人崩潰、惡化；但是同樣重要的是，去探索那些會使病人改善的事件。當一位受挫病人改善時，治療師要提出疑問，問是什麼因素造成的，這點非常重要。譬如：若有人提到是因為與護理師、病友或醫生談話後有了改善，那麼就要進一步探索是會談中的哪一部分導致如此。把會談中有用的部分彰顯出來，那麼他才能真正「擁有」這點，並在往後再次加以運用。

有些治療師不太願意去分析改善的原因。他們舉出一個有關蜈蚣的故事，即當蜈蚣被問到何以牠有如此多腳又能走得那麼好時，牠想要去仔細分析自己的步伐，結果反而打亂了牠自然的韻律，使牠再也無法行走。有些治療師害怕同樣的事情會在治療中發生：即認為改善是一種靠不住的平衡，治療師可能因弄壞了自

235

發性或把改善的「魔力」面暴露出來而弄巧成拙。我以為這不是一個重要的問題；因為，倘若這進步本身是那麼脆弱、不堪一窺的話，它對病人的未來也不可能有多大助益。

## ▊ 議題阻抗：邁向（解決）精神病理的一項指引

議題職責會引發焦慮是因為它深入精神病理的核心，治療師的工作並非只是幫助病人形成議題，而是要利用這種阻抗現象當作指引來幫助病人指認、重視並啟動力量，針對這些關鍵性的病理部分進行治療。下面一些臨床實例或可說明此點：

### 害怕孤立：瑪格的故事

瑪格是位三十五歲精神科護理師，因意圖自殺而第四次住院。雖然在大部分病房的治療活動裡她都被認為是位模範病人，但是在議題形成的過程中，她卻非常抗拒。她發現自己對議題方面的工作會有莫名的生氣並且無法形成一項議題，這種無能使她覺得自己很笨且能力不如人。這對她來說是不對勁且不尋常的，因為她有很好的口才以及豐富的心理學知識。

瑪格對自己相當好奇，並且很快知道自己在議題職責上會中斷掉而且感到憤怒，這似乎有其非理性的根源。很快地，在治療團體中，她有了這樣的議題：「我想要知道為什麼我這麼困難去形成議題？」

她初步的領悟是——她總是個給予者。在她精神科護理師的專業裡，她一直在給予。尋求幫助是違反她一貫作風的。很快地，她了解到，難以求助正是重點所在，她相當確定她多次的自傷和自殺行為，其實都在意味著「尋求幫助」。

　　治療師問她，是什麼原因使她難以坦然求助？治療師在多次會談中反覆問了幾次後，瑪格漸漸了解到她自己的強烈願望，即治療師不必她要求而能知道她所想要的。只要想到沒有人是「站在某處」幫她，沒有一個終極守護神來默默呵護她，那的確是讓人不舒服的事。

　　然後她討論到生活中類似的處境。多年來，當她獨處時都會感到極度的恐慌。她已離婚多年，雖然明白不管在心理上或經濟上她都不適合照顧她的女兒，而且她的丈夫已經再婚並焦急地要取得孩子的監護權，她都不願放棄。她認清之所以要把孩子留在身邊，不是為了孩子的緣故，是為了自己；她用孩子來緩衝自己的孤立。在更深但陰暗不清的心理層面上，她一直知道這點，並一直感受到因應而生的愧疚和自責感。

　　瑪格獨處時的恐慌已遠超過一般離婚者典型的孤獨感、被社會排斥或因沒有被保護而對侵入者的害怕等。事實上，她具有強烈的不存在感，就像很多邊緣人格的人，只有在別人感受到她、肯定她時，她才感覺是真實的。

　　瑪格這種必須依賴別人才能感受到真實存在的情形，對她的治療和社交關係具有很大的意義。其中之一就是她害怕治療師會忘記她。她以憤怒和害怕的口吻敘述一位多年前曾治療過她約一年的治療師，在街上遇見她時，竟然花了「將近四十五秒鐘」才記起她的名字。

　　她在形成議題時所感受到的不舒服幫助她了解到，自己的害怕孤立是多麼地影響著她的生活。例如：以前每次住院時，她都會愛上極端不適合她且相當混亂的男性病友；現在她可以了解到，她是如此害怕孤立以致寧可急於和男人，任何男人，建立關

237

係而不願去面對自己的寂寞。

### 對依賴的需要：霍的故事

霍是位五十歲的憂鬱症患者，第三次住院。每次都是因為太太威脅離婚而發病住院。在團體治療中，他發現自己根本沒有辦法去理解或形成一個合理的議題。他變得愈來愈懊惱且激躁不安，「如果我知道哪裡出了問題，我就不會在這裡了。」這種態度令人困惑，因為之前幾次住院，他都能有效發揮團體治療的功能。

最後，經過治療師一再鼓勵，他提出了一項議題：「今早在一個『隱喻團體』中，有許多病友說我是一輛『輪胎沒氣又沒司機駕駛的灰色巴士』。我想從參加該團體的成員中知道你們確切的意思是什麼。」

當治療師問他對這隱喻的意見時，他迴避掉問題，並且儘管他腦筋不錯，他仍僅用一些模糊字眼來回答。他這種對議題消極無助的態度，正如他對整個治療所抱持的態度。例如他說他之所以住進醫院是由於他太太為了一些他完全不明白的理由而堅決要跟他離婚。這種挫折、被動和似乎是假裝的無知，阻礙了每一個治療步驟。

治療師堅持要幫助他形成議題，並提醒他：他曾參加過其他團體，看來對他是有幫助的。「果真如此，團體到底是如何幫助的呢？」他承認過去團體確實是有效的，於是幾乎是很不好意思的提到，當揭露自己並且被人接受時，他會感到有所幫助。

治療師和其他成員於是指出霍的問題核心：他相當的沮喪；他有很多可用的資源可幫助他，但他堅持相信自己其實是無知

無能的。「無駕駛巴士」的隱喻是非常恰當的；霍藏在裡面，在坐位下，假裝無知，等著被駕駛。最後，大家指出問題並要霍面對：「為何你假裝不知道如何來幫助自己呢？你希望得到什麼？對你而言，那又是什麼意義？」

　　這是一種有效的「點出問題」的過程。議題探討可幫助霍認出問題何在，如此他可在團體、個人及婚姻治療中加以注意。之後，我們從他的婚姻治療師中得知，這個問題也正是他婚姻治療的核心問題。霍的太太離開他是因為他的消極、被動和依賴，而他的回應卻是變得更消極、更無助——就像他在團體中的表現一般。他那無意識的希望是：他這種極端無助能阻止太太離開他——正如在治療中，他希望他的極端依賴可導致治療師及團體去預期並滿足他的所有需求。一旦治療師確信了他的無助，他那適應不良的行為也就被強化了。藉著要霍去面對其內在的不一致（「為何你假裝不知？」），治療者幫助他認清他基本性格問題之所在。

239

　　對於瑪格和霍這類有著極端消極依賴的病人而言，治療工作的主要部分是形成某個議題的過程本身（而非討論主題，那是在會談後期才發生的）。換句話說，要能認清、能敘述出來、願意改變，才能使這類病人產生改變。因此，一個議題的整合綜述（formulation）可能會非常慢。治療師不可誤以為這是治療工作的前奏而已；這樣的整合綜述常常就是治療本身。

### 害怕成長：茱妮的故事

　　茱妮是位二十三歲女性病人。在她決定放棄養育她五個月大的私生子後，因憂鬱而住院。在第一次團體會談中，不像其他所

有人般，她坐在地上緊張地扭著她的頭髮。她是最後一位被問到議題的，而她只能喃喃低語並暗泣著：「有罪。」再問下去時，她就完全停頓，只能啜泣似的說道：「我沒辦法，我不知道為什麼我沒辦法提出議題。」

治療師覺得再給她壓力也不會有效，試著用不同的方式。他說：「茱妮，我想我知道妳為何辦不到。」茱妮被引起興趣，以期望的眼光看著治療師。「妳照顧小寶貝已經好幾個月了。現在妳希望自己能被好好照顧。」茱妮低語著：「是的。」團體中的一位成員隨後問道：「那就是為什麼妳一直低聲說話的原因嗎？」茱妮再度低語著：「是的。」治療師問：「和其他成員比起來，妳覺得自己現在多大年紀？」（這樣一個突然的問題，通常是很有效的。）茱妮回答：「我感覺非常，非常，非常小。」

在這點上開出了一條路，可建立起一個議題和一項約定。治療師提出了可發揮作用的問題：「妳滿意那種狀況嗎？」茱妮以比較大的聲音回答：「不！」，「那麼，」治療師說：「或許妳可試試一個有用議題，讓妳學習如何在這個團體中更成長一點。」茱妮同意，稍後治療師繼續在這個議題上工作，要求其他人試著角色扮演，如果他們是處於茱妮的狀況，如何以一種成熟方式來形成議題。有三位病友馬上予以回應。一位女士說，她希望處理對於放棄自己小孩那種羞愧的感受。另一位說，她希望談談對孩子的爹拋棄掉茱妮的氣憤，以及對所有男人的氣憤。還有另一位表示她可能會說：「我精疲力盡了，我已做了所有我能做的，現在我希望能馬上被關照。」

對茱妮來說，這是個非常有意義的會談。雖然她在病房又住了三個星期，在一次出院前的會談中她提到，在整個住院過程中

她了解到最有意義的事情就是：她知道自己是多麼年輕，多麼渴望被關照。

## ▌議題形成：完成職責

　　成員在所形成的議題上其種類非常多樣。受到下列許多因素的影響：包括當天團體的組成、其穩定性及其大小。如果團體相當穩定，所有參加成員在前幾次的會談中即已整理好議題，則輪流提出議題便可很快完成，但這絕非意味著成員每天都用相同議題。偶爾某個人會一連好幾天都在處理相同的議題。但是一般而言，議題都會有某種程度的變化：他也許會因團體中成員不同了，或因前一天的治療開啟了不同景像而改變其焦點。如果團體中有較多新成員，則輪流提出議題可能要花費較長的時間。如果團體較大，則每個議題只能花較少時間。

　　一個進行順利的輪流提出議題能產生相當豐富的臨床材料而有助於團體去有效運用時間。看看下列九人團體的會談：

　　在大約25分鐘內，某位精力充沛、富支持性的治療師幫助成員形成以下這些「完備」的議題：

1. 「我是個受虐兒，對於自己一直沒能把問題解決掉有著很深的感受，我從未向別人提起，現在我希望團體來幫助我將這些感受說出來。」

2. 「在昨天會談中我和你（團體的帶領者）有些未了結的事，想在今天談談。」

3. 「我必須學著去認清自己的感覺，我想我必須自己來做，不過我願意試著把在會談中的感受拿出來談一談。」

4. 「我必須學習和別人相處，更能冒險嘗試，更肯定自己，242

特別是與在座的男性們。」

5.「我現在感到非常脆弱且容易受傷，而我想在團體中加以
處理，真希望能夠告訴在場的每一位，所有關於我受傷害
的各種不同方式。」

6.「對於今天早上我與邁可（團體中另一位成員）的談話，
我有強烈的感受，我願試著提出來加以處理。」

7.「今天我沒力氣提出議題。」這時治療師常能以下面這個
問題來推他一把：「假如你有足夠力氣提出你的議題，你
想那會是什麼？」病人接著說：「我想我會要求團體中其
他成員給我一些回饋，特別是男性成員，因為我常會為了
某些緣故而與男人做對。」

8.「我想要談談我對我身體外觀的感覺。那一定和我的體型
大小有關。我是這麼的壯碩高大以致每個人都覺得他們可
以靠著我來尋求些協助。」

9.一位新病人說：「我之所以來醫院，是因為我的女精神科
醫師要離開幾個星期，我愛上她了，我要和她結婚，而
我想在團體中談談。」治療師問團體該如何來幫助這位病
友？畢竟該醫師不在場。治療師提議說：「可否提一些和
這個團體更有關的事？」病人接著便指出他也正對團體中
的某位女成員講出類似的感覺，或許他可談談這些感覺。

## 243 議題付諸討論

輪流提出議題的完成，標示著會談的一個清楚接合點。治療

師或許可利用此時讓團體成員有機會面對責任承擔這一主題。例如治療師可說：「好，我們完成了輪流提出議題，顯然你們都說了一些真正重要的議題，現在我們應如何繼續下去呢？你們想如何開始推動呢？」如果治療師此時眼神投向某人，那無異於邀請他繼續討論他的議題；因此，治療師可以用幾分鐘的時間看著地板。

這種策略會使團體中的某些病人對團體負起一些責任，可能有人會出來說：「好！我開始。」或「我認為我們應以某某人的議題開始。」這種開頭經常具有高度象徵意義，可以是對某些成員議題加以進行的重要工作階段，其中的許多議題如下列：要求有一些時間來處理他們的問題，學習如何要求幫助、自我肯定、冒險及關切別人的需求等。

當成員思考他們應如何開始這個會談時，那一、兩分鐘的沉默就好似孕育期般。有時治療師可在會談稍後的階段中進行而頗有斬獲。你可以去詢問那些說話者的感受及想說而未說的感受。當某些人為自己負責而取得時間討論其議題時，他們的確感到鬆了一口氣抑或覺得失望？

## ▌具策略性的一般指引

244

團體逐項討論議題這一階段，在許多方面與以互動為基礎的團體治療蠻相似，其間，治療師幫助成員探索及改變其適應不良的人際行為，並且試著發展盡可能多的療效因子的產生。治療師應試著建立盡可能多的凝聚力、鼓勵利他行為，使病人體驗到普同性、協助發展社交技巧、灌注希望等。像任何團體一樣，治療師藉著協助成員，不只是幫他們學會請求、接受以及給予回饋，

同時學會彼此相互信任、支持，並能適度揭露自己。

　　但有一項重要的差別。治療師在團體中可隨意處理每位病人的議題，他們能以「依規定訂製」且有效的方式去主導會議的進行。住院病人團體的時間只是一次會談，而治療師從輪流提出議題中所獲取的資料，使他可以在該次會談中有高度效率地進行治療。治療師知道哪個病人須學習提供他人回饋，而哪些人需要學習接受回饋；哪個病人要更主動些，哪個病人要學習聆聽、並對他人的需要能敏銳察覺。簡言之，治療師有一個行動藍圖，以確保進行有效且高度切合的團體工作。

### 1.對最大多數人給予最大裨益

　　例如一個十人的團體，他們都有一吸引人的可進行議題，而時間只剩三十分鐘，顯然無法詳盡處理所有的議題。所以治療師必須在會談開始時便明白地說明──輪流提出議題是團體工作的一部分而非工作的前奏，而且也不一定所有議題都會加以處理。而是說，**這些議題只構成成員在時間允許的範圍內所想要進行的工作**。如果未說清楚此點，有些成員會認為治療師沒能信守承諾。確實，某些病人因為有移情方面的傾向，特別容易對會談產生這樣的經驗。這些人需要多次給予清楚說明──即並無法承諾解決每項議題。事實上，時間的限制根本無法做到這點。

　　雖然有這些限制，治療師仍應處理盡可能多的議題，這是很重要的；一般而言，在每次會談中都可以對絕大多數的議題做些治療性的工作。

　　要達到這個目標，首先需要治療師高度的注意力。在輪流提出議題結束時，不管團體有多大，都要能記住每一個人的議題。

經過練習，你應能記住 12 至 14 個病人提出的議題。如果你特別主動地去幫病人形成其議題時，會更容易記住。我建議治療師可於會後與協同治療師或觀察者共同回顧每位成員的議題，這將有助於訓練此記憶力。

### 2.同時處理數個議題

我相當贊成並且認為，一次處理許多議題幾乎是沒有什麼問題的。可能的話，避免一次處理一個議題，盡可能避免在團體中一對一的處理問題。相反地，要試著把多項議題放在一起同時討論。好的團體帶領者有如交響樂團的指揮般，他能調和每一位演奏者所做的貢獻。

舉例如下：有一個八人團體，其中三個人的議題是這樣的： 246

巴斯說他想學習如何交朋友，「我從未有過任何真正親密的朋友，我想我根本不知道如何交朋友。」

依鳳說：「我希望能有一些回饋，我想學習更多與人交往的方式，使我能與先生和平相處。有人告訴我說，我曾做了一些讓人不舒服的事，但我不清楚是什麼事。」

史達特說：「我的醫生說，我必須學會如何與人分享或分擔，而我也同意。我常常把每件事都壓下來，有時我覺得都快要爆掉了。」

會談一開始，史達特就說：「我要冒險一試」，而且確實他也做到了！他提到一些有關自焚而死、自我毀滅性的幻想以及一些妄想——他對一位年輕少女的欲念，導致他家一場火警而幾乎使家人喪命。

在這一高度自我揭露後，治療師對他可以有許多選擇。但利

用此原則（同時合併盡可能多的議題），治療師刻意朝向巴斯（他的議題是他想學習如何交朋友），問他對史達特所說的有何感受。巴斯以相當置身事外的方式建議：「我想每當你有這樣的幻想時，你應當打電話給你的治療師！」

此時是一個極佳的機會去對巴斯的議題主動加以處理。治療師轉向史達特，問他對巴斯的看法有何感覺？會不會讓他覺得巴斯很友善？會不會讓他更想多認識巴斯抑或遠離他？結果史達特說他感到很隔閡，覺得巴斯的話不痛不癢。接著，治療師透過巴斯的協助，確信這不是巴斯的本意，他實際上是想伸出援手並說些溫暖或支持的話。

團體接著討論，巴斯到底該說些什麼可使史達特感到親近。治療師說明形成友誼的關鍵在於互相自我揭露，當史達特在做自我揭露時，他是在冒險，這時如果對方也做相對的適度揭露，那麼就能得到最大的安撫及保障。接下來巴斯被邀請再試一次看看，他終於自我揭露了她對嫂嫂的性愛慕，這使他產生許多罪惡感。此時，史達特肯定地表示，他覺得巴斯現在更親近了。

治療師又問依鳳，她對史達特的說明感覺如何（記得她的話題是要學習她何以使他人不舒服，藉著改善和她先生的夫妻關係）。她習慣性地以其冗長、迂迴而毫不相關的方式開始詳細述說其第一任、第二任丈夫及許多鄰居，而且直呼他們的名字。幾分鐘後大家都感到困惑、惱怒不安。之後帶領者打斷她的話，並告訴她，這個時候停止說話是很重要的，要她聽聽別人對她的回饋。使大家吃驚的是；她要求再多給一分鐘，然後她立刻抓住重點並向大家說明她腦子裡的一些糟糕想法——必須為兒子的智能不足負責。

團體此時給了她大量的回饋。他們告訴她，在最後一分鐘時，他們明瞭事實上她有一些非常重要且極為相關的話要告訴史達特，但結果卻講得大家又迷糊又生氣；因為她說了一堆大家不認識的人的名字，說了一堆不相干的事，她沒有讓大家了解她講的故事到底跟史達特的自我揭露有何相關？史達特說剛開始他曾試圖注意聽，但幾分鐘後就迷迷糊糊了，再也不認為她的話和他有任何關聯，那之後他就不想聽了。

因此，大約 10 分鐘之內便有效地處理了三個議題。

### 3.使議題發揮效用

治療師應盡可能讓議題發揮其功用。要記住在輪流提出議題中所做的所有分派和承諾，並在會談中適時地「加以兌現」。

例如：有位病人開始說些非常離題的話，花了非常長的時間說了些曖昧不清、「外面世界的」、無關個人的事。由於住院病人團體治療是要求單次治療的時間框架，時間非常寶貴，不容浪費在毫無用處的大量空話上，似無理由讓說話的人繼續下去：不僅說話者無法從獨語中得到益處，而且終將引來其他成員的氣憤，使大家覺得浪費時間。

但當你能讓另一位成員的議題代勞時，又何須自己去停止他呢？剛好另一位病人，佛瑞德，有此議題：「我希望能要求團體給我時間，來談談自己的需求。」有了這麼一位獨語不休的病人乃給予絕佳機會處理這樣的一項議題，而治療師的職責即是去找到一個方式協助佛瑞德介入及處遇。只要簡單的一個不經意眼色便是一個夠格的暗號。或者他可直接中斷那獨語者，問道：「佛瑞德，我想知道你現在感覺如何？」只要氣氛適當，佛瑞德將會

表達出團體沒給他時間而產生的懊惱。這樣的過程對開始討論其議題的佛瑞德而言是絕佳的治療，只要獨語者剛好也非常需要聽到其行為對其他成員所產生的影響，就會有好處。注意，重點不在強調幫團體表達出對獨語者的憤怒，而是引導團體沿著較溫和的管道，讓獨語者知道自己的行為如何阻礙了別人去滿足其需求。

　　舉另一臨床實例，在某一團體中有位成員蓋兒，她是個陷入極度沮喪的病人，不斷地啜泣著，明顯需要別人的安慰。但當其他病人有以下各議題時，何須勞動治療師去做安慰呢？諸如：「我想學習如何能更接近別人」或「我想學習如何能掌握自己的情緒」，或「我想學習如何開放自己並表達出我的感受」。治療師可鼓勵，譬如希維亞（另一成員），對這位難過異常的病友做回應，如此，治療師可發揮加倍的治療效果。

　　治療師可使用前述例子中所提到的方法：對著希維亞使眼色或如果不成時就對她直接說明。希維亞第一個回應可能是她想安慰蓋兒，但不知做些什麼好。在此節骨眼上，治療師可以有一些有效的選擇，例如：詢問希維亞第一個衝動，她想做的是什麼？當她看到蓋兒哭時她想到些什麼？如果她想安慰蓋兒，她會做什麼？一旦她表達出這些，治療師可以轉向蓋兒，要求她對希維亞的表示做反應。「如果那樣的話，妳會如何感受？」「那會有幫助嗎？」「什麼最有幫助？」「希維亞能做些其他什麼，使她在此刻能得到安慰？」

　　此時，整個次序將進入對雙方皆有高度治療性的狀態。一方面，在某種程度上讓蓋兒自述有什麼方式曾可協助自己得到安慰。另一方面，希維亞，這位想當然的安慰者，也學到如何安慰

蓋兒的第一手知識，要不就是可以透過一個簡單的問話而輕易達到目的。

假若時間和環境允許，治療師可以用許多別的方式來探尋此一課題。試著藉口頭或肢體來安慰蓋兒，你可鼓勵希維亞將所學習到的從行為上表現出來。例如：改變坐位，坐到蓋兒旁邊握著她的手，把手臂環抱著她等。做出以前所害怕做的，如果又同時伴隨著認知上對阻礙該行為的障礙有所了解時，將更具治療效果。因此，治療師可鼓勵希維亞討論在會談初期時，到底是什麼阻擋她做這樣的行動？她本來想像蓋兒會如何回應，以及別的成員或治療師如何看待她等。

再舉一例，有位叫艾倫的病人，其形成的議題包括當天在團體中承諾要冒個險嘗試揭露某些關於自己的重要事物。但治療師注意到團體就快結束了，艾倫還未講或做出什麼事來。

治療師可明白提醒她有關該承諾，或問她當時感受如何，或請她想像一下會談已結束了，而她對當天的會談有些什麼失望？這些均有助於讓艾倫兌現其承諾。

但根據共同處理議題使其發揮功能的原則，治療師可以指出另一位病人的議題：「學習如何與他人感同身受」並請他猜猜團體中別人現在可能的感受為何，或讓他指出團體中他所感受到的一些未達到滿足的需求；或更直接指出：「你認為艾倫現在的感受如何？」

### 4.在逐項討論議題的職責中，態度要主動積極　251

如同我前面一再提示的，被動引導性的治療師在住院病人團體中是毫無用武之處的。治療師在討論議題時應如同形成議題時

一樣主動積極。在極少的情況下，團體是自動自發的——此時治療師可較少點主動；此時治療師去接管團體本身能做的工作是不明智的。但一般而言，在討論時治療師必須加以指導，主動地招呼病人，像「媒人」般牽線，互相一齊來附和彼此的議題。

治療師也可「叩應」（call in）病人主動參與及做些承諾。例如：某議題包含了表達成員對會談或治療師引導方式的所有批評，治療師此時便可適時提醒成員，通常可不只一次，有關該主動參與及做承諾。病人——尤其是新加入者，很少會毫無來由地發出這類批評。病人對團體進行過程的批評，幾乎無可避免地會加速團體的腳步並使成員更加投入。因此，「叩應」對團體會談有關批判的承諾不僅有助於團體，也有助於該成員。

### 5.可以直接也可間接的逐項討論議題

迄目前為止，我主要在強調直接、明白地去逐項討論很具體的議題，諸如：「我想學習如何表達感受」、「我想改善和約翰之間的溝通」、「我希望不要感受到珍過多的威脅」、「我希望大家對我與人交往的方式給些回饋」、「我想知道自己是怎麼使男人老避開我」、「我想學習如何交朋友」等。

然而，議題的討論常是以間接的方式進行。例如：多娜是位落魄、消沉的病人，無法形成議題，一再地說她感覺自己像個「大笨蛋」般——渺小、無能且微不足道。她無法形成一個合乎此時此地情境的議題，更使她自覺愚蠢、無能。最後，她同意提出如下議題：「我希望能被團體其他成員認為更重要、更有價值。」治療師乃於會談進行當中提出要她當助手，並同時說出她的議題。例如：在會談停頓時，他問多娜：「妳認為現在我們

252

應往哪個方向走？」當多娜回答：「讓我們看看一些其他議題吧」，治療師就問她：「哪一個？」她選了一個並且成功地幫助那位病人進行討論，之後也幫助其他人推動。藉著提供多娜機會成功地進行治療工作，治療師幫她感受到自己較多的重要性及不那麼多的愚笨或渺小。她得到了一些活生生的感覺（儘管治療團體總是「稍縱即逝」）來否定她的自我貶損。

另一類似的議題例子如下：法蘭克是一位憂鬱、沉默、富男子氣概且自負的年輕男性。在第二週的治療中，他表示要在團體中談談自己的無價值感。他說他不知道大家能如何幫他，但他想也許只要單靠大夥分擔其絕望感就可能獲得幫助。他相當程度地和團體分享了許多關於自己的事，特別是自覺愚笨、對太太的教育程度覺得嫉妒不已，以及認為自己只是開笨重機器的一個蠢蛋等等；而女性們特別為其粗獷壯碩的外表而避之唯恐不及。但他講愈多自己的事，她們愈能欣賞到他的敏感細心。而團體中的男性們也頗有同感，更加喜歡他，而且好幾位都表示對其能操作不同的複雜機器而覺羨慕嫉妒哩！因此，在這些事先未預想到的情況下，法蘭克感受到遠比剛開始時少了很多的無價值感。

## ▊超越議題以外的……

議題是一項可提供結構的設計方式，但不應自縛手腳。議題經常只是用來當作跳板，驅使團體進入豐富的臨床領域中，這往往是在輪流提出議題中所無法預期的。此時，治療師必須隨團體走向而動，並注意會談中即時出現的「轉捩點」（point of urgency）。

下面以團體治療會談一隅做解說。在一個有十一位成員的團

253

體中，三個議題特別有關而主導了整個會談的後半部。包柏，曾在上次會談快結束時，告訴團體他是位同性戀者。而此次的議題是想和大夥分享他對那次坦白之後的感受。

卡露，說她自覺退縮且孤立，而這和她對男人的不信任有很大的關聯；她經常冒險地跨出，然後卻受到傷害。治療師問她在團體中是否碰巧也有類似經驗，她回答她和治療師之間有過一次，也許這點可加以探討。

艾瓦，一位患妄想症的年輕男性病人，他的議題是想告訴團體其所經驗到的世界，以便別人更能了解他的想法。

包柏，首先提到昨天他雖然很困窘，但卻樂於公開其為同性戀者。治療師問他最怕告訴誰，包柏說，他昨天最擔心吉姆可能無法容忍，但吉姆接下來的坦白及接受，使他感覺相當被支持，他很感激吉姆。治療師提到，他的病人中有些同性戀者很害怕會使團體中的異性戀男病友感受到威脅而不安。此時，包柏很感激地看著治療師，說這正是他所害怕的，而他想要其他男士們知道，他不是在向他們中的任何一位做性暗示。

治療師問包柏，是否還擔心告訴團體中其他哪一位？包柏承認他也擔心告訴艾瓦，因為艾瓦很愛批評人，且罵過病房中的許多其他病友。出人意外的，艾瓦否認因包柏的自我揭露而改變對其看法。事實上，艾瓦也承認自己有相當大的性困擾，且懷疑自己是否也是同性戀者。這實在是個令人驚訝的表示，因為艾瓦一向是極偏執且善於保密的。許多病友對艾瓦和包柏表示佩服及好感，因為他們肯信賴團體，敢冒這麼大的險自我揭露。

接著輪到卡露談她前幾天的議題是要學習冒險勇於坦白；她已準備好要告訴團體自己的種種，但治療師卻沒有幫助她。這個

忽略使她湧起一種似乎受男人剝削後背叛且拋棄她的感受；也許沒有什麼道理，但她覺得治療師戲耍了她，先去問她的議題卻又沒有在之後的會談中處理她的議題。

治療師以主動積極的態度去問卡露，今天是否想告訴團體自己的種種，尤其是些重要且提出來與大夥分享會有幫助的事？卡露接下來滔滔不絕地說了十五分鐘，很痛切地指出她在青春期如何受到一位年長男性親戚的性騷擾，這是她無法跟父母談的事，因為她知道，談了不是挨罵就是沒人會相信。有幾次的機會裡，她冒險向一些男性朋友們吐露此事，他們（包括以前的一位治療師）就會予以性剝削。經過多年的沉默後，今天她願再試一次。

團體的回應相當的帶有支持性，卡露邊顫抖邊哭泣地訴說著她的故事，同時接受其他成員給予身體及情緒上的支持，有些遞面紙，有些緊握其手或擁抱她。另三位女性成員也分享其類似的性虐待經驗。除了艾瓦沒回應之外，團體其他人都做了表示。當問及他對卡露的經驗有何感受時，他說他想先談自己的議題：先告訴大家自己所經驗的世界，希望團體知道他從哪裡來之後再回答卡露。

短短幾分鐘內，艾瓦很生動地描述了自己內在精神病世界的圖像。他深信自己一生都被以下事物所操縱：人們、報紙、圖書館書籍的排列方式、電影、思想控制，以及來自別人的腦波，控制他做其不想要的動作等。幾年來，他深信世界並非真如他所看到的這個面貌，而是被如此安排來操縱他的。

此時他轉向卡露說：「如果妳現在想知道我對妳所說的感覺，那就是這些都是廢話！即使它發生了，我也不相信，」他轉向包柏說：「我不相信你是同性戀者」；然後他又向另一位成員

255

說：「我也不相信你是毒癮者」，再對另一位說：「我也不相信你是酒鬼」，對治療師說：「我不確定你是否真的是位治療師」；然後他轉回來告訴卡露：「我不信妳被性虐待過，妳或許是想藉著捏造這整個故事來對我們有所影響罷了。」此時，卡露哭著衝出病室及病房（兩小時後警衛把她帶回）。

由於會談時間所剩不多，此事只有留給病房工作人員來處理，並且在第二天的團體中再加以討論。艾瓦被卡露的強烈反應所嚇到。他更意識到他對卡露的反應與別人對卡露的反應差別相當大。卡露對艾瓦的談話深受創傷；但在第二天的會談中，她讓團體幫她檢視一項重要的議題。她重要的信念體系中有一項是「深信男人不是真心聽她話的」，並且也對她的需求與痛苦不敏感。不過團體讓她面對事實——即她自己也正如此對待艾瓦。畢竟，艾瓦在一開始就提及他要先向團體說明他所身處的瘋狂世界。大家都知道艾瓦所說的明顯是精神病方面的問題，但卡露卻堅持此事更證明男人不可信賴。而十二位成員中有十一位（其中一半為男性）曾深深支持她的事實也沒有使她回心轉意。

包柏談到他常常支持卡露，但她似乎未注意到他的痛苦。當他談到自己是同性戀者的感受時，她也沒有支持他。另一成員艾瓦在冒險自我揭露擔心其是同性戀者時，她也未予以支持。

很明顯地，卡露扭曲了某些事實或者選擇性地忽略了某些值得注意的事實，卻抱著男人不可信賴的想法不放。治療師也就其本身與卡露間的關係協助她探討此一議題，並對於卡露覺得上次她自我揭露之後治療師沒有協助她的這件事給予回應。治療師和她分享有關他的關照，表示因為上次她似乎蠻不安的，便決定不繼續討論比較好，免得加深她的痛苦。他認為在那麼大的會議中

談的議題太多了，她可能無法得到足夠的時間與注意力。

　　所有這些複雜的課題便構成了重要的治療工作。這些都是由一開始的議題所引發來的，但都遠超過原來議題型式而做了更多的發揮及處理。

## ▌議題程序：問題面

　　任何治療程序都有其缺點；雖然議題的型式能提升團體治療師的效率，但總有一些病人對這樣的程序有強烈的批評。在史丹佛團體治療研究計畫中有些資料顯示：針對其調查五十一位病人對醫院中團體治療經驗的態度如何❷。其中三十三位病人至少參加過一次我在此所介紹的、運用議題型式進行的高功能團體。

　　在這三十三位病人中，二十一位（63%）認為議題方式是非常有用的程序（在前面章節中我已把他們對議題的好處部分加以描述並綜合整理）。八位（24%）病人對議題型式有正面的評價，但也提出了一些相關問題。而有四位（12%）病人則對議題型式產生反感。

　　所描述的問題有各類型式。最常見的抱怨是：議題程序會引發嚴重的考試焦慮（examination anxiety）。病人擔心如果他們無法想出一個好的議題就會被批評，甚至會暴露出自己的愚蠢與卑微。許多病人在參加團體的前一天都必須花費許多時間來思考該議題。

　　如今焦慮在心理治療中未必是件壞事。治療幾乎不可避免地會拉扯到病人的某些部份，而這種拉扯總意味著緊張（俗語說：「如果鞋子太合腳，你就很可能不會讓腳長大。」）但在心理治療中，焦慮的好處是呈曲線分布的：也就是說，焦慮必須是適量

的；過多或過少的焦慮都會阻礙治療工作的進行。若病人太過焦慮以致無法參加治療，那麼治療策略就不對了；病人不來就沒有所謂的治療。治療師必須對此問題相當敏感，且盡可能降低那些較脆弱病人的焦慮。

若病人感受到治療師是持續不斷地在支持他及保護他，那麼威脅感就會降低。一位特別積極主動的治療師，精力充沛地參與協助病人形成其主題，這也可能降低病人的焦慮。我建議治療師須主動積極地讓病人，特別是那些新成員們，確信議題形成會是困難的，但團體中治療師的職責就是要幫助他們完成這項任務。

某些病人在團體會議開始前花許多時間來思考議題，這當然並非壞事。相反地，這樣的計畫會讓病人對治療更慎重以對，更常去思考它並在過程中擔任更主動積極、活躍負責的角色。

在此研究中，會有一些較不屬實質上的病人抱怨。有位病人不喜歡議題（agenda）這個字，因為此字讓他想到死板的會議，所以他建議用目標（goals）來代替。有些病人則認為議題程序過於限制，使他們無法探討正在面臨的人生大事。舉例來說，某位婦人認為自己最主要的問題是兒子是位藥癮患者，但團體卻從未讓她討論兒子並且教導她如何面對兒子。

有些病人則感到很失望，因為他們所形成的議題從未被「討論」過，有時候甚至在會談中連提都沒提到。

治療師最好能在團體剛開始的頭幾分鐘介紹裡，即明確指出這兩個問題（即覺得議題過於受限或可能無法探討）。治療師必須清楚地說明團體的目標及步驟，並明確解說為何要把焦點放在人際課題上，以及譬如為什麼花時間去討論與患藥癮小孩之間的困難關係必定不會有什麼幫助。若治療師能小心而不要去否定病

258

259

人的需求，將他轉介到另一個更適合的地方處理（也就是說，個別或家庭治療），並且提醒他團體較能處理另一種型式的問題，那麼病人就比較不會覺得受騙或不受重視。

詳細說明並非所有議題都會被討論到，這也可減少被背叛的感覺。如果治療師能強調，使議題得到討論，病人要負大部分的責任，並且說明形成議題本身即構成治療的一部分，那麼就會有更少的病人覺得被忽視了。

## 最後階段

團體治療的最後階段是對前一小時的內容加以分析或「總結摘要」（wrap-up）。有許多種方式可應用在此一目的上。我喜歡將最後的二十分鐘分成兩個相等時段：（1）由治療師及觀察員一起討論該次會議（不管是在討論室裡或在單面鏡後）；（2）團體成員對該討論的回應。

在頭一時段裡，協同治療師與觀察員在病人的圈外或圈內中間，圍成一個小圓圈，當作沒病人在聽或看一樣，進行對該會談的公開分析。（假如當天恰好沒有觀察員，則各協同治療師可自行討論；若他們認為自己在會談時已盡其所能，則可邀請病人自行分析。若只有單一治療師即可與團體成員共同進行討論。）

在討論中，帶領者可回顧會談過程，並著重過程中其帶領方式的某些焦點。譬如：什麼地方被遺漏了？在團體中還能做些其他什麼？是否有些成員被忽略了？在處理團體出現的某些情境時，是否有其他更好的方法？

260

　　鼓勵觀察員積極主動參與討論。唯一的指示原則是：所有的意見都必須是建設性的，且如有批評應只限於對治療師，並且試著對每位成員盡可能都有所意見。同時，觀察員應避免描述團體很「無聊」——這種意見絕對不具建設性而且不可避免會挑起病人這方面的防衛與憤怒（通常，觀察員對心理治療過程之所以覺得無聊是出於缺乏經驗或對病人的心理動力不甚了解所致。對治療知道的愈多，愈會覺得會次有趣）。

　　治療師們即使只是簡短的，也要討論到他們對每位病人的體驗的看法——哪一類主題、參與或介入的程度、主題探討的程度——並對每位病人的滿意度做一評估。治療師也要對整個會談過程、整個團體的氣氛、參與程度、任何不舒服或不滿足等部分都加以討論；重新回顧在團體中所做的抉擇；提出他們所做過的一些他人的問題，或他們所可能忽略的某些重要問題。

　　最後十分鐘又再次回到病人身上做公開討論。一般他們會花大部分的時間對觀察員的意見做回應，探討治療師在討論中所提的建議。自行運作會議的進行，或有時甚至繼續會次中未完成的討論。

## 261 ▌最後階段的格式化：其演化過程與正當性認定

　　由於我所提的「總結」型式並不是傳統式的，我想有必要描述一下它的發展及其正當性。

### 演化

　　由於我是在大學醫學院中帶領團體治療，一般會利用雙面鏡來讓我的學生（一般而言有二到四位）觀察團體的進行過程。

有數個月之久，我使用傳統的觀察方式：先讓學生觀察團體的進行，之後我們（協同治療師與觀察員）私底下開會來分析此次的會談。病人們多不贊同此種觀察方式。雖然他們同意確實有必要以當場（現場）方式來訓練年輕醫師，但是病人還是會感受到「被利用」以及被侵犯了。我病房裡的病人表達了許多的不滿：他們不喜歡自己像「天竺鼠」；他們提出質疑，究竟他們病人本身是「主體」，抑或團體的進行只是為了學生的學習（就如一位病人所說：「治療師到底是站在雙面鏡的哪一邊？」）其他病人則認為觀察員搶走了團體的親密感或尊嚴。

另外有些病人則害怕觀察員不會尊重治療會談的保密性。有些病人，特別是有偏執想法的人，對此觀察過程深感威脅以致在身體或心理上遠離了團體。所有努力，包括一再向病人保證保密性、將他們介紹給觀察員、提醒他們病人是教學中最主要關照的對象等，都無法驅走病人對於被觀察所感受到的不快。

之後，為了減低觀察所帶來的副作用，並且使過程更有利於病人，我採用了另一種方式：在團體結束時，病人與觀察員換位子，病人進入觀察室並觀察學生觀察員與治療師之間的討論。最後，為了節省時間，觀察員只是在會議結束後進入會談室內，與治療師圍成一個小圓圈，花大約十到十五分鐘來討論，而病人則在一旁靜聽。

病人對觀察員－治療師之間的討論產生強烈的興趣。他們一再表示此討論激發他們許多想法與感受，並且對沒有機會在會談結束時一吐為快覺得很可惜。甚至，許多病人希望與觀察員互動，以便澄清某一觀察員所提的意見，或是對某觀察員所提的問題予以回應。

262

269

最後階段乃自然發展出來的；會議最後增加十分鐘，讓病人有機會表達他們對觀察員－治療師之間討論所引起的反應，提出問題並探討由觀察員或治療師的意見所激發出來的話題。

絕大多數病人對此模式有非常正面的反應。只是一個動作，如此的改變就使觀察過程由一個負面經驗轉化成為一項有意義的、具團體治療價值的步驟。由於觀察員的進入是這麼值得，以致若當天的會談無觀察員時，他們總會感到失望。事實上，某位病人即強烈感受到觀察員的討論使她受益良多，因此在每次會議之前她甚至會檢查觀察室，確定有觀察員時才決定是否參加該會次。

史丹福團體治療研究計畫曾特別詢問病人對此種觀察方式的反應，發現最後二十分鐘是會次中一個整合性的、不可或缺的重要部分。當病人被問及這最後二十分鐘的價值佔多少百分比時，他們視其價值遠超過該階段實際上所佔用的時間。事實上，某些病人甚至評定最後二十分鐘的價值高達整個團體治療價值的百分之七十五。

### 理論基礎

雖然這個程序似乎不合慣例，且對許多治療師產生威脅感，它卻是依據團體治療的基本原則。前面我強調過，要使治療發揮效果，「此時此地」的取徑必須包括兩個階段：**經驗**部分以及跟著而來對該經驗的**反映**。以人際關係為基礎的心理治療係由兩個交替次序所組成：首先，激發情緒，然後分析與整合該情緒。會談的最後階段即代表此時此地的第二個階段，亦即自我反映的階段。

這個階段並非構成此時此地經驗階段的全部過程或整體了解。我曾提出許多治療師如何解釋或澄清某些重要經驗的臨床實例。舉例來說，治療師可以「停止討論」並暗示團體成員「讓我們看看剛剛究竟發生了些什麼事」，或者用各種不同的方式對此時此地所發生的事件提供澄清或解釋。

但此最後階段乃是對整個過程評論的高度集中發揮，治療師與觀察員在此階段重溫會談中的所有關鍵事件，以便嘗試提供病人對該會次產生的事件有一認知上的架構。

### 「總結摘要」型式的前例（antecedents）

雖然此種型式需要治療師相當程度的自我揭露，但病人觀察團體帶領者與觀察員間的討論並非史無前例。事實上，這可追溯到敏感－訓練團體的起源中即有這樣的步驟❸。在 1946 年，一所訓練社區領導者的暑期營中，一群觀察員於每晚開會討論當天觀察團體所獲得的心得。當團體成員得知此夜間會次時，他們要求觀察該討論的進行。實驗團體的帶領者有點惶恐地答應了；有好幾個晚上讓團體成員坐在外圍旁聽觀察員的討論。結果發現，這是一種引人入勝的經驗，並且激發很大的興趣與互動。由此該帶領者體認到他們已意外發現了一項強而有力的教育工具——那就是體驗性學習（experiential learning）；並且從此發展出敏感訓練團體，而成員與領導者的回饋也成為其內建必備的機制。

早期的暑期營敏感訓練團體（或稱T團體）其固有的內容是「金魚缸」（Fishbowling）[13] 模式的練習。在此型式中，一個團

---

13　譯註：指透明玻璃魚缸，一舉一動毫無遮掩式的練習。

體坐在另一團體的外圈，並定期地交換內外坐位，讓外圈的團體成為內圈，同時討論剛剛他們所觀察到的內圈團體進行過程。

將「金魚缸」模式的做法運用於住院病人的團體中，文獻上有兩例報告❹。在該團體裡，病人圍成一內圈而無帶領者，工作人員則圍成外圈來觀察。在最後十五分鐘，團體成員與工作人員彼此交換坐位，病人聆聽工作人員對該無帶領者會談的討論。

在門診病人的治療上亦有先例採用此種模式。多年來，我即曾邀請長期門診團體治療的病人於會次後觀察我的學生——觀察員對他們的討論；並且美國心理學家艾瑞克‧伯恩（Eric Berne）亦曾報告過類似的步驟❺。十五年來我使用了一種相關的技術——一份彼此共享的、手寫的團體摘要❻。在每次門診病人團體治療結束後，我都寫下詳細的團體治療摘要（一份編輯過的、述說性的摘要，包括詳細的過程分析以及關於我策略性治療計畫的大量自我揭露），並在下星期會次前寄給各團體成員。

265　　「多重治療」（multiple therapy）也是讓病人觀察治療師們討論治療過程的另一例子❼。在該步驟中，用來作為心理治療的教學，由多位治療師（通常是一到二位教師和四到五位受訓者）與一位病人做一系列的會談。在會談中，治療師單獨或一起與病人互動，然後大家經常逐自一起分析整個團體的互動情形。治療師們可能彼此不同意或者彼此為某特定說法或詢問相互質疑。很顯然，此種模式毫不經濟，但是卻可證明其為良好的教學方式，而且病人亦毫無疑問能從中獲益。

以上每一種方式——住院病人「總結摘要」、門診病人觀察討論、團體摘要技巧、多重治療、T 團體的「金魚缸」模式——都需要治療師（或觀察員）相當程度的自我揭露，特別是將治療

過程的內部心聲予以公開。每一種模式強調對此過程的分析，並且提供病人某種認知架構，讓他們藉此能了解此時此地的互動，以及能將在團體中所學應用到日常生活的其他情境中。

　　這種程序（例如病人對治療師治療策略步驟了解太多，或感受到治療師的不確定性，或對某些領域的缺乏說服力等等，這些都會使病人對該治療師失去信心。）所可能發生的反對意見都沒有出現。在每一種模式中，病人都被該種討論引發更多的興趣，並因參與治療的討論而感受到尊重，而分享治療師的不確定性則使他們更尊敬治療師。當然，他們不可避免地也從所提供的認知架構中收穫良多。此類步驟的一項主要結果是：治療的神祕性被解消了。病人開始了解到治療師或治療過程並沒有什麼神祕性或如魔術般的神奇。結果，他們也比較不會去依賴治療師或是被該治療步驟所幼稚化如嬰兒般。

## ▌「總結摘要」型式的其他優點：

　　病人觀察到最後的討論時會產生各種各樣的反應，但所有病人會有一個共同的強烈反應：他們發現聽別人討論自己是個引人入勝的經驗。不管原因是什麼（我總認為這就好比小孩在門外偷聽父母討論他一般），此點不僅提高病人對此階段的興趣，也提高了病人對**每**一階段的興趣。團體成員的興趣與參與度愈是提升，團體對他們每個人也就愈形重要。成員愈能掌握住團體治療程序的認知結構，團體的工作便愈能言之有物而顯現價值。此一凝聚力的增強也促進了其他一大堆治療活動：病人彼此更能信任，能做更多的自我揭露，能感受到彼此更接近，且對治療師與治療程序更加信賴。

266

最後階段是治療師進行珍貴無比的示範的最佳時機。譬如：協同治療師可以討論在會談中所面臨的一些兩難處境，以及所關照擔心的事情。他們或會表達他們的困惑，如是否他們有別的方法可以來幫助一個不合作或老是負面反抗（negativistic）的病人；他們可要求觀察員對他們（治療師）的行為給予回饋。例如：是否他們過於介入？或者對某位病人施加太多壓力？

治療師能分擔病人在會談中所面臨的一些困境是很明智的。舉例來說，你可在最後階段說明你當天很想幫忙某位處境很糟的病人，然而你知道這是她選擇加入團體的第一次會談，雖然她已經在病房住好幾天了。你假定她對團體感到焦慮，因此你在想幫助她卻又怕她可能因為被注意到或被鼓舞多多參與而覺倍受威脅，陷入這兩者之間騎虎難下、擺盪不已。

治療師也可藉由探索他和協同治療師之間關係的方式來作為示範檢視關係的模式。舉例來說，你可詢問觀察員是否感到你太過積極主動或不讓協同治療師說話，或者還可以更努力地去跟隨協同治療師所開展出來的方針。

譬如：在某會次中，某位病人認為某協同治療師態度非常冷淡且過於形式化，讓他很難感受到他對任何成員的關心。那位治療師回答說他確實也很想自我控制，但同時又懊悔出來的情形依舊。其他一些病人也同意他太過形式化的態度使他們感受到冷漠。在最後階段觀察員繼續此話題且同意病人的看法，認為這位治療師比起團體中其他治療師，確實造成跟病人間較大的距離。觀察員也指出，每當他面對病人的質疑時，他會馬上使用多音節且專業化的術語，或許是要讓病人因此而閉不吭聲下來。這位治療師坦然接受這樣的回饋，並說他確實在團體中感到不舒服。一

方面，他指出他確實帶團體的經驗不多，而且與一位經驗太過豐富的協同治療師一起工作使他非常不自在。病人對這位治療師如此慎重看待他們的看法，使他們覺得頗為受用；由於親見治療師坦然面對回饋，使他們更看重這樣的治療過程，而在會談結束時也更加信任這位治療師。

268

最後階段也可增進許多病人的現實感。如果團體成員覺得迷惑而不能了解會次中究竟發生些什麼，那麼當他們聽到觀察員做了相同的觀察時，會使他們感受到相當程度的肯定。若病人感到會次氣氛很暴躁、敵對或無效率時，那麼當他們聽到治療師與觀察員也有同感時會覺得比較「放下心來」。

觀察員的進入可增加團體的效力（potency）。多了好幾對眼睛與耳朵可獲得更多的訊息。觀察員可注意到許多治療師所忽略的事：非語言上面的溝通、失望的病人、未討論到的議題，以及不是在「主要舞台」上所發生的一些微妙交往變化。

觀察員與治療師間的討論也有助於把沉默的成員帶進會談中來。觀察員會對每位成員做些觀察，並且對沉默成員的經驗做一些猜測。此一過程促使這些成員大開方便之門，即使是在最後短短的十分鐘。

觀察員的回饋無疑地必須賦予相當分量。在會談中，若某位病人被指言之無物、不關乎人或與人疏離，那麼當觀察員亦有類似評論時，這樣的觀察就更具影響力了。相反地，觀察員的任何負面評論都很具殺傷力，且常常具有持續的負面效果。因此，觀察員不要以責備的方式來批評，這是很重要的。諸如評論「這位病人在玩遊戲」或「他在操縱」等話語都不可避免地增加病人的防衛而使病人關閉了學習之門。

不僅治療師，觀察員也應以支持性的態度發表其看法，諸如「這位病人想要親密關係卻又害怕」、「有些與治療相關的事情嚇到了這位病人」、「這位病人極欲尋求幫忙，但又不知怎樣的幫助是最好的」等等。

偶爾，觀察員的批評反而會得到矛盾的效果。我親見許多會次中，觀察員批評團體做得不夠好，但團體的反應是表現得比之前的會次更為團結且為其所做的努力辯護（一個來自團體外的攻訐幾乎不可避免地會加強團體的凝聚力；這也是為什麼一個不安的政體為了鞏固其地位，常會要引發與他國間的爭戰）。

另一件在最後階段中值得重視的事是：病人會很敏銳地覺察到那些最受觀察員注意的成員。他們希望被注意到、被討論到；他們會感受到被忽視，或者羨慕那些得到觀察員大部分注意力的成員。治療師可藉此討論成員得到注意的多寡，強調這是成員本身的責任。理所當然的，在會談中愈不主動積極，毫無疑問地在「總結摘要」時所得到的注意會愈少。

由下列臨床例子可見病人是多麼希望在最後階段能得到注意並給予關切。寶拉，一位三十八歲病人，因為姿態上表現得極端懷疑性而明顯阻礙了治療。她認為她生活中每件事，尤其是團體治療中發生的每件事都是空洞不真實的。她堅定地認為成員在團體中所表現出來的感覺是空洞虛假的。她知道自己的感受也是虛假的，因為她是在善變的情況下產生的；如此出來的感受是不切實際，不足採信或予以慎重看待的。

治療師試著就她較健康的一面來接近她；他說雖然她有這些充滿悲觀的感覺，但寶拉仍每天來參加團體治療；很顯然地，她必定有某部分想變得更好。那麼為什麼她總是執意地在打擊破壞

治療？為何能每天忠實地來參加治療卻又拒絕治療呢？寶拉說，她確實有好幾次在團體中努力表現，但得到的是什麼呢？即使她做得很努力，但她卻從未在最後討論時得到觀察員與治療師的注意或肯定。

治療師注意到寶拉在述說時帶著百感交集的神情且眼中充滿淚水。此時，終於是一種真情的流露而非寶拉所認為的空洞或善變！治療師對準此時的感受，觀察到寶拉動容了。之後他請她多談談有關她在最後階段不被注意時的種種心情。她是如何想這件事情？這對她有何意義呢？寶拉的回答是：她害怕得不到注意即意指被治療師與觀察員歸到「大寫 C」的檔案夾內（C 代表慢性化）。

從此她敞開心靈的大門而願意把她許多最內在的想法與人分享：她希望被注意到、被救治；渴望治療師能呵護照顧她；她一輩子生命所仰賴的人背叛她時她的感受；以及她渴望又害怕的親密關係。之後寶拉在團體中的表現有了長足的進展。兩年後，湊巧我有機會在門診治療她，她感謝地表示那次特別的團體治療是她治療生涯中的一大轉捩點。

## ▌病人對治療師－觀察員之間討論的回應

治療師－觀察員之間的討論總會產生許多資料，讓團體在最後十分鐘對此有所回應與整合。通常這是非常充滿活力的時段，它讓治療的工作比預期有更多的潛能來加以完成。

此部分的會談有兩個主要方向可進行：首先，病人會對觀察員回應。他們對治療師－觀察員之間的討論會有許多既廣且深的情感回應，而通常這十分鐘會被這樣的感受分享所佔滿。第二，

271

這最後十分鐘不僅可讓病人本身進行在會談中未完成的工作，亦可讓治療師接觸那些他們認為可能在會談中被忽略掉的病人。

由於觀察員的評語經常對病人產生強而有力的衝擊，治療師應特別注意「總結摘要」中最核心的主要病人們。治療師只要簡單地詢問他們對觀察員的意見有何反應：這些評論管用嗎？成員們同不同意觀察員的看法？

當觀察員討論病人時，最好病人在最終十分鐘能轉過來討論觀察員與治療師，這樣才公平。經常病人會討論觀察員是否開放；舉例來說，病人可能會注意到討論時的氣氛比他們會談要來得壓抑且緊張。有時他們會對觀察員的焦慮提出質疑，並詢問觀察員與治療師之間的關係。我曾聽過病人和觀察員之間討論起後者的演出焦慮——他們對於被病人觀察的不自在，以及擔心治療師對他們意見的評價。

最後的討論亦常被視為一項投射測驗，成員們對此會有各種不同反應。但這方面屬病人對治療師透明化的反應尤其明顯。有些病人對工作人員相當不信任，以致他們懷疑治療師在討論中所表現的行為。他們指控治療師分階段的討論，假裝尋求觀察員的建議、指導或回饋，故意表現出自己的不確定性，以便哄騙病人取得其盲目信任。

很顯然地，有些病人不願見到治療師會出錯，或如凡人般有272　其脆弱之處。然而大多數病人都很感謝欣賞治療師的誠實，某些病人在發現到治療師也有「人格不完美、缺憾之處」而感到不安。不過這些反應跟其他一樣都可作為朝向更有收穫的討論的跳板，可討論關於面對權威者、尋求倚賴、渴望依然年幼而被永遠呵護等等的態度問題。

　　最後十分鐘可讓病人去進行且評估自己的會談，他們愈能做到這些，未來就愈能在治療中擔負起責任。此一責任感的假設（responsibility assumption）第一步就是讓病人開始去了解「好的治療」的定義。沒有這一項清楚指標，他們很難知道要如何前進。一般來說，治療師是團體會談中唯一明確知道構成「好的治療」的清楚定義是什麼的人，所以他有責任要讓團體成員明瞭這一點。譬如：治療師可指出某些會談特別有效，然後評論說，這就是他捨不得結束的那類型會談。治療師可以詢問病人，會談中哪一部分他們感覺最好，或讓他們比較兩次不同的會談，以便引導他們獲得正確的定義。

　　治療師可將團體圍成一圈並要每位成員評論該會次，問大家：今天的會談對你來說是怎樣的會談？你從中得到你想要的嗎？誰收穫最多？誰收穫最少？對此會次你最失望的是什麼？如果現在不是下午三點鐘（會次結束的時間）而只是兩點半，你想能做些什麼來彌補自己的失望呢？

　　治療師最好在會談結束前能和沉默的成員們有所接觸，並詢問他們在此會次中的感受。為了有效瞭解他們沉默的原因，可問他們是否在會次中有想說話的時候？什麼原因使他們不說了？是否希望治療師點名他們發言？**假如**他們說了，那會是些什麼？（最後這個問題經常會有奇蹟式的催化作用）

　　這系列的問題經常會導致這些沉默的病人加入會談，至少在某些方面，可在短時間內，團體中能做許多料想不到的治療工作。譬如：如果某位沉默的病人在會談結束時，回應這系列問題而提出了他先前對另一成員所做的觀察，那麼帶領者可馬上要求那位成員給予回應，或問他假如在會談早先他真說了的話，那他

273

279

會有什麼感受。

幾乎不可避免地，事件發生的順序對病人有加強作用。某位病人可能會說出他沉默的原因是因為他想的每件事都被別人說光了。治療師可加以指出，雖然這可能是實情，但如果他不說出來根本沒有人真正知道他內心的感受。因此，他仍然是不為他人所知，這種情形病人也會同意對他們自己不是最有利的。在這最後階段不僅治療師可把沉默者帶入會談中，而且也可透過這麼做讓他們在之後的會次中有更多的參與。

## 結論

目前這種型式的團體治療模式是從四百多次的會談中逐漸發展出來的。在此期間我歷經多次的嘗試與錯誤、不斷地採用、修改或丟棄一個個的模式。在此期間，我也和學生及同事們有過大量的磋商，他們觀察了幾乎所有的會談且在會後的討論中幫助我做分析。此外，我也從許多其他資源中得到大量資料：和團體成員的個別治療師會商、和病房中許多其他工作人員討論團體對病人的影響或衝擊，以及和成員本人的討論等。開始是非正式的商討，最後則形成一系統的研究計畫❸。

我和我的同事已在數百次會談中採用了目前的模式。看來它提供給團體會談一個有系統、連貫一致且有效的結構。當我開始帶領住院病人團體時，如同大多數團體治療師般，我覺得團體無法控制，病人太嚴重而無法從團體中獲益，並感到被成員的快速更替問題沖昏了頭，難以適從。我覺得採用此模式大大地增進住

274

院病人團體的療效。即使是較不滿意的會談也會帶給病人一些有
價值的東西，而這些東西在往後的會談中及其他治療裡，會慢慢
開花結果。當然，總會有些會談好像全然無貢獻。然而，這種情
形通常是在一群非常缺乏動機、阻抗性很強的病人中產生。而這
類團體治療方面的缺乏療效，從團體成員在其他治療活動中缺乏
參與的現象可見一斑。

【第六章】

# 低功能團體心理治療：一種工作模式

　　雖然低功能團體心理治療沒有高功能團體複雜，對住院病人 275
團體治療而言，並非較無療效或較不需要。每一個急性病房中都
有無法在高功能團體中發揮功能的病人，例如：他們過於激動、
過於混亂、思考太過片斷或太退化，以致無法參加如我前一章所
描述的團體最基本要求。但這類病人可以透過特殊設計，從符合
他們需求及配合他們功能水平的團體中得到益處。本章主要是描
述為這類功能較差的病人所設計的團體治療模式。如同我在第五
章所做的，提出這樣的模式並非要其他人完全以此為藍本加以遵 276
循，而是要提供一套可運用的治療策略及技巧以作為教學用途。

　　我是在史丹福大學醫學中心的住院病房中，和班維安
（Vivian Banish）職能治療師共同花費數月研究發展出此一低功
能團體治療的模式[14]（下文中稱之為「焦點」治療團體）。

---

14 原註：我非常感謝 Kathy Kaplan O.T. 和 Marc Hertzman M.D.，讓我觀察位於華盛頓特
　　區的喬治華盛頓大學醫院中他們為退化性病人所進行的團體治療活動。他們的團體
　　是我在本章裡所描述團體進行模式的根源。

## 選擇病人

當前急性住院病房中病人快速變動不定的現象，使吾人根本難以準確指定及分類哪些病人要參加高功能團體或焦點（低功能）團體。茲舉史丹福大學醫學中心二十二床開放式精神科住院病房為例，在此單位中大約有五到十二位病人每天參加高功能治療團體。這些病人均意識清楚、定向感佳，而且他們都可集中注意力參加約七十五分鐘的治療活動。這些病人大部分不是精神病人；他們自認是心理上有壓力而需要且希望得到幫忙。如果是屬於精神病人，甚至有明顯幻覺的，也都可以有語言表達能力、可適當及有能力做合理的溝通。

而病房中其餘的病人，總會有一些是無法參與任何治療團體的。他們精神病的嚴重度不管其診斷是情感性（一般是指躁症）、思覺失調症或器質性，常是思考過於片斷、過於混亂或激躁不安，以致無法有意義地參與四十五分鐘的團體治療。這些病人不僅無法從團體治療中獲益，他們激躁不安、混亂的行為也會破壞別人治療活動的進行。

剩下約三到十位病人則可從焦點團體治療中獲益。這些病人大都是精神病且常是明顯出現幻覺、妄想而嚴重退化的病人。這些病人的精神病幾乎使其無法發揮大部分的自我功能，常常無法表達其合作接受治療的意向——即指他們和治療師能聯盟一起進行治療，以改善他們（病人）精神上的健康。有時也會有一些並非精神病的病人卻有嚴重障礙，如過於畏懼和焦慮以致無法符合高功能團體的要求。

以上描述僅是粗略的區分。有些人會希望有更精確的、有關

挑選高功能和低功能團體的準則。確實,有人會希望有更精細建構的、分階段的各種功能不一的團體,而每一種功能的團體都有特定的參加準則。但如同「旋轉門」般匆忙的住院病房特性,使得如此的想法變得不可能,而大多數的病房也只能滿足於此種兩功能層次的系統以及這些粗略的挑選準則。

焦點團體的人數比高功能團體人數要較少才能發揮最大效果。雖然高功能團體發揮療效的人數可高達十到十二人,但一般來說,焦點團體的人數以四到七人最佳。但是,團體界限必須有充分的彈性以適應病房中病人快速轉換的情形。例如:病房一下子住進許多極端干擾的病人,低功能團體必然變大,而高功能團體則縮小。有關團體界限的彈性也有一些限制;一旦高功能或低功能團體達到最大限度,那有些病人就必須被轉介到另一團體,如此必定改變其功能水平。假如病房中嚴重障礙的病人占大多數時,那麼高功能團體可降低一點水平來進行,而低功能團體則必得降更低一點。每一功能水平的團體都必須有一個彈性的步驟結構,能允許依病房需求而加以調高或調低水平。

這種須調整團體功能層次以因應病房組成上改變的特徵,在團隊式團體治療活動(見第二章)中尤其顯著。也就是這個理由,我才選擇描述高功能和低功能團體,而不是團隊式治療團體。團隊式團體治療活動的組成和特徵之變化相當大,以致無法提供一個足以因應各種臨床需求的模式。代之的是,臨床醫師必須具備處理包括功能良好和功能不好病人的各種技巧,並且同時有能力設計團隊式團體治療活動來因應每天的團體組成。

278

## 一般原則

在第二到四章中所呈現的住院病人團體治療，基本原則皆可應用於極度嚴重的精神病人身上。治療師只要稍微改變技巧因應較嚴重的疾病❶，但他們的基本治療目標及方法是一樣的。治療師應提供富有支持性的經驗，使病人能經驗到充分的愉悅和建設性，以便鼓舞他們在出院後繼續接受治療。治療師應向病人展示所謂的「開口得助」（talking help）；必須協助他們找出在未來治療中可進行治療的問題；應幫助病人發展社交技巧，使他們得以在病房中和其他病人密切往來並在出院後有所助益。治療師應主動積極，必須提供病人強有力的結構和支持。他們必須發展出一種簡短的、節省時間的框架，並使之隨時具備效率及療效。他們應在每次團體治療活動中提供每位病人一些實質裨益。他們必須是透明坦白的，且願意呈現個人，不僅僅是要更坦承與病人相交往，而且是要樹立一種模範，讓病人在彼此的關係上可以效法。治療師應盡其可能集中在此時此地的互動上以增加團體的療效。

必須特別注意給極度嚴重精神病狀態的病人支持、愉悅和富建設性的經驗。除非治療師特別注意到這件事，否則這些病人的團體治療經驗很可能是適得其反。精神病人經常是相當害怕團體治療治療活動的。團體治療的基本職責對他們而言常是要求過高的。在團體裡，他們被要求與他人公開互動，這會使得他們感到焦慮。他們的注意力太差；他們集中精神的能力、抓住主題並加以清晰思考的能力也明顯受損；而常常，精神藥物會使他們的心智更為遲鈍。他們無法進入到團體工作職責中，常使團體的進行

速度緩慢下來，結果經常因而成為團體最不受重視者。由於成員會對他們感到不耐煩，而造成治療活動的進行是「圍繞著」他們不動、忽視他們。極度嚴重的精神病人同樣也會察覺到他們很難真正去參與團體；他們被認為行為怪誕、與眾不同，是團體的邊緣人物，只是勉強被接納，是會破壞團體進展的人。因此，對極度嚴重的精神病人而言，團體太容易成為一個失敗的經驗；在經過一次團體治療活動之後，他們通常會覺得比參加以前更為焦慮且更沒有價值。

## 團體治療活動必須提供成功經驗

如果焦點團體治療要有療效，它必須是提供極度嚴重精神病人成功的經驗。團體任務的設計必須是病人有能力完成的。

因為極度嚴重精神病人的注意力通常很差，因此須特別考慮到團體工作進行的時間因素。例如：無法集中注意力的病人可能無法專注在二十到三十分鐘的輪流提出議題階段上。他們無法記住各項不同的議題；這些議題可能會和其他議題互相混淆而模糊掉；病人也會被強迫性的反覆沉思（rumination）或幻覺所影響而分散掉注意力。早在團體任務達成之前，這些病人已經變成更混亂且更焦慮了。若要建立一個有效的團體治療模式，就必須考慮極度嚴重精神病人只能集中注意力在數個較短的任務，而非一個較長的任務上的這項事實。

## 降低焦慮

由於精神病症狀是代表病人為了去除災難性焦慮而有的最後防衛，治療師必須特別注意團體成員焦慮的程度。焦點團體的治

療師其安全界限很小，團體成員無法忍受稍微多一點的焦慮而不使精神病加劇。帶領者必須不斷地努力避免任何會升高焦慮的情境發生，且必須提供某種團體結構和團體氣氛以消除焦慮。精神病人會感受到極度孤立，所以團體就必定要注意到這個孤立。但因為精神病人與他人進入長時間互動中，會有很高的焦慮，焦點團體乃必須提供各種社交互動的機會。這些社交互動不要過度要求，可分成短時間的各片斷，間雜著一些個別活動。

281

　　一般而言，心理治療師固守信念，認為自我探索與揭露是最終極的治療活動。然而，極度嚴重精神病人並不適合自我探索式的治療。在團體治療中，對痛苦區塊的檢視只會增加精神病人的焦慮而有害治療。團體治療師必須對病人的防衛給予正當的尊重。當退化的精神病人明講或暗示：「我無法談我的問題，那對我太難以忍受，我無法直接面對。」此時，治療師很重要的是，要接受病人知道「他在談什麼」這一事實。偶爾，病人可明確表達出這些受限；但比較常見的是：病人透過激躁不安、否認、逃避、不語或攻擊性等非語言方式來傳達。對於必須治療極度嚴重精神病人的治療師而言，在訓練過程中，「治療師必須改變在治療較健康病人過程中所得到的看法」──即人終究必須直接面對及處理其個人問題❷。

　　對於帶領焦點團體的工作人員來說，通常有適當的目標設定是相當重要的。團體工作本身對內在的要求並不高或複雜，但過高且不切實際的目標必定使工作人員失望並且士氣低落。應設計並制定有限的、範圍清楚的目標與任務。治療師在幫助病人邁向澄清和整合的過程中得到滿足。且必須體認到，一般對「真正」治療師的定義其實是並不適用於極度嚴重精神病人的短期心

理治療。（所謂「真正」的治療師，一般人會說是催化者、潛意識的探索者、詮釋者、移情現象的包容者、認知問題的解決者。）若治療師無法重新定義自己的角色，將會自覺其並未充分符合他們的角色需求，而認為團體工作是表淺的、是讓人無法滿意的。我很少見到病房同仁成員不需要被一次又一次地提醒——即治療是為病人而有的，不是為工作人員。 282

在焦點團體中，為降低焦慮通常是需要特殊技巧。經挑選過的某些體操活動或肌肉放鬆訓練常會有所幫助。提供一些具安全性及趣味性的活動並以遊戲方式加以包裝。遊戲特別適合於深度退化的病人參與，使他們開始去冒一些小危險並和他人互動。然而，遊戲對很多病人而言，並未具有很清楚明白的應用意義，是不可以任意使用的。雖然遊戲提供紓解、歡樂和安全，有時也傳達一種不明確的訊息，甚至最紊亂的病人多少也會了解到，假若團體內充斥著遊戲，那麼治療師已然丟棄掉治療上的努力且認為他們不具有較高層次的功能，那麼病人會產生阻抗也就不足為奇了；他們會討厭被過度保護，並對這樣一種幼稚的、辦家家酒式的團體感到生氣。

所以遊戲必須小心、謹慎地使用。焦點團體是可以發揮相當治療功能的，而遊戲是輔助性的東西，不能完全取代。

## ▌支持、支持、支持

雖然支持對所有住院病人的團體治療來說都是重要的，但是焦點團體所扮演的角色尤其重要。精神病人是混亂的、焦慮的，當置身於團體時會相當受到威脅。除非團體能給予立即且有形的滿足，否則病人就會因不舒服而不願或不能參與到團體裡面來，

更遑論治療上的功效了。

所以，從一開始就要給予支持以消除焦慮，並持續到整個治療活動結束。治療師的每一舉動、所作所為都要考慮到它所可能提供的支持潛能。治療師的工作就是要檢視每一位病人的行為，於其中發現某些正向層面並表達給病人知道。不說話的病人可能因全程參與治療活動而為大家所支持；對於提早離開的病人也可因為能參加二十分鐘的治療活動而為大家所讚賞；對於遲到的病人可以因其終究參加了團體而為大家所支持；對於不太主動的病人可因其做出甚至只是一個簡短評論而為大家所強化，或全程參與治療活動時都專注精神而為大家所讚賞。對於不太聰明或甚至怪異的發言，則可被認為是試圖與人溝通的表示。病人如給出建議，就算是非常不恰當，也必須因其意圖幫助及其表達此意向的意願而給予稱讚。換句話說，必須在病人做出冒險時即予以支持；而且必須要是「有努力就會有收穫」（一分耕耘，一分收穫）❸。

為了支持，不僅治療師必須採取以支持為導向的某種心理組合，同時要能夠深入了解病人。不實際的、「大號鉛彈」式的支持終會被察覺到而招致反效果。治療師必須能敏感地配合病人的內心狀態，能夠在病人即使只是稍微邁向整合時即給予強化。治療師愈能了解精神病的經驗——如精神混亂、毀滅性焦慮、打轉般的原發性思考過程、偏執與妄想的救助作用、空虛與補償性的誇大——他們就愈能給出正確的支持。這樣的支持能讓病人經驗到真正的同理共感與支持，而不是濫情。在後面的篇幅中我會在描述有關焦點團體的步驟時，提出許多關於支持的具體例子。

# 焦點團體治療活動的基本安排

284

　　我在本節中所提的焦點團體是每天聚會（每週五次），每次持續四十五分鐘。此團體成員的注意力較差，因此不建議較長時間的集會。團體的界限應比高功能團體鬆。可允許遲到者加入；當然啦，無法參加完全程的成員也可以早退。最佳的人數大約是四到七人，然而必要時亦可調整為更多的成員。不像高功能團體其參與是選擇性的，在焦點團體的參與必須是強制性的；否則，大部分病人會不願參加或在沒有協助的情況下因病情太混亂致無法準時參加。

　　通常在入院時，工作人員就能決定病人是否有能力參加高功能團體或焦點團體，而在那個時候就能予以分派。偶爾可能需要二十四個鐘頭的時間才能做成決定。例如：病人可能入院時是在混亂的精神病狀態，但很快就能恢復穩定。如果工作同仁覺得可能會是這樣，那麼最好延緩一點時間去分派其應屬哪一種團體。如果最初的分派不適當，通常必須把病人從焦點團體轉到高功能團體。雖然如此做對一個長期住院的病房來說是非常理想、完美的安排，但對短期住院的病房而言，卻可能加重團體的不穩定性。

　　再者，病人由焦點團體轉移（或因完成而升級）到高功能團體可能會過分強調兩個團體病人整合程度的不同。一般來說，這對病房不是問題。很少有焦點團體的病人會希望參加高功能團體，因為他們會覺得那個團體的要求較高或會引發較高的焦慮，若給予選擇的話，他們會希望參加焦點團體的。有些病人會以鄙夷的方式來談論低功能團體；但就我的經驗而言，這樣的說法是

285

非常少見的。然而，仍然有必要考慮給低功能團體取個名字。我選擇將它稱為「焦點團體」，讓病人不會去比較這兩種團體。焦**點**在字義上是強調病人進入低功能團體的基本準則之一是：病人的精神混亂、害怕或有限的集中注意力。低功能團體最重要且最明顯的目標之一，就是幫助病人在溝通和自我表達方面能「專注」在特定的工作上，持續較長的時間。

焦點團體的帶領者可能來自精神衛生專業的任一學科部門：例如職能治療師、精神科醫師、精神科護理師、活動治療師、娛樂治療師等等。就如同高功能團體般，重要的是：要有一位穩定且每天出席，而能持續至少一個月的帶領者。協同帶領者和學生（團體要能進行順利可能需要多達三位工作人員）可能在短時間內會輪流進進出出團體。帶領者必須有意願參與所有團體活動；他們要能如同期待病人般地投入並做自我揭露。如果精神科醫師們（是病人所認定最具威望的單位人員）也能輪流帶領團體，那麼就可以加強焦點團體的威望，這醫師指的是督導級醫師或精神科住院醫師。

比起高功能團體而言，這樣的團體帶領起來單純得多了，但的確需要對有關精神病經驗的現象學知識有足夠的了解。團體帶領者必須對各種任務職責的分級有敏銳的了解：亦即他們必須知道何種任務職責其要求是最高或最低的，哪一種對新成員最適合，哪一種則對某些病人最具壓力。重要的是：工作人員中應訓練若干人來帶領團體，俾使主要治療師因疾病或假期緣故也不用取消團體的進行。

許多焦點團體的成員可能會因太過抗拒或精神混亂致無法準時出席團體，因此工作人員需要督促大部分已指定好要參加的病

人，並護送他們進入團體。通常可以要求團體中功能較好的一、兩位成員幫忙這項工作。習慣在團體治療活動開始前要小睡片刻的病人必須在治療活動開始前至少十五分鐘即予叫醒。那些非常擔憂參加治療活動的病人可以讓他坐在治療師的旁邊，並且向他們保證只須坐著跟傾聽，如果待四十分鐘對他們而言不太舒服的話，可以提早離開。

## 團體治療活動的計畫內容

焦點團體治療活動是相當結構化的，帶領者須逐日事先規劃。每會次的基本計畫內容如下：

| 順序 | 進行內容 | 時間分配 |
|---|---|---|
| 1 | 介紹、引導病人並做準備 | 2－5分鐘 |
| 2 | 暖身活動 | 5－10分鐘 |
| 3 | 結構化活動練習 | 20－30分鐘 |
| 4 | 回顧本次治療活動 | 5－10分鐘 |

### ▌介紹和準備

對某一特定團體治療活動開始的介紹和準備工作時間長短及整體詳細情形，端視有無新病人以及**繼續參加成員的完整程度**而異。若存在有精神混亂的病人，就算沒有新病人加入也需要一個介紹引導。如同高功能團體般，這個階段的目標在於：提供病人基本的時空定向介紹、降低預期性的焦慮、教導病人有關團體進行的目標和步驟、提供有關團體運作的理論架構、教導他們如何善用這個團體。

287

　　以下是一個含有一或多位新成員團體的典型引導說明：「我是○○○，這是我的協同帶領者○○○。我們這個焦點團體治療是每天下午兩點開始，每次進行四十五分鐘，從星期二到星期五，每週五次的團體治療活動。每天我們都將在這個房間聚會。我們要求每個人都能準時參加，因為我們覺得這個團體相當值得，所以希望每個人都能充分利用這四十五分鐘。我們會在每天治療活動之前的幾分鐘提醒你。這個團體的目標是幫助你盡你所能學習和他人溝通、幫助你學習如何專心、學習如何傾聽別人說話、分享關於你自己的重要事情、處理害羞膽小的問題。我們已經為今天的團體安排了一些任務職責，將會先從暖身活動開始，約數分鐘後會有另外兩項活動，我們會說明這兩項活動如何進行。在那之後我們會再花幾分鐘時間檢討我們今天這個治療活動所做的事。」

## ▌暖身活動

　　團體的第一個階段傳統上是作為打破沉默之用。此暖身活動包括一項或多項簡短的結構化練習活動，這使得團體能有一溫和的開端。它可以降低預期性焦慮，並讓每位成員能進入簡短的、輕鬆的，不具威脅性的互動。

　　以下是一些暖身用的結構化練習活動範例：

288 　　【1】

　　任何身體方面的活動都有助於團體的開始並降低緊張。可以要求成員輪流帶領團體做數分鐘的一些身體活動。帶領者須完全投入如團體中其他成員般（就如同帶領者完全投入團體中的每一

次結構化活動般）。成員可指出身體的某一個部位（例如肩膀、腳趾或眼睛），然後要求右側的成員去帶領一項跟該身體部位有關的活動。為了增加新鮮感和挑戰性，可以給成員有關活動的較複雜指令；例如：可能會要求成員在一個包含椅子的活動中帶領團體（也就是說，這項練習活動可能是繞自己的椅子走三圈或碰隔壁椅腳兩次）。

　　如同其他所有結構化練習活動般，暖身活動必須盡可能設計來吻合團體當天的心情。例如：對帶領者而言，這個團體當天如果很明顯是緊張的話，他就可以設計某種身體活動來處理緊張。帶領者可以要求每一位成員講出身體哪一部分覺得緊張，然後建議用一些活動去消除那個緊繃的感覺。比如有人提到他覺得脖子有點緊時，帶領者就可建議一些簡短的活動（例如轉頭運動）使脖子放鬆。帶領者也可建議用呼吸運動來降低胸部的緊張。當帶領者覺得整個團體特別抗拒時（例如：很多成員不太願意進到房間裡面來參與會次或有好多人經常遲到時），那麼他可以建議用某些練習活動來處理這些情緒。比如說，他可以要求成員輪流帶領團體，並以非語言的活動方式說「不」；這時成員們就可以用頓腳、搖頭、轉身，或用手勢抿住自己的嘴唇來表達。

## 【2】

　　丟汽球或大橡皮球活動，藉由彼此拋球的動作同時說出對方姓名。這個活動只適合於功能較差的病人和特別是那些治療活動中有新成員加入且成員們難以記住彼此姓名時。這個練習活動也可藉由增加一些指令使它變得更具挑戰性並引發更多的互動。例如：每次當成員接到球時，指示他說出當天自己的感覺如何，或

289

要他們向拋球的對方說出一些其討人喜愛的地方。

**【3】**

在另一種型式的暖身活動中，要每位成員對其他人做一些觀察。例如：要某一成員針對坐在其右方的人當天早先時的所作所為說出看法（可能的話針對過去的一個小時內）。如果所有成員同時都參加了上次聚會，就可要求每位成員看著他人試著說出對方此次和上次參加時看起來不同的地方。

**【4】**

也可要求成員對自己本身說些簡短的看法。我經常使用的一種暖身活動是：要求成員簡短說出一件當天發生在他身上的好事跟壞事，或當天所經驗到的舒服和不舒服感各一種。典型的一些例子，包括：舒服的感覺，如覺得精神飽滿、心情愉快、決定要出院了、打電話慶祝朋友生日、有著愉快的治療經驗、當天早上找到一隻沒有破洞的襪子；不舒服的感覺，如覺得下雨使心情不快、受幻覺影響、對醫師調高藥物劑量感到失望、覺得沒有希望、吃中飯時覺得心神不安。

治療師應有一系列暖身活動可任其運用，並依該團體最能適當發揮其功能的情況選擇使用。有些活動（諸如丟氣球活動或簡單的身體柔軟操）較適合某些特別低功能的團體加以使用。有時候團體整體的功能較高時，病人就會覺得被太低功能的活動過度保護而對工作人員失望。有些團體只能做一些非常簡易的活動，使整個治療活動完全由安全且輕鬆的暖場活動所組成❹。

## ■ 結構化活動

　　治療活動所留下的其餘主要時間多花在結構化活動上。一般使用二到三個短暫的（五到十五分鐘）活動。如果團體不尋常地出現言語溝通，並且在某些活動後產生的主題上引發良好的討論，那麼一或兩個結構化活動就夠了。

　　雖然每個結構化活動通常包括好幾個部分，為了說明起見，我將這些活動依其主要影響力加以分類為：（1）自我揭露、（2）同理共感、（3）此時此地的互動、（4）講授式的討論、（5）個人改變，及（6）紓解緊張的遊戲。

### 自我揭露

　　大部分結構化活動都需要一些自我揭露。重要的是：治療師必須努力使自我揭露的過程成為一安全的嘗試。治療師可利用下列諸多方法降低自我揭露時所承受的威脅感：要求病人說出自己的長處和興趣而不是缺點；對於每個人彼此期望自我揭露的程度可做清楚的限制；治療師本身能完全參加自我揭露的活動（這通常意味著，在焦點團體的病人比高功能團體的病人，可自帶領者身上學習到更多的個人生活特質）。

　　雖然有各種不同的活動可應用，一般而言，帶領者為了增加團體的效率，可以並用自我揭露的動作跟另一個焦點團體的主要目標——即增加成員互動。根據我的經驗，最有效的活動是並用個別活動、兩人互動及整個團體互動。

　　以下就是基本結構。發給每位成員一張紙，紙上有二或三個尚待完成的句子。典型句子如下：

291

1.我生命中最重要的人之一是_____。

2.別人知道一定會嚇一跳的一件有關我的事是_____。

3.我真正享受的一件事是_____。

然後給成員們數分鐘時間獨自去完成這些句子。當完成後，要成員們兩兩配對，包括與治療師配對。治療師可根據訂好的策略去分派該配對。或許會希望彼此較不熟識，或在以前活動中未曾配對的人配成一組。如果某位病人特別不了解，那麼或許需要讓他和治療師配成一組。或者，治療師可以將特別害羞的病人和團體中特別友善且外向的人配成一組。

每一對成員互相交換紙張，然後唸出對方的答案，這時可以詢問他的伙伴更清楚、詳細的資料以便了解對方。治療師可以利用一些事先提供的問句藉以弄清楚伙伴的答案，以便提供種種交談技巧。在每一對成員均互動數分鐘後，再回到大團體來；每位成員大聲唸出其伙伴的回答，然後告訴團體他從每個問題的回答中所學習到的新事物。

此一基本結構有很多好處。第一、雖然這只是單一的工作，卻包含了以下數個小小工作：個人活動、伙伴間提出問題、向伙伴說明自己的回答、對其餘團體成員說明自己伙伴的答案，聆聽其他成員介紹其伙伴等等。注意力較差的病人比較能注意數個小的工作，而較無法注意一個較長時間且大的工作。再者，工作本身有交換的性質會使成員覺得比持續一段時間去和別人互動來得有安全感。在團體中給個人單獨活動一些時間，常使病人覺得是段安全而且具有隱私的時間。此練習活動提供有關自我揭露、創造性聆聽、言語表達、兩人間和團體間互動等等方面的指導。很多成員會因為別人的了解而覺得相當高興。有些病人會將答案紙

292

保存起來，作為他們參予團體的一項珍貴紀錄。

　　我在大部分的焦點團體中都使用這類活動。它可以有各式各樣的變化，所需要的只是治療師造出不同句子、強調不同主題。此活動可以配合團體當天一些重要主題而特別加以設計，例如：分離是一項重要課題，不管是成員們在其生活中所面臨的掙扎或是因為團體成員中的許多人將要出院，我們所設計的問題就可用分離為主題。例如：

　　1.我真正想念的一個人是_____。

　　2.我曾經驗過最難以分離的一次是_____。

　　3.我處理分離的方式是_____。

　　如果生氣是成員間要解決的課題，團體可藉諸如以下句子來處理憤怒：

　　1.最近一次令我憤怒是_____。

　　2.我真正憤怒的一件事是_____。

　　3.當我憤怒時，我通常會_____。

　　如果獨處孤立是成員間的重要課題，那麼有關孤立的一些句子可如下：

　　1.當我獨處時，我覺得_____。

　　2.我生命中覺得最孤單的時候是_____。

　　3.我生命中覺得最不孤單的時候是_____。

　　有關這個主題討論的另一種方式是，給病人關於價值觀的一個清單（例如：金錢、威望、親密感、名譽、權力、自我認識、受歡迎程度或者是專業上的成就等等），然後要求他們挑選出三個他們認為最重要的價值。在兩人小組的活動中，成員必須向另一伙伴描述為何他會認為這三個特別重要。

293

　　有些病人覺得透過藝術型式比文字書寫更能表達出來，簡單的圖畫或許很容易就能取代完成句子的活動。再者，繪圖活動可提供更多樣性且更能提高團體的興致。例如，治療師可發給每人一張紙，上面畫有一個空白的帶徽章制服圖樣並將紙分成四等份。請病人在四個格子中畫出代表四個不同主題的圖畫（或任何其他四個合適這團體主題的技巧和需求）：即（1）我最大的成就；（2）我所收過最好的禮物；（3）我家庭中最重要的人；（4）我最喜好的興趣。這些活動剩下的部分則和完成句子的活動完全一樣，即互相配對然後介紹自己伙伴所畫的徽章制服給團體其他成員。

　　另一個比較需要自我揭露的活動是：將成員先分組配對，然後要其中之一對伙伴不斷重複問一個問題：「你是誰？」每次伙伴給一個答案，成員就說：「謝謝你」，然後再問一次。當治療師下指令，兩人小組的角色就互換，另一人成為問話者。當團體再度開始活動時，其中一位成員就盡其所能記得的，向團體報告他伙伴的答案，並向團體介紹他的伙伴。除非治療師小心地設定好此項互動的時間限制，否則這個活動是具有相當壓力的。大約一到一分半鐘的問話時間就相當足夠。

　　有時候，病人會建議談論病房中發生的重要事件，雖然這些事件引起每個人內心的不安定，但有時給一點時間將團體注意力放在病房發生的一些重大事件上，對病人會有所助益。例如：病人私自外出不歸、企圖自殺或出現攻擊行為。雖然這種活動是要求病人表達不愉快的感覺，但因為毫無疑問地，成員心裡頭都佈滿了這些想法，顯然透過這樣的討論可以減輕焦慮。這裡舉出一些待完成的句子：

1.昨晚病房的打鬥讓我覺得＿＿＿＿＿。

2.昨天當姍娣在病房內傷害自己時，我覺得＿＿＿＿＿。

### 同理共感

發展社交技巧最主要的部份是同理共感別人的能力：亦即有興趣也有能力適切地認同別人的感受。對別人內在狀態的認同及表達本身感受的活動有很多種，但基本策略是相同的：避免負向情感及太過苛刻的情感表達、鼓勵富支持性的互動、集中焦點在優點上等。這種活動對高度偏執型病人必須非常小心，因為他會認為同理共感的練習是最具有侵犯性的。

有個練習是要每位成員在小紙條上寫下自己的名字，再放入箱子中，接著抽出另一位成員名字的紙條。然後每個人都要說出他所認為另一個人的感覺是如何，並表達出他在團體治療活動中所學到而以前並不知道的，關於對方的一些事。

另一種方式是：先收集一些從雜誌上剪下來的圖片，將之放置在房間中央。接著，要成員去做圖片分類工作，並選出一或兩張他認為鄰座成員可能會喜歡的圖片。做完選圖片的工作後，每人亮出他所選的，同時說明是何原因使他認為鄰座的成員會喜歡這些圖片。

還有一種練習活動，治療師發給成員一些卡片，卡片上繪有人體的輪廓，然後要成員在輪廓中畫上他最喜歡自己的哪個身體部位，寫上自己的名字，再依序傳遞卡片，拿到卡片的人要依照卡片上的名字畫下他喜歡這個人哪個部位，每個人都畫過了，最後傳回原畫者，原畫者要對別人加上的部位做反應，因為每個人的抽象能力不同，自然有不同的方法去完成他的工作，誇大的微

295

笑代表彬彬有禮的特質、大耳朵代表好的傾聽者、大手代表慷慨的個性、頭上明亮的燈泡代表點子多；其他病人的回應或許較僵化，如畫上某人戴珠寶或穿著一些衣服等。

為了方便起見，我在這裡重覆第三章所提過的類似活動，那就是長處清單的練習活動。在一張紙上寫自己的名字和自認為的兩項長處，然後將紙片傳給每一位成員，讓大家都能加上一項他所認為的長處。由於紙片是摺疊密封的，因此每個人並不知道別人所列出來的長處是些什麼。最後每個人都拿回自己的卡片，大家一起分享卡片上所寫的，並說出自己對卡片上所寫的感受，特別是對令人意外的項目的感覺。如果有許多成員對同一病人給了同樣長處的評語，那麼這共識就會產生極大的力量，甚至可改變病人的自我形象（self-image）。

另一項活動是收集各種物品的活動。將一堆物品放在團體的中央，每個人選一件物品給其鄰座成員。

大家選定之後，再出示該禮物，並向全體成員說明選擇該禮物的原因。

下面是一些從本活動中典型反應的例子：

箭　　頭：送給來自亞利桑那州的病人。

籃　　子：（當作搖籃）送給懷孕的病人。

貝　　殼：（治療師送的）送給有時不太開口、不跟人來往卻有溫柔美好內涵的病人。

指南針：送給那位老是想非常精確地知道自己所要走的方向的病人（治療師註明，該病人當天可能特別想要有一指南針，因為他對出院很不確定）。

鑰　　匙：送給正在找地方住的人（並期望他很快找到家）。

筆　　：送給喜歡寫詩的病人。

盆　栽：（送給治療師）因他喜歡幫助別人成長。

下面一個活動需要較高功能的病人。先要病人設想一隱喻——一隻動物（也可用盆栽或無生命的物品）來代表自己。另一個隱喻則給鄰座的成員。進行時必須小心說明此活動，以期成員能完全了解，免於以外表相似的東西來選動物，而要依該人特質和動物特質的相似性來選擇。一些選擇動物的例子如：鹿－紳士風度、貓－隱士風度、狗－智慧、馬－力量、天使魚－美麗、牛－養育、公羊－固執，做出選擇後，每位成員拿出他所選的並說明其原因，其他成員則鼓勵他表示是否同意彼此間的這種選擇。

### 「此時此地」的互動（Here-and-Now interaction）

幾乎我所提到的所有練習活動都是設計用來促進成員間的互動，甚至治療活動最後的回顧也會偏重在「此時此地」，這個我在下面會有簡短的討論。如果治療師認為合適的話，也可以使用偏重「此時此地」的結構化練習。

我們可以將「句子完成」和「配對練習」修正為「此時此地」的一種練習活動（見原書 291~293頁）。例如：下面這些適當句子：

1.這屋子裡最了解我的是_____。

2.這屋子裡和我最相像的是_____。

3.這屋子裡我會嫉妒某人的原因是_____。

這些句子可以把成員的注意力引到團體中「此時此地」發生的事件，比如：團體中某治療師因為要轉到別的單位而最後一次

出席團體治療活動時，可要求成員完成下面的句子：

1.當我想到麗如要離開團體時，我_____。

2.要告訴麗如我喜歡她，這太難了，因為_____。

3.當麗如得知一年後的我會_____，她會很高興。

假定團體中有許多成員要出院並向團體告別，我們可以把這個議題放入句子完成的活動中，如：

1.我最喜歡這個團體的地方是_____。

2.我最不喜歡這個團體的地方是_____。

3.我想送給團體中某位的一項最後禮物是_____。

另外一個十分有效且強調「此時此地」的結構化練習是提供各配對成員下面的指示語：「找出兩項你們相類似的地方以及兩項你們完全不同的地方。」和所有活動一樣，每個配對成員都必須和其他團體成員分享他們所討論的內容。

### 講授式的討論

當治療師發現到有些或所有成員已為類似困擾而掙扎難以自擇時，他可提供一些簡短而富指導性的討論或演說，讓成員看到別人也有相同的困擾，並鼓舞他們用一種更有效的問題處理模式去因應。如果這些措施有效，則這樣的討論就應包括大多數或所有成員，並且要夠清晰、簡短且言之有物。一個有效的型式可包含之前的一個單人或兩人式練習的討論方式。

例如：一項證明有效的步驟開頭是，用單獨個人所做的句子完成活動（solo sentence-completion task）。假定用「緊張」（tension）做主題，治療師可用下面的問題要成員回答，如：（1）你怎麼體驗緊張？（請盡可能寫下一種以上的方法）（2）

你怎麼緩解該緊張？幾分鐘後，當每個人完成他的答案時，治療師開始一個個要求他們說出自己的答案，並將之寫在黑板上。這樣大家都有機會看到一大堆體驗緊張的不同方式，其因應方式有成功也有失敗。在之後的討論中，治療師可強調每人經驗的相同處，同時也針對每個不同的處理模式提出其看法與評論。同樣的結構也可用來討論一些其他議題，如：悲傷、失落、孤獨、憤怒及拒絕等等。

### 個人改變（personal change）

團體中若有許多成員是在一連串連續會次中進行治療，那麼就可以把焦點放在一些和個人改變有關的結構化練習活動上。我前面提到的基本練習活動架構也可派上用場（如：先是單獨個人的句子完成練習，接著是兩人討論，最後則是向團體報告），但要把討論的重心及內容轉到個人改變上。

例如，句子完成練習活動可用下面兩、三個例子：

1. 兩項我想改變自己的地方是_____。
2. 兩項我喜歡自己而不願改變的地方是_____。
3. 我所做過最重要的改變是_____。
4. 住院以後我所做的一項改變是_____。
5. 如果我試圖去改變，我所擔心的是_____。
6. 我在團體中看到某人所做的一項重要改變是_____。
7. 我自己想改但又辦不到的一件事是_____。
8. 對我而言，難以改變的原因是_____。
9. 五年前和今天的我，個性上的兩項差異變化是_____。
10. 我想擁有團體中某人所具備的人格特質是_____。

300　　另一項證明有效的方式是要病人回答下面兩個問題：

1. 兩項我準備靠自己完成的改變是_____。

2. 有關如何完成改變，我的想法是_____。

　　在單人活動之後，成員們雙雙分組並指示每一對互相閱讀同伴的答案，進而了解對方所做改變的模式，然後向其建議其他促進改變的可能模式。在兩人討論之後，每個人向團體報告其同伴的改變模式，以及他如何建議他的同伴使用新加的模式；此時團體要鼓勵大家互相提供更進一步的改變模式。若每個人都能發表意見，這會是一個長時間的活動，甚至要花掉大部分開會的時間。

　　下面是此類活動典型的進行次序：病人威爾表示他很頑固，必須靠「不停地閃躲攻擊和更多的妥協」才能改變。在兩人配對的討論中，他的同伴要他舉一個他頑固的例子，威爾就提到一個他和未婚妻相處的典型例子。她喜歡跳舞，但因他不喝酒，所以不願到有喝酒的地方去跳舞。為此兩人常陷入憤怒的僵局中，誰也不讓步。團體給威爾不少建議：在舞會中，難道他不能喝不含酒精的飲料而不讓他人知道？他也可以和未婚妻達成協議，輪流決定晚上的活動，那就不會覺得被對方所左右。

　　即令威爾自己也想到其他替代方法，他仍很感謝大家的熱心

301　幫忙，並且覺得在治療活動後更融入病患的社群生活中。當團體一起討論時，治療師小心地支持病人，表示威爾真的很努力改變自己的固執，也不諱言自己的固執，而且願意尋求並考量別人所給的意見。

　　另一個病人提到她想要改變和人交往以便能交更多朋友。她想做的方式是改變外在儀態（事實上，她的外表的確是問題，

因為她非常不重整潔且不事打扮）。她的練習伙伴碰巧是位美髮師，給了她許多改善其外表的建議。團體中其他人也提供不少關於她的衣飾及穿著顏色方面的意見，其中有一個人乾脆想帶她去逛街買衣服。

還有一位提到想改變其害羞個性，希望能變得大方、開放且與人相處時能更肯定自己。她認為可以去聘請一位語言教師來教她說話更肯定。但她的伙伴及其他成員卻提出不同建議。當她在團體治療中表現自我肯定，不再害羞時，大家會不時地提醒她。治療師則提醒她可能因為其軟綿綿的說話方式和她自覺不重要有關，如果團體的協助能使她看重自己，那她說話的方式也會跟著改變。練習活動結束時，她要求團體成員在她降低音量時提醒她以便能隨時調整。

### 紓解緊張的遊戲

讓病人喜歡焦點團體而且能每天期待團體集會的來臨，這是很重要的。這些遊戲如能謹慎運用將可加速達到目的。遊戲能紓解緊張、提供繁重工作間的短暫休息、增加成員間互動、改善社交技巧並增進團體凝聚力。

之前我曾討論過遊戲應注意的一些事項：不應讓病人覺得工作人員對遊戲這種治療不抱信心，認為病人沒有能力進一步改善。此外，治療師如能妥善運用遊戲且加入治療的成分，那麼病人就會喜歡其正向方面的特質而避免造成負向的結果。

例如，在焦點團體間我常用一項簡短的遊戲：讓一位成員離開團體幾分鐘，這期間要團體中另一成員對自己的外型做番小改變，如拿下眼鏡或首飾，或和別人交換，或多加一件治療師給的

302

首飾；也可解開衣服的扣子或捲起袖子或交換鞋子等。當成員回到團體中，要他指出團體成員所改變的地方。

　　這樣的活動雖然有點嬉戲的成分在內，卻有其治療效果。在活動一開始，要每位成員繞室內一圈，仔細環視每個人，看有沒有什麼差異變化。這類活動能增加團體的凝聚力和團員間的契合，把成員的注意力放在以視覺觀察別人的好習慣上。這個活動鼓勵眼神的接觸以及加強每位成員察覺別人的能力。

　　功能差的病人所組成的團體常使用一項小孩子常玩的遊戲，即「吊人遊戲」（Hangman）。在此遊戲中，由一位成員先靜靜地選擇一個字，然後在黑板上畫一些橫條顯示該字的字母數目（比如五個字母就畫五條橫線），其他人來猜這些字母，如果猜對了就寫出該字母，倘若錯了，便在黑板上畫出絞刑台的一部分並畫出受刑人圖像，一直到整個行刑場景完成或整個字猜出來為止。

303　　「吊人遊戲」也可改成比較不以「填充」方式而更具治療意味，即治療師改變指示要成員改猜有關情緒方面的字眼，例如當天某成員所經驗到的，或覺得團體中另一位成員所經驗到的情緒。

　　另一種遊戲是：治療師一開始便把雜誌上所剪下來的人物圖片放在團體中央，要每個人從中選出兩張：一張是喜歡的，一張是討厭的。選好後每人出示自己所選的給其他人看，並簡要說明其理由。

　　治療師可以當第一個自願者出來出示自己所選擇的圖片並陳述理由，很有效地帶動團體的氣氛（就如同大多數的團體練習活動）。根據他們對團體需求的評估，可以選擇好玩的、滑稽漫畫

式的圖片營造較輕鬆的遊戲氣氛，或選擇個人式的、帶有自傳性質的圖片來製造較嚴肅的氣氛。

另一種遊戲，是將一些卡片放在房間的中央。每張卡片上寫著一句未完成的句子，要大家做出一些安全的自我揭露。例如：

1. 我覺得快樂，當_____。

2. 我喜歡自己的一點是_____。

3. 我覺得很挫敗，當_____。

4. 我懷念_____。

5. 今天團體中最活躍的人是_____。

6. 醫院的伙食是_____。

7. 我非常擅長_____。

團體中每個人輪流選一張卡片、大聲讀出並盡可能快地完成該句子；然後再指出另一人去抽取卡片。即令卡片要求的是一些自我揭露，因為遊戲進行的速度很快以及隨機式的選擇成員，使得成員的威脅感減低，並使互動充滿了輕鬆、嬉戲的氣氛。

我敘述這些練習活動絕非意味要形成一個包羅萬象的結構化練習活動表。在文獻上❺，或在帶領者想像下的這些活動是源源不斷、無止盡的。然而，這些結構化練習活動的選擇與呈現只是治療師工作的一小部分。這點要特別強調：結構化活動只是代表焦點團體治療尚未連結好時建造用的磚塊而已，治療師和病人間的治療關係、治療師的技巧和支持病人的能力、使成員進入狀況並促進成員間契合的能力，這些都是促成治療效果的「水泥」，以這些來結合磚塊才能成為一棟具療效的堂皇大廈。

## █ 對整個會次的回顧

焦點團體的最後階段和高功能團體相似，都是請觀察者進來團體，和治療師一起幫助成員來回顧整個團體過程。早先，我曾強調過要有效使用此時此地，不僅要有互動的情形發生，而且要配合第二個階段，一個自我反映迴路——即讓參與的成員可以檢視他們的互動情形。焦點團體最後階段的工作，如同高功能團體般，是要啟動自我反映工作階段的發生，同時鼓勵大家對會次的過程加以回顧和評價。

焦點團體最後階段的結構則不同於高功能團體。功能不佳的病人一般而言均過於急躁、退縮或混亂，以致無法整合治療師與觀察員所提供較細密的過程評論（process commentary）。如果回顧的工作能由成員依照仔細擬定的次序和完整藍圖來進行，那就更易見效。

305　　對最後過程回顧的有效結構，是系統回顧整個治療活動進行的每一部分。帶領者到黑板上要大家回想在會次中第一件發生的事，然後就會有人想起第一個活動，甚至發生在之前的事，比如：誰換了位子、哪位新成員做了自我介紹。然後治療師不僅要求對第一個活動加以描述，還包括其中的細節。例如：如果第一次活動的內容是找出當天所經驗到的好壞事件各一，那就要他們試著去回憶更多好、壞的經驗。同樣的程序也用在對治療活動的其他所有階段上。

在有系統地以時間順序重新建構該治療活動後，治療師要引導病人對整個會次加以評估。協助大家表達出他們對最有價值、最沒價值、最享受或最緊張的治療活動的意見，並說明理由。允

許針對負向的意見做合理的爭辯，通常可以減少病人的阻抗，進而欣然接受下次的治療活動，因為不管病人的評價是好是壞，治療師都會重視並作為決定未來治療活動方向的重要參考。如果病人覺得某個活動太具威脅性或缺乏教育性，那治療師可斟酌，考慮改變下次的治療活動。

回顧的另一階段，是討論會中成員間的相互觀察，治療師或可設計一些富支持性且適合該次治療活動的問題，如：誰最活躍？誰最被動？誰的表現不同於昨天？誰在治療活動中冒了險？誰最會支持別人？我們從別人身上學到什麼新東西？

很重要的一點，治療師必須加入整個回顧方面的討論，如同他們參與治療活動的每一部分般。他們也要表達出最喜歡治療活動的什麼地方，且把他們對團體發生的各種事件的反應表達出來。他也可環顧整個治療室並給每位成員一些正向回饋。

此項回顧有助於病人的原因有許多。透過提供自我反映迴路（亦即，對過程的探究），治療師可以促成有效的互動。而「過程檢查」（process check）──不管是建立在特定的回顧時段裡，或直接在治療活動的流程中插入不特定的回顧動作（例如：「讓我們退到前一分鐘的情形，試著弄清楚今天的團體到底發生了什麼事？」）──都幾乎毫無例外地加深了互動的作用、使其威脅性降低，並提供成員某種認知架構，讓他們能夠把團體中所學的轉移到外面的情境上。

系統的回顧工作也可減輕許多病人的困惑。將病人的注意力放在治療活動的時間順序上，要他們記起治療活動的第一、第二、第三、第四……等各部份，如此治療師即可協助精神混亂病人能依照治療活動的時間順序，將他們所經歷過的事件加以組

306

合。下面引用一位精神混亂病人在回顧活動之後所說的話：「這是我第一次能夠將今天所做的事告訴醫師。」

此一最後回顧也是一種「責任假設」的活動，因為評估的結果可作為未來會談的參考，病人也可更主動參與到他們自己的治療過程裡。

過程回顧也可增進集中度和注意力持續度。在最後回顧中，病人知道他們必須去重新回顧會談中所發生的事件；因此也就需要集中更多的注意力在這些事件上。在第一次的會議中，某些注意力不好的病人，充其量也只能記得一些重大事件——譬如說會次中有三項不同的活動。在幾次會談後，慢慢地，他們也可以對會談的細部、細節做更多的了解。

過程回顧可讓病人更能活在當下，即使只是一天四十五分鐘而已。因為他們知道會被要求完整地去回顧整個會談，因此必須盡可能地投入團體中，並盡可能去了解別的成員。病人愈能學習活在當下，而不是活在過去與未來，他們就愈能從生命中得到更多滿足，也就更能成功地與人建立關係。而團體治療師也可以將這點明白告訴病人，他們的情緒低落常是源自對期待中未來事件所產生的恐懼，或是重新經歷過去痛苦事件所致：他們愈能把生活重心放在現在，就愈能控制自己及克服自己的焦慮。

## 結構之外

為了教學上的方便，我把焦點團體的會次當作一連串計畫完善且順利進行的練習活動。在此我願做個補充說明，以免其他治

療師誤以為帶領者的角色只是照著某種既定方式及指導手冊的規定去做而已。

相反地，焦點團體的帶領者必須勤練臨床的敏感度，而且要具備彈性和技巧，這樣才能調整每一次治療活動出現的推擠力、進行的速度及深度，以便適應當時的臨床情境。治療活動計畫的內容必須具有一定的結構性，方可促進治療活動，而不是以刻板的步驟束縛住治療師導致治療活動僵化。所以，治療師在整個治療活動中、活動裡以及成員之間應保有彈性，不斷給予成員支持、鼓勵和帶有解釋作用的指導。

例如：一位年輕的思覺失調症女性患者，在本章開頭我曾提及，她得到另一位成員的協助而改變了髮型。在接下來的團體中，她顯得很急躁，一直受到「放蕩女人」的聽幻覺聲音分散其注意力。治療師用很平靜的聲音給予說明並保證：「我所認識的每個人都有性欲望」及「我今天穿了件新毛衣，而妳梳了個很吸引人的髮型。我的毛衣不會使我放蕩，而妳的髮型也不會讓妳成為一位放蕩的女孩。」

有位平時在團體中就很會自責及否定自我的病人，治療師給他的解說是：「歐文，我對你有個觀察想和你分享。今天兩點我找你出來參加團體治療活動時，你正和一位朋友在講電話，我知道你很氣我打斷你們的通話。在整個治療活動中，我不知道你是否會覺得我很煩人、覺得死板的病房規定很煩人。有沒有可能你在這會次中，將這些憤怒都轉向自己，並且給予自己迎面一個痛擊了？」在歐文出現肯定的回應之後，隨即展開五分鐘熱烈且富建設性的討論，其他成員講出對病房嚴格規定的許多不滿。

治療師必須隨時準備去處理會次中出現的破壞性事件，或是

彌補那破裂的部分，或是盡可能將這些事件轉變成治療上的助力。第四章提到「磨坊中的穀料（即化腐朽為神奇）」的原則可以同樣應用，但治療師的目標必須比較局限且以更緩和、小心的方式進行。例如：某次治療活動開始後三分鐘，一位年輕的思覺失調症病人馬克突然在一陣大聲亂罵及詛咒之後跑離開團體。大家覺得一頭霧水，其他成員顯得有些不安與困惑。此時，治療師將這個事件導入有用的方向上，表示：「我正巧在稍早的工作人員討論中知道馬克因家庭問題而心情不快。奇怪的是，即使我知道這點，我仍然感覺不舒服，甚至對馬克的離開覺得受了傷。當然我也多少有些對他生氣，也會自問在治療活動中是否做了令他不快的事。我不知是否其他人也有和我類似的感覺？」

在另一次治療活動中，團體進行的是一項結構化活動，是要每個人畫出代表他一生中最令自己後悔的事情。大衛是位憂鬱症的病人，他畫了一頂學士帽，並表示自己最大的遺憾是在讀低年級時即遭輟學，因而一直沒有拿到學位。突然間，另一位思覺失調症病人雅碧插嘴說：「大衛，你自以為很聰明，我卻認為你是病房中最笨的人！」雅碧的直言批評使大衛深深被刺痛，其他成員也顯得很尷尬，都不曉得該如何回應。

治療師當機立斷決定兩件該做的事：首先給大衛一些支持；其次是對雅碧自己說話造成的後果給予溫和回饋。接著治療師問大衛有何感覺？他含淚地回答說：他這輩子最擔心的是他不像別人那麼聰明，因此雅碧的批評正中其要害。然後治療師問大家對大衛智能的看法（治療師並不在乎他人回答的結果，因為大衛顯然是一位聰明的人，且普遍受到大家的尊重）。正如所料，大家給予大衛很大的支持（如同治療師所給的）。

　　此一處理（花了大約五分鐘）顯然很有效果，因為十分鐘後，雅碧出其不意又打斷了另一個活動，她告訴大家剛才對大衛所講的根本不是她本意，其實她覺得自己很愚蠢。當大衛說後悔未從專校畢業正打中她弱點，因為雅碧是從高中就輟學了！雅碧的談話也得到大家的支持。最後的回顧裡，成員們認為今天參加的治療活動很有意義。

　　有時，治療師也會根據會次中出現的一些重要課題做些有益且清晰簡明的觀察。在一項簡報式的回顧性會談中，病人可描述出許多他們仍保留下來的有用評論。如：

　　「大家看起來是真的很喜歡你。我在團體中一再聽到他們這麼說，但因為你太看輕自己了，以致很難相信他們所說的，而你也一直堅信別人是用你對自己的看法般地在看待你！」

　　「父母的工作就是要讓子女成長茁壯，然後能離家自立。你的工作並不是用來待在家中延續、維繫父母的婚姻關係！」

　　「絕對不可能要求每個人都愛你，總會有一些人跟你在一起是會不快的。這是難以讓人釋懷的事，但也是我們終究要面對的一項事實。」

　　「分離總是悲傷痛苦的，但天下無不散的筵席。分離總會發生，如果因預期的分離而害怕、不與人親近，這是非常不利自己的，等於是宣判你自己永遠寂寞與孤立。」

　　焦點團體的帶領者必須要能調整團體功能的高低層次：倘若精神病理程度特別嚴重時，要調低；若是團體很穩定而且成員顯然可以更深入治療時，則調高。治療師能否適當決定團體的功能層次並做必要的技術調整，這是需要相當的敏感度並隨臨床經驗而累積發展的。

透過對活動練習的質疑所做出的更多人際反應、透過加入一些較具遊戲性質的活動，透過安排更多的單人活動、並行活動或更多的活動以便引發間接性的表達（如：美術、書寫、動作等），以及少強調此時此地的互動等等，如此，治療師乃能將團體調整為比較輕鬆的層次。或者，透過運用相反的策略，如：做更高層次的自我揭露；利用需要自我揭露、成員互動以及過程分析的一些練習活動等。如能把焦點放在團體互動的「此時此地」之運用上，可以增加團體進行的深度。

例如，句子完成的題目：「我無法告訴別人我喜歡他們，因為……」為了加強此時此地的聚焦作用，治療師可以要求病人評估他們的回答是否也能用在目前正在進行的會談中，如：「你想告訴現在會次中的哪位病人一些正向的看法嗎？如果這麼做你會擔心些什麼事嗎？」

治療師可以用更個人性質的告白來加深該探索的「此時此地」層次（例如：描述自己某一天的不舒服經驗，治療師也可自承曾感受到緊張，或提到自己曾和同事間所起的爭執，或昨晚睡得不好等），而且也可要求團體成員討論他們對治療師這種個人告白的感覺。幾乎毫無例外的，在與他們間的簡報式會談中，病人提到他們很感激治療師如此誠實的自我揭露。這使治療師看起來更富人性，且促使成員在治療活動中能更充分、完整的投入。

利用與高功能團體相同的方法，治療師也能夠加強每位病人312在焦點團體中的個人責任感，例如：在最後回顧時，治療師可以調查每位病人當天對其所承受冒險的總量。想深化治療工作的治療師們，可詢問他們是否滿意其冒險的程度。有不舒服嗎？或者病人在第二天的治療活動中願意冒更大的險？如果答案是肯定

的，那他希望治療師給予怎樣的幫忙？是否病人願意治療師多叫他或多問他一些問題？在之後的治療活動中，治療師可再度核對看看自己所為是否正確符合病人的期望。此項策略讓病人可自我監測他在團體中參與的情形，使他能成為聯盟中的一員，並分擔自己在治療上的責任。

## 結論

我並不想將本章和前一章所敘述的高功能或低功能團體治療模式，作為其他臨床工作者的某種精確藍圖加以遵循；在結束本書時，我期望這些模式只是闡明團體心理治療的普遍性策略，其他治療師們可根據個人風格及其臨床設施的需要加以捕捉、理解並做具體的修正與改良。

# 附錄

313 〔A〕

H.Davis and K.Dorman, "Group Therapy versus Ward Rounds,"*Diseases of Nervous System* 35（1974）:316-19.

〔B〕

E.Arnhart,"Establishing Group Work in a Psychiatric Unit of a General Hospital,"*JPN and Mental Health Services* 13 （1975）:5-9.

〔C〕

S.Lipkin,"Clients'Feelings and Attitudes in Relation to the Outcome of Client-centered Therapy,"*Psychology Monographs*,p.372;A.Goldstein, "Patients'Expectancies and Non-Specific Therapy as a Basis for（un）Sponta-neous Remission,"*Journal of Clinical Psychology* 16（1960）:399-403;and H.Friedman, "Patient Expectancy and Symptom Reduction,"*Archives of General Psychiatry* 8（1963）:61-67.

〔D〕

E.Uhlenhuth and D.Duncan,"Subjective Change with medical Student Therapists: "II.Some Detriments of Change in Psychoneurotic, "*Archives of General Psychiatry* 18（1968）:532-40; and A. P. Goldstein and W. G. Shipman,
314 "Patients'Expectancies,Symptom Reduction and Aspects of the Initial Psychotherapeutic Interview, "*Journal of Clinical Psychology* 17（1961）:129-33.

〔E〕

有許多困難會使得試圖研究住院病人團體治療的研究者產生困惑。理想的研究設計，可適用於門診設施的，是要將有進行團體治療的門診病人結果和「沒有治療」的，以及接受其他諸如家庭、個別或藥物治療等門診對照組病人之結果做比較。如果要這個研究沒有被干擾的話，就不該有互相交叉的情形──也就是說，團體中的病人不能同時接受個別或藥物治

療；否則的話，要把結果歸因於各不同種類的治療是有問題的。

更有甚者，接受特定治療的病人樣本應接受相當統一標準的治療。如果研究中有許多個別治療師或團體治療師，每一位所做的是相當不同的治療型式，那麼「團體」或「個別」治療都將不能被視為個別單元來看待；確實，臨床上這種變異性會很大，使得某種型式的團體治療會比另一種型式的團體治療還要像個別治療。雖然可以用統計方法幫助我們評估各因素的影響結果，但這樣的分析是需要大量數目的病人和團體。

考慮急性住院病房所能有的各種研究條件，第一，請注意每位病人都會接觸到各種型式的治療，包括：環境治療、活動治療、精神藥物治療、和某位指定治療師間的個別治療、和病房工作人員間許多非正式的一對一治療性會談、和其他病人間的討論、藝術治療、職能治療、生活座談會、家庭治療，當然還有一個或多個大團體治療等等（見原書4-5頁）。

因此，團體治療只是整體治療計畫中的一部分。如果為了研究目的，某些病人參與小治療團體而另一控制組病人則否，這兩組樣本間可能不會有顯著的差異，因為對某些病人而言，團體治療只能說明一點點它對結果的影響力。更甚者，很可能「沒參加團體」的控制組樣本會趁著不在團體的機會，去尋找比如說另外的、非正式的一對一和工作人員會談，或更深入地參加其他治療計畫。（情況比較輕微但同樣的現象也會發生在門診病人的治療上，即「待治療名單」的控制組病人尋求朋友、神職人員、酒保等等的非正式治療。）雖然研究人員會試圖監控病人所接受非正式治療的數量，這確是一項困難的工作；特別在大型研究上，是會掛一漏萬的。

情況甚至如我在第二章所述的變得更為繁複，即大部分病房都有許多不同種類的治療團體。雖然這些團體有著各式各樣名稱，在步驟和功能上常有大量重疊現象。因此，「動作治療」或「饒舌團體」可能是比正式稱呼為「談話」治療團體更為有效的互動治療團體；而為了研究設計目的，也許會把某一病人排除在正式的談話治療團體外，卻在另外一個團體中得到相同的（治療）經驗。

如果研究者試圖藉著排除控制組病人使其不參加病房內所有團體，以控制功能上的這種交叉作用，那麼可能會嚴重影響到病人的住院治療經驗，而使研究結果的解說變得非常困難。住院病人治療團體是捲在一個錯綜複雜的治療體系中，其中所有要素都互相依賴、互相影響。把病人排除在治療團體外，可能在許多方面會干擾到他或她的一整個治療計畫。

舉例來說，許多病人可以從他和其他病人間的關係中得到相當大的效益。小型的團體治療常可促進及修補病人間的關係。一個參加團體治療的病人和一個「未參加團體」的控制組病人，在評估結果上可能產生顯著的

315

316

差異。但這些差異是源自團體治療嗎？或者是和其他病人間的關係有關？亦即，在小團體治療會談中催化及修補了其間的關係所致？

有些研究者試圖藉著使用不同的實驗設計來規避這些阻礙：他們比較了住在有提供小型團體治療計畫病房的病人，和住在未提供團體治療病房的病人其間結果有何差異。但這些方案仍是受特異性（specificity）問題所困擾。是否這差異是特定地與小型團體治療經驗有關，或也可能有其他重大差異可發生在有提供及未提供團體計畫的病房之間？未提供團體的病房一般而言，主要仰賴精神藥物、電痙攣治療以及與主治醫師間的個別治療。環境（milieu）在本質上常是較少治療性的，病房工作人員也較不感興趣或較不被認可提供心理治療。如果工作人員受過訓練可提供治療，也常不被行政決策單位允許去做，那麼就很有可能如我在原書第 35 頁所提到的，這些工作人員將會是一群替換率高、具有潛伏衝突且士氣低落的人，這對治療結果會有不良影響。

最能有效防止「參與團體對照不參與團體」弊病的研究設計，是把病人分派到不同型式的小型團體治療上，同時把其他住院的（治療）經驗維持不變。例如：我們可以提供諸如互動團體、行為團體、完形團體以及問題解決團體，然後比較每一個的結果。由於住院病人彼此間經營互動及比較個人心得，所以較有效的設計是團體以接連性（consecutively）而非同時性（concurrently）的方式來進行。換言之，此設計要求某病房在某指定時間中，譬如兩個月，只提供一種型式的團體，然後，再按照順序提供其他每一種團體。

這樣的一種設計行得通嗎？它需要病房工作人員的大力配合；更甚者，它包括一堆方法學上的問題。例如：誰來帶領團體？如果是聘請外面受過各種模式訓練的團體治療師來帶領團體，他們吃虧不利的地方是缺乏有關病人的大量臨床資料，而這些只有全職人員才可能得到。如果研究者要求全職人員帶領團體，那麼這研究會因為團體治療師被要求用令他不自在或不適合於他的方式帶領團體而產生弊病。

就我所知，只有一個住院病人研究方案接近這個較強有力的比較研究設計（L. Beutler et al.,"Comparative Effects of Group Therapies in a Short-term Impatient Setting: An Experience with Deterioration Effects," *Psychiatry*, in press），而這方案犯下了要求治療師用對他們而言並不熟悉的方式來帶領團體的錯誤。

縱使能完美執行這項設計，也會因為病理上很大的異質性所產生的問題，以及病房內快速替換的病人和工作人員而受阻礙。當我寫到這裡時，覺察到昨天我的住院病人團體是由八位病人組成，其中六位有憂鬱症且嚴

317

重士氣低落及明顯精神動作遲滯現象；另二位則是思覺失調症，有極端的羞怯及自我警覺性。因此團體會談的進行是慢動作的，要非常小心翼翼，我必須非常辛苦努力地去引導出（治療性的）材料，同時讓病人進入狀況。然而，只是十天之前，同樣的團體所包括的是八位邊緣型人格疾患的婦女（五位有嚴重的暴食症）及二位憂鬱症病人；那次團體的特質非常不同，步調是充滿活力的，氣氛是有聲有色的，成員爭著搶團體的時間；而我最大的考量則是抑制情緒並鼓舞對團體事件的更多了解。

主要的課題是：團體組成以及住院病人團體特質是這麼的變動不定，以致研究難免充滿遺誤，除非有非常大量的團體進行研究並仔細給予客觀記錄，諸如團體氣氛、規則、帶領風格、情感層級以及互動型式等變數。

小型團體的帶領其變動也非常大而不定，不只是帶領者在帶領角色上快速轉換，而且帶領者的經驗、訓練也大不相同。經常，帶領者非常缺乏經驗，例如：他們可能是第一年住院醫師或才剛畢業的精神科護理師。由於缺乏短期住院病人團體治療正式訓練的這種現象在所有訓練課程中隨處可見，團體的帶領者在他們的取徑上也就很容易各有癖好且無法加以分類。因此，關於「住院病人團體治療」的結果，讓人認為好像是某種已經統一、一致的治療模式，其實是沒有什麼價值的。某些帶領者，技術高超、敏感且有效率；其他則無能且不當。在治療結果的研究上，要想否認此點等於是犯下嚴重的錯誤。

關於帶領者風格的類別，我也有同樣的保留。大多數的研究報告內容本身非常簡短，不足以對其風格特質加以描述（例如：「分析性」、「非指導性」、「完型學派」、「領悟取向」）。但是在 1972 年的一項廣泛且大量的團體研究方案中，我的同事和我指出帶領者所假設的官方正式意識形態標籤，對帶領者的實際行為僅傳達出非常少的訊息（M. Liberman, I. Yalom ,and M. Miles, *Encounter Groups :First Facts*, New York :Basic books, 1973, pp.226-67）。這種錯誤因著研究所要詢問的而更明顯擴大，即其聲稱要比較諸如「領悟團體」和「支持團體」的治療型式，但所提供的有關領悟模式或支持模式並沒有詳細資料，而且假設根本沒有功能上的交叉（也就是說，「領悟性」的團體帶領者並不提供支持）。沒有任何研究曾提到我個人所長期困擾的問題：即該領悟如何能精確無誤？如何能時機剛巧？所有的臨床醫師們都知道去細數「有關領悟的陳述句」這樣的進行方式是多麼愚笨的事，就像有些研究者所做的般。有精確的及不精確的領悟，且即使精確的領悟如果要有效用，必得時機掌握得好且修通過程也要進行得很好。

可被接受的研究只能是藉由使用大量病人、團體及治療師樣本並由

318

319

受過訓練對帶領者行為加以評量的人予以仔細記錄，如此才能避免掉某些弊病。要有夠廣泛大量的規模以符合這些準則的研究，勢必花費龐大（Lieberman、Yalom、Miles 的研究包括十八個團體，二百一十位參與研究者，其花費大約是 1972 年幣值的美金二十五萬元）。因此，以通貨膨脹上的考量，目前經濟狀態以及聯邦政府機構對心理治療研究基金補助上的不甚熱中來看，似乎是不太可能完成符合需求的、有定論的住院病人團體治療研究。

〔F〕

B.Rosen,A.Katzoff,C.Carrilo,and D.Klein,"Clinical Effectiveness of 'Short'versus'Long'Psychiatric Hospitalization,"*Archives of General Psychiatry* 33（1976）:1316-22.

這些作者在紐約州針對公共經費對住院日期限制在九十天的措施實施不久後，對一百二十六位病人進行研究。這些病人被分派到短期住院單位去，平均住八十六天；而那些住在長期病房的則住一百八十天。短期病房提供團體治療計畫，長期病房則沒有。這些短期和長期病人在研究的所有準則中，都可加以比較，短期（指的是有團體治療）的病人在社交能力以及情感與認知功能上有顯著意義的改善。就 1983 年（本書出版時）的標準來看，八十六天並不是短期住院，但基本上在平均只住四到二十天的急性病房中，並沒有設計完善的、同類的團體治療研究。因此，我們只能仰賴相關臨床環境中得到的研究資料加以合理推測。

320  〔G〕

A.R Alden et al.,"Group Aftercare for Chronic Schizophrenia,"*Journal of Clinical Psychiatry*40（1979）:249-52; R. M. Prince et al.,"Group Aftercare-Impact on a Statewide Program,"*Disease of the Nervous Syst*em 77（1977）:793-96; J. L. Claghorn et al.,"Group Therapy and Maintenance Therapy of Schizophrenics,"*Archives of General Psychiatry* 31（1974）:361-65; S. A. Purvis and R. W. Miskimins,"Effects of Community Followup on Posthospital Adjustments of Psychiatric Patients,"*Community Mental Health Journal* 6（1970）:374-82; S. P. Shattan et al.,"Group Treatments of Conditionally Discharged Patients in a Mental Health Clinic,"*American Journal of Psychiatry* 122（1966）:798-805; T. Borowski and T. Tolwinski,"Treatment of Paranoid Schizophrenics with Chlorpromazine and Group Therapy,"*Diseases of the Nervous System* 30（1969）:201-2;M. I. Herz,et al.,"Individual versus Group Afercare Treatment,"*American Journal of Psychiatry* 131

（1974）:808-12;C. O'Brien et al.,"Group versus Individual Psychotherapy with Schizophrenics: A Controlled Outcome Study,"*Archives of General Psychiatry* 27（1972）:474-78;and L. Mosher and S. Smith,"Psychosocial Treatment: Individual, Group, Family and Community Support Approaches,"*Schizophrenia Bulletin* 6（1980）:10-41.

　　此研究文獻提供令人信服的證據，即團體治療是一種有效的出院後照顧治療模式。Alden 等人指出在一年追蹤期間，團體的出院後照護比個別治療在「減少住院次數及每次出院平均日數方面」更為有效。Prince 等人也報告過類似的發現：出院後照顧的團體治療比個別治療在「繼續讓慢性病人不須住院且留在他們自己社區中」這方面而言更為有效。Claghorn 等人在一項控制組研究上報告：團體的出院後照護和「無團體治療」的控制組樣本做比較時，顯示在「人際功能」上的顯著改善。Purvis 等人則指，出院後團體治療可減少「再住院率」。Borowski 及 Tolwinski 則指出，後續照護的團體加上藥物治療遠比單靠藥物治療有效。Herz 等人則報告團體治療和個別治療從病人結果的角度上來看是同樣有效，但他加上一句話：治療師遠為贊同用團體模式，因為工作人員的士氣改善了，治療師願意花更多的時間和病人在一起，且病人也報告說有更好的社群共同意識感以及增加社交機會。O'Brien 等人在一項大的隨機取樣研究中，指出出院後團體治療比個別治療有效，即減少再住院率及控制樣本中都有使用藥物治療。Mosher 及 Smith 提供了這項文獻的一個完整回顧。

〔H〕

　　S. Lipton, F. Fields, and R. Scott,"Effects of Group Psychotherapy upon Types of Patient Movement,"*Diseases of the Nervous System* 29（1968）:603-5

　　研究對象為六十七位住到三個不同病房的榮民醫院病人：一個有團體治療計畫，兩個沒有。團體治療的帶領者風格被描述為「試圖加強病人方面的一般病識感到試圖增強他們的社交能力」這樣的變動不定。

〔I〕

　　G. Haven and B. S. Wood,"The Effectiveness of Eclectic Group Psychotherapy in Reducing Recidivism in Hospitalized Patients,"*Psychotherapy, Theory Research and Practice* 7（1970）:153-54.

　　研究對象為六十八位榮民醫院的病人，住在同一病房但輪流被分派到團體接受治療（一週兩次）及無團體治療。帶領者的風格是「折衷派，一般而言是指導性的且是以現實感為取向，重新學習幫助病人使能更舒適及

人際功能更有效用的主題上」。再住院的追蹤期是一年。六十八位病人中三十三位診斷為焦慮反應，也是這一組對團體治療的反應較好。

〔J〕

大約有一打的住院病人團體治療研究曾被摘錄在一些主要的回顧文獻中：M. Parloff and R. Dies,"Group Psychotherapy Outcome Research"*International Journal of Group Psychotherapy* 27（1977）:281-319; Mosher and Smith,"Psychosocial Treatment"（see appendix 〔G〕; and M. A. Lieberman,"Change Induction in Small Groups"*Annual Review of Psychology* 27（1976）:217-50.

這些研究對我們探討有關急性住院病房團體治療療效來講是不太相關的，因為他們研究的是一群慢性病患；一般而言，住院多年的病人會被用一種新發展出來的團體治療計畫加以實驗及測試。

然而，有兩個研究報告的是住院病人團體治療的負面療效：E.Pattison, A. Brisserden, and T. Wohl,"Assessing Specific Effects of Inpatient Group Psychotherapy,"*International Journal of Group Psychotherapy* 17（1967）:283-97; and N. Kanas et al.,"The Effectiveness of Group Psychotherapy during the Fist Three Weeks of Hospitalization:A Controlled Study,"*Journal of Nervous and Mental Disease* 168（1980:）483-92.

Pattison、Brisserden 及 Wohl 等人報告一個有二十四位榮民醫院病人在急性病房住院共約十二週的研究。其中一半被隨機分配到團體治療；另一半則參加一個人員配備良好病房的其他治療活動。團體帶領者的風格只被描述為「精神分析式的，提供最沒有帶領性質而鼓舞互動的方式」。作者既沒提到帶領者是誰（研究者本身？），也沒有提到團體多久開一次會，每次開多久。在一系列的結果評量上（IMPS, Q-sort, SCL, 16PF），實驗組與控制組有明顯進步；兩者之間無差異，除了「控制組」樣本顯示在自我價值感（Q-sort）及愧疚感降低（16PF）上有較大改善，而實驗組樣本則顯示在症狀檢查表（Symptom Check List，簡稱 SCL）症狀上大幅降低及在住院病人多向度精神醫學量表（Inpatient Multi-dimensional Psyohiatric Scale，簡稱 IMPS）上明顯改善的趨勢。

測驗評量的差異性很小，作者很清楚地提到他們「應相當謹慎小心地看待，因為只反映出一點點傾向而不是很明顯的證據」。由於此研究常被引用為住院病人團體治療無效的證據，因此必須注意此研究因為有明顯缺陷以致其關於急性病房的團體治療效果並未有明確的結論。樣本很小，而參加人員都是慢性病人，全屬男性。只有一個團體治療師被研究。如同作者所提，控制組研究對象中有關參加團體治療對照「未參加團體治療」的

整個研究方案並未有足夠控制，因為控制組樣本中的病人接受相當多的個別治療。

另外還有的只是作者臨床上的判斷：認為不主動積極的、精神分析式的團體帶領方式可能並不適用於急性病房，他們的建議是：住院病人團體治療的目標和技巧應修正使更呼應短期住院的目標。這些看法，就像本書中其他地方所關照的，與本人的臨床印象非常密切符合。

Kanas 等人報告一個在軍醫院中的團體治療研究。八十位病人予隨機分配到下列三種情況之一：「未參加團體心理治療」的（但可以進行個別諮商）；「活動取向的任務團體」，即病人一起進行某種常見的活動方案（通常是某種手工藝）而不探討內心或人際問題；以及「治療性團體」，每週舉辦三次，每次一小時。除了以上每週三個不同團體治療會談外，所有病人都同時參加一個積極性的病房治療計畫。精神病理症狀的評量（住院時及二十天後）包括下列各種方法：整體評估量表（Global Assessment Scale，簡稱 GAS）、精神醫學評值表（Psychiatric Evaluation Form，簡稱 PEF）、工作人員對病人的評量以及藥物服用記錄。大部分病人呈現明顯改善，由於上限效應（ceiling effects）使得三種狀況之間不太出現顯著差異。但出來兩項發現。第一、整體而言，任務團體的病人改善程度比「參加團體治療」或「未參加團體」者顯著低；第二、雖然「參加團體治療」及「未參加團體」和整體樣本或非精神病樣本之間比較並無差異，但參加團體的精神病人確實比另兩組樣本的精神病人顯著差。

這些結果如何加以說明呢？和當前的急性住院病房又有什麼關聯呢？讓我們先來考慮這些結果是否可加以概化。本研究是在一軍醫院完成的——這樣的設施會干擾對結果的詮釋。這個病房不只具備所有急性醫院所能看到的疾病類別，而且一大堆病人的住院理由是民眾醫院所看不到的：有些榮民是為了評估其失能狀況而住院；有些是（藥物）依賴的；有些是來接受戒酒解毒的；有些患思覺失調症的軍陣人員因行政理由而住院好幾個月以等待退役（除役）。更甚者，在軍陣人員中治療動機方面有很明顯的困難：因精神失能所帶來的附帶收穫是非常巨大的，包括正服役中及退役後的人員。Kanas 等人發現：女性依賴者（假設其具有一套不同的動機）在團體治療中比男性患者顯著來得好[15]，在這方面的觀察，作者提供了一些支持的證據。

一個充滿低調的任務取向團體（亦即，團體中病人選擇並從事一些手

---

15 譯註：N. Kanas，個別的溝通。

工藝活動而「不討論有關人際或內心問題」）會使病人得到極少改善，要說明這樣的發現是極端困難的！這樣的發現是如此違反直覺以致引發一個問題即：是否所進行的是重要且未控制的變數。就像所有限定人數多寡的住院病房的研究，此研究並沒有對治療的多元性加以控制。所有病人都大量參與其他治療活動，我們無法評估其他治療是如何有效地在影響病人。

有報告指出：心理治療團體的帶領者曾試圖「幫助病人透過集中焦點於此時此地互動及感受的表達，來得到內在心理及外在人際間困境的領悟。其使用的是亞隆所描述的原則與技巧」。在一次個人私下的溝通中（1982），N. Kanas 曾提及他所指的是帶領者使用我在長期門診團體中所描述的技巧。帶領者也用一些完形（如：空椅對話）及心理演劇技巧。有時，因情勢使然，團體中會公開表達敵意。這些團體是屬於異質性的（亦即「團隊式團體」），而該團體的功能層次則常依功能較好的病人而定。精神病人無法執行該團體職責因而經常被忽略掉，或被視為給團體惹麻煩或妨礙團體的人。這種對精神病人有害的團體角色，是團體對他們產生負面衝擊最可能的解釋理由。

326　　　這些考量說明了我們要小心接受作者的結論，即「此研究結果引發關於領悟取向心理治療對住院頭三個星期，特別是急性精神病人，其有效性的嚴重質疑」。

此研究並不意指「團體治療」或「領悟」或「互動」是沒有用處的，而是指團體治療若不是依臨床情境及成員的特別需求而設計時是無效的。我寫作本書的理由之一是：我相信在《短期團體心理治療》這本書中所描述的許多策略和技巧並不適用於急性住院病人，Kanas 等人的研究支持這樣的想法。

似乎在 Kanas 等人的研究中，治療師犯下許多技巧上的錯誤：為團體設定不當目標；鼓舞過多的情緒表達，特別是公開的敵意表達；容許團體把精神病症較嚴重的病人弄成代罪羔羊；整體而言，對團體成員提供太少的支持（我在第二及第三章中曾討論到所有這些缺點）。確實，Kanas 的研究所批判的並非「住院病人團體治療」，因為在他接下來發表的兩篇文章中，他描述了對功能組精神病人會談的一種不同領導風格，而其研究結果顯示非常有效。在這些團體中，帶領者用的是一種比較溫和的、支持性的取徑，避開任何憤怒的表達，鼓舞其他情感的表達，鼓舞成員互動，並協助成員加強現實感（N. Kanas and M.Barr, 1983; N. Kanas, M Barr, and S. Dossick, 1982）。

這些研究顯示二十二位精神病人中二十一位覺得團體治療有助於他，327　視它為一表達感受、學習和他人互動的地方。「黑爾互動基質表」（Hill

Interaction Matrix）的評量結果更確定該團體為工作取向、富支持性，且具有療效。

J. Watson 及 J. Lacey（1974）提供另外的數據顯示，傳統的門診團體治療技巧必須因應團體情境而做修正。

他們對一群共進行十一次會談的十二位病人所做的研究中，結論是對我所描述的門診團體技巧〔包括一項比我慣常還要重的特別強調，即：對強烈情感的傾洩及分散作用（dissipation）〕會導致住院病人團體中焦慮的引發，以及令人無法滿意的結果。

〔K〕

Beutler et al.,"Comparative Effects"（see appendix〔E〕）.

L.Beutler 等人報告一項大膽的嘗試，他們進行了一項有對照組且是當前高替換率住院病房中所做的住院病人團體治療研究。作者對 176 位陸續住院的精神科病人，其診斷從物質濫用到思覺失調症到雙極性情感疾患到適應不良反應等加以進行研究。在住院並完成評量表後，病人被隨機分配到四個研究組中。由於病房大小有限，只有兩組隨時在進行。治療師從護理師、住院醫師、臨床心理實習生、社工代訓實習生及心理系高年級學生中抽選出來。此研究的一項重大方法學缺失是，偶爾有必要安排治療師帶領某種型式的團體，但其實他們比較會想要帶領另一種型式的團體。所有團體都接受經驗豐富的治療師做督導，外面的觀察員則評量該團體，以確定該團體實際上均是以被安排的型式在帶領。治療結果的評量包括：明尼蘇達多相性人格測驗（Minnesota Multiphasic Personality Inventory，簡稱MMPI）、希普力研究機構生活量表（Shipley Instituteof Living Scale，簡稱SILS）、SCL-90R、護理人員所完成的病房評量，以及每位病人其負責治療師所做的療效進展情形的判斷。團體是每週進行兩次；病人參加的平均次數是 3.2 次。結果顯示參加心裡演劇／完形團體的病人狀況均惡化。以過程／病人為焦點取向的團體，則是迄今目前為止最有療效的團體。

328

作者結語「強調情緒支持及團體回饋的團體，似乎達到最佳效果」。這項研究結果支持我在本書中所描述的一般團體治療技巧。它特別提到：「對危急中的病人以短期基礎、並由一群不甚有經驗的人治療時，週遭人員的支持與回饋，比胡亂應用一些技巧來誇大其感受並且打破其防衛機制的方式來得更有價值。」

〔L〕

See discussion of Pattison,Brisserden,and Wohl,"Assessing Specific

Effects,"and Kanas et al.,"Effectiveness"（both in appendix〔J〕）

〔M〕

　　Kanas et al., "Effectiveness"（see appendix〔J〕）; Watson and Lacey,"Therapeutic Groups"（see appendix〔J〕）;and O'Brien et al.,"Group"（see appendix〔G〕）

〔N〕

　　M. Zaslowe, J. Ungerleider,and M. Fuller,"How Psychiatric Hospitalization Helps: Patient Views Versus Staff Views,"*Journal of Nervous and Mental Disease* 142（1966）:568-76; E.Gould and I.Glick,"Patient-Staff Judgements of Treatment Program Helpfulness on a Psychiatric Ward,"*British Journal of Medical Psychology* 49（1976）:23-33; C.Leonard,"What Helps Most about Hospitalization,"*Comprehensive Psychiatry* 14（1973）:365-69; and R.Pasewark, J Paul, and B. Fitzgerald,"Attitudes toward Industrial Therapy of Mental Hospital Patients and Staff,"*The American Journal of Occupational Therapy* 23（1969）:244-48; and M. Leszcz, I Yalom, and M. Nordern,"TheValue of Inpatient Group Psychotherapy: Patients'Perceptions,"submitted for Publication, 1983.

　　1981 年，我的同事 M. Leszcz、M. Norden 和我一起研究，對象是出院時已經住院超過三天的六十八位陸續住院病人。共十七位病人被排除在研究之外（七位妄想病人，五位邊緣型病人拒絕合作；另五位病人則精神狀態過於混亂無法放在研究樣本中）。其他五十一位病人則形成此次實驗樣本。

　　史丹福精神科是一個配備二十一床，且非常強調應用團體於治療計畫中的開放性病房。每一位病人都參加一個早上的「團隊式」（異質性）團體會談，下午則由功能較好的病人參加可自由選擇的「功能式」（同質性）團體。團隊式團體每週會談五次，高功能團體則每週四次。在研究進行時，並無低功能團體進行；但隔不多久，就開始一個每天一次的「焦點」團體（見第六章）。

　　本研究和目前所討論的最關係密切的是下面的分配工作，即每位病人都給他五十張撲克卡片，並要他們把卡片分配到十一個盒子中。每一個盒子均代表病房治療活動中的一項：如個別和精神科醫師的會談、和其他病人的談話、和護理師一對一的治療、早晨的團隊式團體治療、藥物、下午的自選式團體治療、病房活動、生活討論會、家庭治療會議、職能治療、替代性另類團體（藝術治療、活動治療等）。然後要病人根據他們所接受

治療後受益的程度,來排列這些撲克卡片。

有二十位病人只參加早晨團隊式團體會議(亦即,他們的功能並未好到能夠去參加一個比較高要求的下午自選式團體),這些都是有較重大精神病障礙的病人。他們對十項病房活動的排列順序如下(由於他們並未參加下午的功能式團體,故僅排序十項活動): 330

|   |   | 平均排序 |
|---|---|---|
| 1 | 與精神科醫師個別治療 | 3.0 |
| 2 | 團隊式心理治療團體 | 3.65 |
| 3 | 和其他病人討論 | 4.35 |
| 4 | 和護理師一對一談話 | 4.57 |
| 5 | 其他替代性團體 | 5.11 |
| 6 | 病房活動 | 5.25 |
| 7 | 藥物 | 5.87 |
| 8 | 生活座談會 | 6.38 |
| 9 | 家庭治療團體會議 | 6.7 |
| 10 | 職能治療(手工藝) | 7.16 |

有 31 位病人參加兩種會議:即高功能自選團體治療會議及團隊式團體會議。其中 30 位病人的排序如下:

|   |   | 平均排序 |
|---|---|---|
| 1 | 與精神科醫師個別治療 | 2.69 |
| 2 | 功能式心理治療團體 | 3.06 |
| 3 | 和其他病人討論 | 4.06 |
| 4 | 團隊式心理治療團體 | 4.5 |
| 5 | 和護理師一對一談話 | 4.69 |
| 6 | 藥物 | 5.38 |
| 7 | 病房活動 | 6.74 |
| 8 | 家庭治療團體會議 | 6.96 |
| 9 | 生活座談會 | 7.6 |
| 10 | 其他替代性團體 | 8.04 |
| 11 | 職能治療(手工藝) | 8.08 |

除了對病房活動以卡片分類排序外,Leszcz、Norden 等人和我本人也在本書其他章節中報告所獲取的其他資料。

我們要求病人對十項療效因素(見第二章)做類似的卡片分類工作,該十項療效因素包括:灌注希望、利他思想、勸告建議、理解、模仿學習、表達感受、「負責」的假設、普同性、人際學習及凝聚力。在二或三 331次卡片分類(如病人都參加了團隊式及功能式團體,研究者會要他們對每一團體做一次療效因子的卡片分類工作)之後,研究者會使用下列的擬定

研究計畫來進行一項半結構性的面談。

1. 卡片分類工作的分析：病人認為某項目有幫助或無幫助的理由。

2. 團隊式團體：你對參與覺得高興嗎？你喜歡怎樣不同地去做一些事？團體中你有足夠的時間發言嗎？帶領者需要在會談中做更好的時間分配嗎？團隊式團體是強制性的——這會如何影響你參加團體？必須將某些病人從團體中排除掉嗎？哪些病人？他們是如何在干擾破壞團體？是否有某些時間對你而言不參加團體比較好呢？也就是說，選擇不來或被要求不來？被團體排除掉會是怎樣的情形？你是團體的核心分子？團體中有任何有害事件發生嗎？

3. 功能性團體：你對參與覺得高興嗎？你喜歡怎樣不同地去做一些事？團體中你有足夠的時間發言嗎？帶領者保證在時間分配上均等嗎？下午的團體是自選的——這對你或對團體工作的進行有任何影響嗎？必須將有些病人排除掉嗎？哪些病人？他們是如何在干擾破壞團體？你是團體的核心分子嗎？團體中有任何有害事件發生嗎？你對議題形成以及最後的「總結討論」（wrap-up）（見第五章）的評估如何？你能給個例子關於觀察者所給的有益評論嗎？治療師在批判自己或被觀察者所批判時，你覺得怎樣？

4. 團隊式及功能式團體的一般比較。

5. 帶領方式：帶領者哪些行為面向會催化或阻礙團體進行？你對帶領的活動、結構化取徑、透明度、協同帶領者間的關係、帶領者的輪替等有何感覺？或者，在病房中以其他角色看帶領者時，有何感受？

6. 設施：你對團體為短期性質的感受為何？團體快速替換的方式影響到團體工作的進行嗎？和其他團體成員整天都在一起會如何影響到團體工作的進行？有沒有一些發生在病人身上的重要事件在團體中卻沒有被討論到？

〔○〕

注意在本研究中，「和精神科醫師個別治療」排名第一。也請注意，本研究是在病人每週和個別心理治療師四到五次會談的病房中進行的。然而，即令個別心理治療是最受歡迎的選擇，只有 40% 的病人把精神科醫師一對一的治療列名第一（或一、二並列）。有重大情感疾患的病人，

70% 把精神科醫師一對一治療列為最重要選擇。

〔P〕

　　E. Gould 及 I. Gilck（"Patient-Staff Judgments"，見附註〔N〕）研究四十四位住院三十天以上的病人，他們在病人出院前二十四小時和其晤談，請病人針對二十項治療活動排序，從「最有幫助」到「最少幫助」。他們也請病房工作人員對相同的活動予以排序，包括對「大部分病人」、對「神經症病人」以及對「精神病人」。不幸的是，作者並未提出任何由病房所提供團體治療的特性相關資料。工作人員評量團體治療對「大部分」及「神經症」病人的幫助相當高（是二十項治療活動的第二），但對「精神病人」只佔第六。病人把最高的平均排序給了「和其醫師個別治療」這一項。緊接著的是「和護理師及技術人員的談話」、「團體治療」及「和其他病人談話」。以診斷分類加以分解則顯示，團體治療被具有人格疾患的病人列為最重要的治療模式，而非思覺失調症的妄想病人則列為第二重要的治療模式。妄想型思覺失調症患者在所有診斷類別中，把團體列為最不重要的模式（是二十項病房活動中的第五項）。

　　Gould 及 Gilck 根據住院時間長短而分析資料。他們注意到住院時間最短（九十天以內）的病人視團體治療為二十項治療活動中最重要者。此項發現特別重大，因為實際上所有我們在當前住院病房中想治療的病人，都是短期住院者。

〔Q〕

　　Leszcz, Yalom, and Norden,"Value of Inpatient Group Psychotherapy"（see appendix〔N〕）.

〔R〕

　　Ibid.

〔S〕

　　在 Leszcz、我及 Norden 的研究之後十八個月，同一病房的另一方案（I. Yalom 及 L. Gonda，未發表的資料，1983。以相同的卡片排序技巧）研究一組同時參加每天的團隊式團體治療及低功能（焦點）團體治療的病人（數目為十二人）。他們的排序順序如下[16]：

---

16　譯註：只拿六項活動來排序。「另類團體」及「家庭治療團體會議」這兩項從排序中予以刪除掉，因為有許多病人並未參加這些活動。

| | | 平均排序 |
|---|---|---|
| 1 | 和精神科醫師個別治療 | 2.9 |
| 2 | 功能式治療團體（焦點團體） | 3.4 |
| 3 | 團隊式治療團體 | 4.1 |
| 4 | 病房活動 | 4.2 |
| 5 | 藥物治療 | 4.8 |
| 6 | 和其他病人討論 | 5.1 |
| 7 | 生活座談會 | 6.2 |
| 8 | 和護理師的一對一會談 | 6.5 |
| 9 | 職能治療 | 7.2 |

請見 kanas 等 "Effectiveness"（見附注〔J〕）；及 Beutler 等等，"Comparative Effects"（見附注〔E〕）。

〔T〕

D. Strassberg et al., "Self-disclosure in Group Therapy with Schizophrenics," *Archives of General Psychiatry* 32（1975）:1259-61.

〔U〕

P. May,"When ,what , and Why? Psychopharmaco-therapy and Other Treatments in Schizophrenia, "*Comprehensive Psychiatry* 17（1976）:683-93.

〔V〕

M. Linn et al.,"Day Treatment and Psychotropic Drugs in the Aftercare of Schizophrenic Patients," *Archives of General Psychiatry* 36（1979）:1055-66

〔W〕

B. Corder,R. Corder, and A. Hendricks,"An Experimental Study of the Affects of the effects of Paired Patient Meetings on the Group Therapy Process," *International Journal of Group Psychotherapy* 21（1971）:310-18; and J. Otteson,"Curative Caring:The Use of Buddy Groups with Chronic Schizophrenics," *Journal of Consulting and Clinical Psychology* 47（1979）:649-51

Corder、Corder 及 Hendricks 等人設計了一項研究，他們給每位病人安排分配一位伙伴，他（或她）必須每天花三十分鐘和其談有關他的問題。研究者發現：參與進來此項「哥倆好」研究計畫的病人，比較不需要工作人員的照顧；具有較高的士氣、較多的互動，以及和工作人員及其他病人間較高的親密度；且對其他病人做出較多的有利建議或評論。

Otteson 在另一相關研究中，安排分配每一團體成員一位伙伴，他直 335
接會將其能量花在協助另一位病人身上以助其出院。每位伙伴要和分配給
他的人談話，同時對病房工作人員施加壓力以強化他從工作人員中所得到
的協助。結果顯示：有此一伙伴導向的團體，其成員出院的比「無治療」
對照組團體或接受傳統治療團體者顯著得多。

〔 X 〕

T. Main,"The Ailment,"*British Journal of Medical Psychology* 30（1957）:129-
45;and A. Stanton and M. Schwartz,*The Psychiatric Hospital*（New York: Basic
Books, 1954）.

# 參考書目

## 第二章

1  I. Yalom, *The Theory and Practice of Group Psychotherapy* （New York: Basic Books 1975）; D. Whitaker and M. Lieberman, *Psychotherapy through the Group Process* （New York: Atherton Press, 1964）;E.L. Pinney, *A First Group Psychotherapy Book* （Springfield, Ill,: Charles C. Thomas, 1970）;H. Mullen and M. Rosenbaum, *Group Psychotherapy* （ New York: Free Press of Glencoe, 1962）; H. Kellerman, *Group Psychotherapy and Personality: Inter-secting Structures* （New York: Grune & Stratton, 1979）; C. Sager and H.S. Kaplan, eds., *Progress in Group Family Therapy* （New York: Brunner / Mazel, 1972）; and H. Kaplan and B. Sadock, eds., *Comprehensive Group Psychotherapy* （Baltimore: Williams & Wilkins,1971）.

2  Yalom, *Theory* [1].

3  Ibid., pp. 3-104.\

4  Ibid.

5  I. Yalom, *Existential Psychotherapy* （New York: Basic Books, 1981）.

6  Yalom, *Theory* [1], pp. 77-83.

7  I. Youcha, "Short-term Inpatient Group: Formation and Begin-nings, "*Group Process* 73 （1976）:119-37.
    （The numbers in brackets refer to the original complete citation for a reference in each chapter.）

8  J. Maxmen, "An Educative Model for Inpatient Group Therapy," *International Journal of Group Psychotherapy* 28 （1978）:321-38.

9  Ibid.

10  T. Main, "The Ailment," *British Journal of Medical Psychology* 30 （1957）:129－45,and A Stanton and M. Schwartz, *The Psychiatric Hospital* （New York: Basic Books, 1954）.

11  M. Leszcz, I. Yalom, and M. Norden, "The Value of Inpatient Group Psychotherapy: Patients' Perceptions," submitted for publica-tion, 1983

（see appendix [N]）;and E. Gould and I. Glick, "Patient-Staff Judgments of Treatment Program Helpfulness on a Psychiatric Ward," *British Journal of Medical Psychology* 49（1976）: 23-33.

12　K. Arriaga, E. Espinoza, and M. Guthrie, "Group Therapy Evalua-tion for Psychiatric Inpatients, "*International Journal of Group Psychotherapy* 28（1978）:359-64.

13　Leszcz, Yalom, and Norden, "Value of Inpatient Group Psycho-therapy" [11]; and I. Yalom and L. Gonda, unpublished data, 1983（see appendix [S]）.

14　Leszcz, Yalom, and Norden, "Value of Inpatient Group Psycho-therapy"[11].

15　Yalom and Gonda, 1983 [13].

16　N. Kanas, M. Barr, and S. Dossick, "The Homogeneous Schizo-phrenic Inpatient Group: An Evaluation Using the Hill Interactional Matrix," in preparation; and N. Kanas and M. Barr," Short-term Ho-mogeneous Groups for Schizophrenic Inpatients: A Questionnaire Evaluation , "*Group, in Press.*

17　Leszcz, Yalom, and Norden, "Value of Inpatient Group Psycho-therapy"[11]

18　Kanas and Barr, "Homogeneous Groups" [16].

19　Leszcz, Yalom, and Norden, "Value of Inpatient Group Psygho-therapy" [11].

20　Ibid.

21　H. Levine, "Milieu Biopsy" The Place of the Therapy Group on the Inpatient Ward,"*International Journal of Group Psychotherapy* 30（1980）: 77-93

22　H. Kibel, "The Rationale for the Use of Group Psychotherapy for Borderline Patients on a Short-term Unit, "*International Journal of Group Psychotherapy* 78（1978）:339-57

23　R. Klein, "Inpatient Group Psychotherapy: Practical Considera-tions and Special Problems,"*International Journal of Group Psychotherapy* 27（1977）:201-14.

24　Leszcz, Yalom, and Norden, "Value of Inpatient Group Psycho-therapy" [11].

25　Ibid.

26　Maxmen, "Educative Model" [8].

## 第三章

1　M. Leszcz, I. Yalom, and M. Norden, "The Value of Inpatient Group Psychotherapy," submitted for publication, 1983（see appendix [N]）.

2　D. Zlatin, "Member Satisfaction in Group Process in Structured vs. Unstructured Groups with Hospitalized Psychiatric Patients," unpub-lisherd doctoral dissertaition, University of Maryland, 1975.

3    A. Schwartz et al., "Influence of Therapeutic Task Orientation on Patient and Therapist Satisfaction in Group Psychotherapy," *Intrna-tional Journal of Group Psychotherapy* 20 （1970）:460-69.

4    B. Bednar and T. Kaul, ' Experiential Group Research: Current Per-spectives, "in S. L. Garfield and A. E. Bergin, eds., *Handbook of Psychother-apy and Behavior Change* （New York: John Wiley, 1971）, pp. 769-815; I. Yalom et al., "Preparation of Patients for Group Therapy," *Archives of General Psychiatry* 17 （1967）; 416-27; S. Budman et al., "Experiential Pre-Group Preparation and Screening," Group 5 （1981）:19-26; and E. Gauron and E. Rawlings, "A Procedure for Orienting New Members To Group Psychotherapy, "*Small Group Behavior* 6 （1975）:293-307.

5    M. Orne and P. Wender," Anticipatory Socialization for Psycho-therapy: Method and Rationale,"*American Journal for Psychiatry* 124 （1968）:88-98; and R. Hoehn-Saric et al., "Systematic Preparation of Patients for Psychotherapy, "*Journal of Psychotherapy Research* 2 （1964）: 267-81.

6    I. Yalom, *The Theory and Practice of Group Psychotherapy* （New York : Basic Books, 1970）, pp. 286-300.

7    J. Heitler, " Clinical Impressions of an Experimental Attempt to Prepare Lower-class Patients for Expressive Group Psychotherapy," *International Journal of group Psychotherapy* 29 （1974）:308-22.

8    J. Houlihan , "Contribution of an Intake Group to Psychiatric Inpa-tient Milieu Therapy, "*International Journal of Group Psychotherapy* 27 （1977）:215-23.

9    S. Zyl, C Ernst, and R. Salinger, "Role Expectations: A Significant Concern for the Nurse-Therapist, "*JNP and Mental Health Services* 5 （1979）:23-27.

10   B. Rauer and J. Reitsema, "The Effects of Varied Clarity of Group Goal and Group Path upon the Individual and His Relation to His Group, "*Human Relations* 10 （1957）:29-45; d. Wolfe, J. Snock, and R. Rosenthal, "Report to company Participants at 1960 University of Michigan Research Project" （Ann Arbor, Mich.; Institute of Social Research, 1961）; A. Cohen, E. Stotland, and D. Wolfe, "An Experimen- tal Investigation of Need for Cognition, "*Journal of Abnormal Social Psy-chology* 51 （1955）:291-94; A. Cohen, " Situational Structure, Self-Esteem and Threat-Oriented Reactions to Power," in D. Cartwright, ed., *Studies in Social Power* （Ann arbor, Mich,:

Research Center for Group Dynam-ics, 1959）, pp. 35-52 and A. Goldstein, K. Heller, and L. Sechrest, *"Psychotherapy and the Psychology of Behavior Change* （New York: John Wiley, 1966）, p. 405. J. Authier and A. Fix," A Step-Group Therapy Program Based on Levels of Interpersonal Communication, *"Small Group Behavior* 8（1977）: 101-7.

11  R. Vitalo, "The Effects of Training in Interpersonal Functioning upon Psychiatric Inpatients, *"Journal of Consulting and Clinical Psychology* 35（1971）:166-71; C. Whalen, "Effects of a Model and Instructions on Group Verbal Behaviors, *"Journal of Consulting and Clinical Psychology* 33（1969）:509-21; and S. Angel, "The Emotion Identification Group", *American journal of Occupational Therapy* 35（1981）:256-62.

12  E. Coche and a. Douglas, "Therapeutic Effects of Problem-solving Training and Play-reading Groups, *"Journal of Clinical Psychology* 33（1977）:820-27.

13  C. Anderson et al., "Impact on Therapist on Patient Satisfaction in Group Psychotherapy, *"Comprehensive Psychiatry* 13（1972）:33-40.

14  M. Lieberman, I. Yalom, and M. Miles, *Encounter Groups: First Facts* （New York: Basic Books, 1973）.

15  W. Crary, " Goals and Techniques of Transitory Group Therapy" *Hospital and Community Psychiatry* 19（1968）:388-91; M. Weich and E. Robbins, "Short Term Group Therapy with Acute Psychotic Patients," *Psychiatric Quarterly* 40（1966）:80-87; and L. Gruber, "Group Techniques For Acutely Psychotic Inpatients, *"Group* 2（1978）:31-39.

16  C. Truax and K. Mitchell, "Research on Certain Therapist Intraper-Sonal Skills in Relation to Process and Outcome," in A. Bergin and S. Garfield, eds., *Handbook of Psychotherapy and Behavior Change* （New York: John Wiley, 1971）.

17  Lieberman, Yalom, and Miles, *Encounter Groups* [15], pp.226-68.

18  I. Yalom and G. Elkin, *Every Day Gets a Little Closer: A Twice-Told Therapy* （New York: Basic Books, 1974）.

19  M. Hertzman, *Inpatient Psychiatry: Toward a Restoration of Function* （Human Sciences Press, forthcoming）.

20  A. Richmond and S. Slagle, "Some Notes on the Inhibition of Aggression in an Inpatient Psychotherapy Group, *"International Journal of Group Psychotherapy* 21（1971）:333-37; Crary, "Goals"[16]; I. Youcha, "Short-term In-patient Group" Formation and Beginnings, *"Group Pro-cess* 7（1976）:119-37;

N. Kanas and M. Barr, "Short Term Homogeneous Group Therapy for Schizophrenic Inpatients, "Group, in press （1983）; and Gruber, "Group Techniques" [16].

21　Gruber, "Group Techniques" [16].

22　Yalom, *Theory and Practice* [6], pp. 204-17.

23　Ibid., P. 214

## 第四章

1　I. Yalom, *Theory and Practice of Group Psychotherapy* （New York,: Basic Books, 1970）, pp. 12-44, 121-70.

2　M. Lieberman, I. Yalom, and M. Miles, *Encounter Groups: First Facts* （New York: Basic Books,1973）,pp.365-68.

## 第五章

1　I. Yalom, *Existential Psychotherapy* （ New York: Basic Books, 1980）.

2　M. Leszcz, I. Yalom, and M. Norden, "The Value of Inpatient Group Psychotherapy," submitted for publication, 1983 （see appendix [N]）.

3　I. Yalom, *The Theory and Practice of Group Psychotherapy* （New York: Basic Books, 1975） pp. 459-67.

4　H. Chertoff and M. Berger, " A Technique for Overcoming Resist-ance to Group Therapy in Psychotic Patients on a Community Mental Health Service," *International Journal of Group Psychotherapy* 21 （1971） : 53-61; and E. Gould, C. Garrigues, and K. Scheikowitz, "Interaction in Hospitalized Patien-led and Staff-led Psychotherapy Groups, "*Ameri-Can Journal of Psychotherapy* 29 （1975）:383-90.

5　E. Berne, "Staff-Patient Staff Conferences," *American Journal of Psychia-try* 125 （1968）:286.

6　Yalom, *Theory and Practive* [3], pp. 440-45.

7　I. Yalom and J Handlon, " The Use of Multiple Therapists in the Teaching of Psychiatric Residents," *Journal of Nervous and Mental disease*, 141- （1966）:684-92.

8　Leszcz, Yalom, and Norden, "Value of Inpatient Group Psychother-apy" [2].

## 第六章

1　K. Kaplan, "Directive Groups" A Therapy for the Acute Psychiatric Patient," submitted for publication; L. Gruber, " Group Techniques For Acute Psychotic Patients," *Group* 2 （1978）:31-39; H. S. Leopold, "Selective Group Approaches with Psychotic Patients in Hospital Set-Tings", *American Journal of Psychotherapy* 30 （1976）:95-102; M. J. Horowitz And P. S. Weisberg, "Technique for the Group Psychotherapy of Acute Psychosis," *International Journal of Group Psychotherapy* 16 （1966）:42-50; I. Youcha, "Short-term Inpatient Groups: Formation and Beginnings," *Group Process* 7 （1976）:119-37; J. Grobman, "Achieving Cohesiveness in Therapy Groups of Chronically Disturbed Patients," Group 2 （1978）: 141-49; T. Cory and D. Page, "Group Techniques for Effecting Change In the More Disturbed Patient," Group2 （1978）:150-54; A. Druck, "The Role of Didactic Group Psychotherapy in Short-term Psychiatric Set-Tings," *Group* 2 （1978）:98-109; M. Hertzman, *Inpatient Psychiatry: Toward Rapid Restoration of Function* （New York: Human Sciences Press, fortheom-ing）; and W. Crary, "Goals and Techniques of Transitory Group Ther-apy," *Hospital and Community Psychiatry* 12 （1968）:37-41.

2　Youcha, "Short-term Groups" [1].

3　Grobman, "Achieving Cohesiveness" [1].

4　Kaplan, "Directive Groups" [1].

5　J. W. Pfeifer and J. E. Jones, *Handbook of Structured Exercises for Human Relations Training*, 6 vols. （California: University Associated, 1973-75）, G. Corey, M.S. Corey, P. Callanan, and J. M. Russel, *Group Techniques* （Moniterey, Calif.:Brooks / Cole Publishing Co., 1982）; W. Schutz, Joy: *Expanding Human Awareness* （New York: Grove Press, 1967）; H. Otto, *Group Methods to Actualize Human Potential—A Handbook* （Beverly Hills, Calif.: Holistic Pres, 1970）; H. Lewis and H. Streitfeld, *Growth Games* （New York: Bantam Books, 1970）; A. J. Remocker and E. T. Storch, *Action Speaks Louder: A Handbooks of Nonverbal Group Techniques* （ Edinburgh, London, New York: Churchill Livingston, 1979）; K. T. Morris and K. M. Cinnamon, *A Handbook of Nonverbal Group Exercises* （Springfield, Ill.: Charles C Thomas, 1975）; and B. Reuben and R. Bubb, *Human Communi-cations andbook: Simulations and Games* （Rochelle Park, N.J.: Hayden, 1975）.

# 延伸閱讀

## ■ 歐文・亞隆作品

- 《成為我自己：歐文・亞隆回憶錄》（2018），心靈工坊。
- 《凝視太陽：面對死亡恐懼（全新增訂版）》（2017），心靈工坊。
- 《一日浮生：十個探問生命意義的故事》（2015），心靈工坊。
- 《斯賓諾莎問題》（2013），心靈工坊。
- 《叔本華的眼淚》（2005），心靈工坊。
- 《日漸親近：心理治療師與作家的交換筆記》（2004），心靈工坊。
- 《生命的禮物：給心理治療師的85則備忘錄》（2002），心靈工坊。
- 《媽媽和生命的意義》（2012），張老師。
- 《當尼采哭泣》（2007），張老師。
- 《愛情劊子手》（2007），張老師。
- 《存在心理治療（上）死亡》（2003），張老師。
- 《存在心理治療（下）自由、孤獨、無意義》（2003），張老師。
- 《團體心理治療的理論與實務》（2001），桂冠。

## ■ 其他參考閱讀

- 《意義的呼喚：意義治療大師法蘭可自傳（二十週年紀念版）》（2017），維克多・法蘭可（Viktor E. Frankl），心靈工坊。
- 《我們在存在主義咖啡館：那些關於自由、哲學家與存在主義的故事》（2017），莎拉・貝克威爾（Sarah Bakewell），商周。
- 《靈性的呼喚：十位心理治療師的追尋之路》（2017），呂旭亞、李燕蕙、林信男、梁信惠、張達人、張莉莉、陳秉華、曹中瑋、楊蓓、鄭玉英，心靈工坊。
- 《團體諮商與治療：一個嶄新的人際——心理動力模式》（2017），吳秀碧，五南。
- 《哭喊神話：羅洛・梅經典（二版）》（2016），羅洛・梅（Rollo

May），立緒。
- 《歐文亞隆的心靈療癒（DVD）》（2015），薩賓‧吉西澤（Sabine Gisiger）執導，台聖。
- 《歐文‧亞隆的心靈地圖》（2013），朱瑟琳‧喬塞爾森（Ruthellen Josselson），心靈工坊。
- 《存在：精神病學和心理學的新方向》（2012），羅洛‧梅（Rollo May），中國人民大學出版社。
- 《愛與意志》（2010），羅洛‧梅（Rollo May），立緒。
- 《焦慮的意義》（2010），羅洛‧梅（Rollo May），立緒。
- 《活出意義來》（2008），弗蘭克（Viktor E. Frankl），光啟文化。

# 索引

●本索引所標示頁碼為英文版頁碼，請查閱內文頁面外緣之數字。

wrap-up sessions, higher-level 總結摘要會次，高功能 259-273; format of 的形
式 261-266; other advantages of 其他優點 266-270; patient response to 病
人對……的回應 270-273; 也見 review sessions 回顧會次

## Y

Yalom, I., 318, 319, 325, 328-332, 333-334

## Z

Zaslowe, M., 328

Psychotherapy 046

# 短期團體心理治療：此時此地與人際互動的應用
## Inpatient Group Psychotherapy

作者：歐文・亞隆（Irvin D. Yalom）

譯者：陳登義

出版者—心靈工坊文化事業股份有限公司
發行人—王浩威　總編輯—徐嘉俊
責任編輯—林妘嘉　內文排版—旭豐數位排版有限公司
封面設計—蕭佑任　封面插畫—鄒享想
通訊地址—10684台北市大安區信義路四段53巷8號2樓
郵政劃撥—19546215　戶名—心靈工坊文化事業股份有限公司
電話—02）2702-9186　傳真—02）2702-9286
Email—service@psygarden.com.tw　網址—www.psygarden.com.tw

製版・印刷—中茂分色製版印刷事業股份有限公司
總經銷—大和書報圖書股份有限公司
電話—02）8990-2588　傳真—02）2290-1658
通訊地址—248新北市新莊區五工五路二號
初版一刷—2018年12月　初版四刷—2024年9月
ISBN—978-986-357-135-3　定價—540元

INPATIENT GROUP PSYCHOTHERAPY by lrvin D. Yalom

Copyright © 1983 by Yalom Family Trust
Complex Chinese Translation copyright © 2018
by PsyGarden Publishing Co.
This edtion published by arrangement with Basic Books,
an imprint of Perseus Books, LLC,
a subsidiary of Hachette Book Group, Inc., New York, New York, USA.
through Bardon-Chinese Media Agency
ALL RIGHT RESERVED

國家圖書館出版品預行編目資料

短期團體心理治療：此時此地與人際互動的應用 / 歐文.亞隆(Irvin D. Yalom)著；
陳登義譯. -- 初版. -- 臺北市：心靈工坊文化, 2018.12
　面；　公分. -- (Psychotherapy ; 46)
譯自：Inpatient group psychotherapy
ISBN 978-986-357-135-3(平裝)

1.團體輔導 2.精神疾病治療 3.人際傳播 4.心理治療

178.8　　　　　　　　　　　　　　　　　　　　　　　　107020004

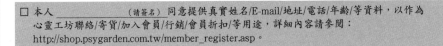

# 心靈工坊 PsyGarden 書香家族 讀友卡

感謝您購買心靈工坊的叢書，為了加強對您的服務，請您詳填本卡，
直接投入郵筒（免貼郵票）或傳真，我們會珍視您的意見，
並提供您最新的活動訊息，共同以書會友，追求身心靈的創意與成長。

書系編號－PT046　書名－短期團體心理治療：此時此地與人際互動的應用

姓名 ＿＿＿＿＿＿＿＿＿＿＿　是否已加入書香家族？ □是 □現在加入

電話（公司）　　　　　（住家）　　　　　手機

E-mail　　　　　　　生日　年　　　月　　　日

地址 □□□

服務機構／就讀學校　　　　　　　　　職稱

您的性別—□1.女 □2.男 □3.其他

婚姻狀況—□1.未婚 □2.已婚 □3.離婚 □4.不婚 □5.同志 □6.喪偶 □7.分居

請問您如何得知這本書？
□1.書店 □2.報章雜誌 □3.廣播電視 □4.親友推介 □5.心靈工坊書訊
□6.廣告DM □7.心靈工坊網站 □8.其他網路媒體 □9.其他

您購買本書的方式？
□1.書店 □2.劃撥郵購 □3.團體訂購 □4.網路訂購 □5.其他

您對本書的意見？

| | | | |
|---|---|---|---|
| 封面設計 | □1.須再改進 | □2.尚可 | □3.滿意 □4.非常滿意 |
| 版面編排 | □1.須再改進 | □2.尚可 | □3.滿意 □4.非常滿意 |
| 內容 | □1.須再改進 | □2.尚可 | □3.滿意 □4.非常滿意 |
| 文筆／翻譯 | □1.須再改進 | □2.尚可 | □3.滿意 □4.非常滿意 |
| 價格 | □1.須再改進 | □2.尚可 | □3.滿意 □4.非常滿意 |

您對我們有何建議？

廣　告　回　信
台　北　郵　局　登　記　證
台北廣字第1143號
免　貼　郵　票

台北市106 信義路四段53巷8號2樓

讀者服務組　收

免　　　貼　　　郵　　　票

（對折線）

## 加入心靈工坊書香家族會員
## 共享知識的盛宴，成長的喜悅

請寄回這張回函卡（免貼郵票），
您就成爲心靈工坊的書香家族會員，您將可以——

⊙隨時收到新書出版和活動訊息

⊙獲得各項回饋和優惠方案